Biblioteca de Obras Maestras del Pensamiento

Figuras e ideas de la filosofía del Renacimiento

Rodolfo
MONDOLFO

Biblioteca de Obras
Maestras del Pensamiento

Figuras e ideas de la filosofía del Renacimiento

EDITORIAL LOSADA
BUENOS AIRES

Mondolfo, Rodolfo
   Figuras e ideas de la filosofía del Renacimiento
   1ª ed. - Buenos Aires: Losada, 2004
   284 p.; 22 x 14 cm. (Biblioteca de Obras Maestras
   del Pensamiento)

   ISBN 950-03-9304-2

   1. Filosofía. I. Título
   CDD 195

1ª edición en Biblioteca de Obras
Maestras del Pensamiento: septiembre de 2004

© Editorial Losada, S. A.
   Moreno 3362,
   Buenos Aires, 1954

Distribución:
Capital Federal: Vaccaro Sánchez, Moreno 794 - 9º piso
(1091), Buenos Aires, Argentina.
Interior: Distribuidora Bertrán, Av. Vélez Sarsfield 1950
(1285), Buenos Aires, Argentina.

Composición y armado: *Taller del Sur*

Queda hecho el depósito que dispone la ley 11.723
Marca y características gráficas registradas en la
Oficina de Patentes y Marcas de la Nación
Impreso en la Argentina
Printed in Argentina

Prólogo

Cuando presenté, en 1947, mi libro *Tres filósofos del Renacimiento*, expresé en el prólogo mi confianza en que los muchos amigos de la filosofía y la cultura, con que cuenta América latina, pudiesen interesarse por las figuras de Bruno, Galileo y Campanella, sobresalientes en la luminosa época renacentista. Agotada ahora esa edición, la confirmación, dada por el hecho a mi esperanza, me alienta a agregar a los ensayos de entonces, revisados y ampliados en base a nuevos documentos y estudios, cuatro nuevos, sobre puntos y aspectos de la misma época, que me parecen de no menor importancia: *Leonardo teórico del arte y de la ciencia*; *La idea de cultura en el renacimiento italiano*; *El renacimiento italiano y la filosofía moderna*; *El método galileano y la teoría del conocimiento*.

Mi libro se presenta, por lo tanto, duplicado con respecto a la edición anterior, y con título modificado para responder a su nuevo contenido; pero permanece invariable mi esperanza de que pueda seguir interesando al público, tal como en su primera edición.

R. MONDOLFO

Primera parte

*Cuatro pensadores renacentistas:
Leonardo, Bruno, Galileo, Campanella*

I
Leonardo, teórico del arte y de la ciencia*

En el año 1452, el mismo del nacimiento de Leonardo da Vinci, el humanista florentino Giannozzo Manetti acababa de escribir, por invitación del rey Alfonso de Nápoles, su obra *De dignitate et excellentia hominis*, que al iniciar las celebraciones renacentistas del poder creador del espíritu humano, quería reivindicar la dignidad del hombre contra el vilipendio medieval, expresado típicamente –a fin de humillar el orgullo humano– en el *De miseria humanae vitae* del Papa Inocencio III. "Tú, hombre [decía Inocencio], andas investigando hierbas y árboles; pero éstos producen flores, hojas y frutos, y tú produces liendres, piojos y gusanos; de ellos brota aceite, vino y bálsamo, y de tu cuerpo esputos, orina y excrementos." Reaccionaba Manetti, proclamando que los frutos del hombre no están constituidos por estas sucias materias, sino por las obras de su inteligencia y de su acción creadora, para las cuales el hombre ha nacido como integrador y perfeccionador de la naturaleza mediante sus artes e inventos.[1]

---

* Conferencia leída en la Facultad de Filosofía y Letras de la Universidad Nacional de Tucumán, y en italiano en el *Centro di studi italiani* de Buenos Aires.

[1] Ecos de esta polémica parecen los pasajes de Leonardo donde los hombres especulativos, que ejercitan las virtudes, son opuestos a quienes se reducen a la función de tránsito de alimentos y producción de estiércol y ya no participan de la especie humana: "Non mi pare che li omini grossi e di tristi costumi e di poco discorso meritino si bello strumento nè tanta varietà di machinamenti quanto li omini speculativi e di gran discorsi, ma solo un sacco donde si riceva il cibo e donde esso ne esca, chè invero altro che un transito di cibo non son da essere giudicati, perchè niente mi pare che essi partecipino della spezie humana, altro che la voce e la figura, e tutto il resto é assai manco che bestia" (*W. An.*, II, 203 r.).

"Nuestras, vale decir, humanas (escribía Manetti), son todas las casas, los castillos, las ciudades, los edificios de la tierra... Nuestras las pinturas, nuestras las esculturas, nuestras las artes, nuestras las ciencias, nuestra la sabiduría. Nuestros..., en su número casi infinito, todos los inventos, nuestros todos los géneros de lenguas y literaturas..., nuestros, finalmente, todos los mecanismos admirables y casi increíbles que la energía y el esfuerzo del ingenio humano (o diríase más bien divino) han logrado producir y construir por su singular y extraordinaria industria."[2] Y después de enumerar todas estas artes e inventos, arquitectura e ingeniería, pintura y escultura, ciencias y filosofía, literatura y construcción de máquinas de toda clase, que la humanidad va produciendo por las actividades separadas y conjuntas de un sinnúmero de individuos diseminados en el tiempo y el espacio, Manetti los imaginaba reunidos de modo que se pudieran contemplar de una vez como en una gran exposición, y declaraba que si esto fuera posible, "nadie dejaría nunca de admirar y asombrarse",[3] y todos, con Cicerón, reconocerían en el hombre una especie de Dios mortal.[4]

Por singular coincidencia, aquel mismo año de 1452, en que Manetti se representaba la posibilidad de contemplar de

---

"Ecco alcuni che non altrimenti che transito di cibo ed aumentatori di sterco e riempitori di destri chiamare si debbono, perchè per loro non altro nel mondo oppure alcuna virtù in opera si mette, perchè di loro altro che piedi destri non resta." (*S. K. M.*, III, 17 r.). En el *Tratado de la pintura*, 62, Leonardo declara que para el hombre sólo el estudio de la virtud es alimento del alma y el cuerpo (Verlo en trad. española, ed. Losada, Buenos Aires).

[2] "Nostra namque, hoc est humana, sunt... omnes domus, omnia oppida, omnes urbes, omnia denique orbis terrarum aedificia... Nostrae picturae, nostrae sculpturae, nostrae sunt artes, nostrae scientiae, nostrae... sapientiae. Nostrae... cum prope infinitae sint, omnes adinventiones, nostra omnia diversarum linguarum ac variarum litterarum genera... Nostra sunt denique omnia machinamenta, quae admirabilia et pene incredibilia humani vel divini potius ingenii acies ac acrimonia singulari quadam ac praecipua solertia moliri fabricarique constituit." Véase la cita íntegra en Gentile, *Il pensiero del rinascimento*, III ed., Firenze, 1940, págs. 110 y sig.

[3] "Quae si ut animis, ita oculis videre atque conspicere valeremus, nemo cuncta aspectu intuens, ullo unquam tempore admirari atque obstupescere desisteret."

[4] "Quidam mortalis deus".

una vez las múltiples creaciones del genio humano, señalaba con el nacimiento de Leonardo da Vinci la realización de tal idea, no en forma material, es decir, como la exposición en un mismo sitio, de los más variados productos del genio inventivo del hombre, sino en su forma espiritual, o sea en la reunión de las más diferentes capacidades creadoras en una sola y misma persona. A Leonardo, por lo tanto, que reunió en su genio personal los genios de una multitud de artistas y científicos, pensadores e inventores, los escritores del siglo siguiente le dieron con justicia ese título de divino que Cicerón y Manetti atribuían a la totalidad de la especie humana, y le llamaron "el divino Leonardo".

Divino, desde luego, por la excelencia de sus creaciones inmortales, que, sin embargo, no significaban para él conciencia y goce de una perfección acabada y satisfecha de sí misma, como la que suele atribuirse a los dioses, sino insatisfacción constante de lo realizado, exigencia continua de superación, anhelo de investigación de lo desconocido, para captar, entender y explicar los misterios de la naturaleza, tormento de una aspiración inextinguible hacia el inalcanzable infinito.

(o Lionardo èperchè tanto penate?)

Oh, Leonardo, ¿por qué os atormentáis tanto? Esta pregunta, escrita por un amigo suyo en una hoja del Códice Atlántico, documenta la inquietud insaciable del espíritu de Leonardo, que siempre se atormenta por la conciencia de faltas y lagunas en sus obras y conocimientos. Como artista, que reclama en su obra un esfuerzo ulterior y más grande, Leonardo exige en sí mismo la presencia interior activa del crítico, siempre insatisfecho de su propia creación, y acicateándose a sí mismo con el aguijón del ideal inalcanzado. "Cuando la obra queda al mismo nivel del propio juicio crítico –dice– es mal indicio en semejante juicio; y cuando la obra se coloca más arriba del juicio, es pésimo indicio, así como ocurre a quien se asombra por haber obrado de manera tan perfecta. Pero cuando el juicio supera la obra, esto, sí, es indicio perfecto"; porque entonces "la obra nunca termina de mejorar, si no lo impide la avaricia". Por lo tanto, "es un mal maestro aquel cuya obra se coloca más alta que su propio juicio crítico, y solamente se dirige hacia la perfección del arte aquel cuya obra es superada por el juicio".[5]

La misma exigencia –anota Gentile– afirma Leonardo en el dominio de la ciencia. "La verdad fue solamente hija del tiempo",[6] conquista gradual y progresiva siempre imperfecta, que en su generación infinita nunca podrá ser captada totalmente por nadie. "¿Qué es –pregunta Leonardo– aquello que no se da, y que si se diera ya no sería? El infinito. Porque si pudiese darse sería terminado y finito; pues lo que puede darse tiene su límite en lo que lo abraza en sus extremos".[7] Sin embargo, justamente por esta imposibilidad de ser aprehendido, el infinito es objeto de inextinguible aspiración y continuo esfuerzo; la perfección en el arte, así como la plenitud en los conocimientos, son los ideales inalcanzables que provocan el infinito esfuerzo y el infinito progreso.

De tal modo, arte y ciencia son formas mutuamente vinculadas de un mismo anhelo y esfuerzo de conocimiento y conquista; no permanecen separadas sino que se compenetran recíprocamente, en una misma exigencia de comprensión y creación. En esto debemos reconocer con Cassirer[8] una característica de la época renacentista, que se ha manifestado en Leonardo más intensamente que en otros contemporáneos. En la escuela de Andrea del Verrocchio y en toda la atmósfera de su tiempo, Leonardo había respirado esta necesidad de vinculación mutua, no sólo entre las distintas artes que muchos artistas de la época solían cultivar y ejercer conjuntamente, sino también entre artes, ciencias y filosofía. "Las exigencias pictóricas –escribe Bongioanni en su *Leonardo pensatore*– se convirtieron para él en exigencias especulativas. Sin salir de la pintu-

---

[5] *Trat. de la pintura*, §§ 57, 62, 406; cfr. Richter, N° 498: "tristo è quel discepolo che non avanza il suo maestro".
[6] *Ms. M.*, 58 v.
[7] *Cod., Atl.*, 131 r.
[8] Cf. Cassirer, *Individuo e cosmo nella filosofia del rinascimento*, Firenze, La Nuova Italia, ed. 1935, págs. 252 y sig.

ra, Leonardo entraba en la epistemología y la metafísica. Filósofo, científico, Leonardo es siempre pintor".[9] Pero hay que completar estas afirmaciones con las recíprocas: pintor y artista, Leonardo es siempre filósofo y científico, y entra en la pintura y en el arte sin salir de la epistemología y de la metafísica.

Es esto lo que no entendieron a veces sus contemporáneos, cuando, al reconocer en él al sumo artista, le reprocharon, como una desviación y una pérdida de tiempo y energías, sus investigaciones científicas y especulaciones filosóficas. "Otro más entre los primeros pintores del mundo –escribía sobre Leonardo Baltasar Castiglione, el autor del *Cortesano*, alrededor del año 1514– que desprecia el arte en el cual descuella, y se ha puesto a aprender filosofía, de la que tiene tan extrañas concepciones y nuevas quimeras que él mismo, con toda su pintura, no sabría pintarlas".[10] Y aun cuando se trataba de investigaciones y experiencias científico-técnicas relativas a la propia pintura, se las reprochaban como cosas extrañas a su arte; así Vasari narra que cuando el papa León, en Roma, le ha-

---

[9] F. M. Bongioanni, *Leonardo pensatore*, Piacenza, 1935, pág. 9. Sobre la vinculación entre ciencia (especialmente matemática) y arte, en el ambiente florentino donde Leonardo se formó espiritualmente, escribió páginas sugestivas A. Guzzo, *Quattrocento*, en "Filosofía", Torino, aprile 1953, recordando a Brunelleschi, Ghiberti, Masaccio, L. B. Alberti, etc., y estudiando en particular a Piero de la Francesca y Luca Pacioli juntos con Leonardo. Sobre las investigaciones químicas de Leonardo en relación con la pintura, véanse las indagaciones originales del doctor Ladislao Reti, recordadas también por Guzzo.

[10] Más tarde Vasari, a pesar de su expresada admiración por las muchas virtudes que se reunían en la persona "verdaderamente admirable y celeste" de Leonardo, se hace eco de los reproches de inestabilidad que se le dirigían, y del juicio de Castiglione acerca de las investigaciones científicas y filosóficas, imputándoles la irreligiosidad de Leonardo: "Et tanti furono i suoi capricci, che filosofando delle cose naturali attese a intendere le proprietà delle erbe, continuando e osservando il moto del cielo, il corso della luna e gli andamenti del sole, per il che fece nell'anima un concetto sì eretico, che e'non s'accostava a qualsivoglia religione, stimando per avventura assai più lo esser filosofo, che cristiano" (*Le vite dei più eccellenti pittori, scultori e architetti*, Firenze, 1550, pág. 210). En realidad Leonardo, según mostraron Solmi, Gentile y otros, se adelantó en parte a la religión solar de Campanella con su *Lalde del sole*; pero sobre todo recogió las sugestiones de Cusano referentes al heliocentrismo y la rotación de la tierra (Cf. Solmi, *Nuovi studi sulla filosofia naturale di Leonardo da Vinci*, Mantova, 1905, págs. 115 y sigs.)

bía confiado la ejecución de una obra, y Leonardo se puso a destilar aceites y hierbas para preparar sus tinturas especiales, el papa exclamó: "¡Ay de mí! Éste no hará nada, pues empieza por pensar en el fin de su obra antes que en el comienzo".

Leonardo se quejaba de semejante incomprensión de las exigencias que eran para él intrínsecas no sólo a la técnica, sino a la propia creación artística, la que no puede prescindir de la investigación y el estudio científicos de la naturaleza. "Entre los innumerables necios –escribió–, hay una secta llamada de los hipócritas, que tratan siempre de engañarse a sí mismos y de engañar a los demás… Y son los que reprochan a los pintores que estudien en los días de fiesta las cosas que pertenecen al conocimiento verdadero de todas las figuras que tienen las obras de la naturaleza, y con suma diligencia traten de adquirir el conocimiento de aquéllas en la medida de sus posibilidades. Pero callen tales censores, porque ésta es la manera de conocer al Creador de tantas cosas admirables y de amar a tan grande Inventor. Pues el gran amor nace del gran conocimiento de la cosa amada, Y Si tú no la conoces, poco o nada puedes amarla".[11]

Aquí –comenta Gentile–,[12] aparece el *amor dei intellectualis*, que luego Spinoza saca del pensamiento renacentista; aparece la herencia del amor platónico, que impulsa al amante hacia el objeto de su amor para unirse con él y hacer con él mismo una sola idéntica cosa.[13] Aparece aquí y en otras partes, donde Leonardo escribe que "el amor es tanto más ardiente cuanto es el conocimiento más certero",[14] como exigencia de conocimiento e impulso de amor a la vez, que necesitan la

---

[11] *Tratado de la pintura*, § 87.
[12] G. Gentile, *Il pens. ital. del rinasc.*, Firenze, 1940, págs. 138 y sig.
[13] *Trat. de la pint.*, § 11; cf. *Cod. Triv.*, col. 6 r.: "Muovesi l'amante per la cosa amata come il senso a lo sensibile, e co'seco s'uniscie e fassi una cosa medesima; l'opera è la prima cosa che nascie dall'unione; se la cosa amata è vile, l'amante si fa vile. Quando la cosa unita è conveniente al suo unitore, li seguita dilettatione e piacere e sodisfattione; quando l'amante è giunto all'amato, li si riposa; quando il peso è posato, li si riposa".
[14] *Cod. Atl.*, 207 r.

creación para satisfacerse. Así, la creación artística es al mismo tiempo conocimiento científico: hija y madre la primera del segundo, así como el segundo es hijo y padre de la primera, inseparables uno de otra, como el anverso y reverso de una misma y única actividad espiritual.

La creación artística es obra de la fantasía, pero de una fantasía exacta,[15] que, tal como hace la ciencia, descubre en lo visible la oculta necesidad interior que lo gobierna, y trata de reproducirla. "La ciencia –dice Leonardo– es una segunda creación realizada por el discurso; la pintura es una segunda creación realizada por la fantasía";[16] pero el valor de ambas creaciones para Leonardo (como señala Cassirer, p. 255) no procede de su alejamiento de la naturaleza y de su verdad, sino precisamente del descubrimiento y la expresión de semejante verdad. Sin duda, la pintura, según Leonardo, puede crear formas que no tienen su exacto original en la naturaleza; ella "puede contener todas las formas que están y las que no están en la naturaleza";[17] y "supera a la naturaleza en el hecho de que los seres naturales son de número finito, y las obras que el ojo manda ejecutar a las manos son infinitas, tal como lo demuestra el pintor en la ficción de infinitas formas de animales y hierbas, plantas y lugares".[18] Pero esta creación de formas nuevas, lejos de poder cumplirse fuera de toda ley, abandonada al arbitrio de una fantasía desenfrenada, debe obedecer a las leyes que gobiernan la constitución de las formas naturales, si quiere ser un medio de comunicación entre la imaginación del artista y la de su público. El pintor, dice Leonardo, puede crear con su pincel todo lo que le da la gana: "si quiere ver bellezas que lo enamoren, es dueño de generarlas; si quiere ver cosas monstruosas que den espanto, o grotescas que hagan reír, o bien dignas de compasión, es señor y dios de ellas. Y si quiere engendrar sitios y desiertos, lugares umbrosos y frescos en temporadas bochorno-

---

[15] Cf. E. Cassirer, *Individuo e cosmo*, etc., p. 251.
[16] *Trat. de la pint.*, pág. 38, ed. Manzi.
[17] *Trat. pint.*, § 31.
[18] *Trat. pint.*, § 28.

sas, o lugares calientes en temporadas frías, los configura. Si quiere valles, si quiere desde las altas cumbres de las montañas descubrir amplias campiñas, o quiere ver después de aquéllas el horizonte del mar, es dueño de hacerlo; y si desde los valles bajos quiere ver las altas montañas o desde las altas montañas los valles bajos y el mar. Y, en efecto, lo que está en el universo por esencia, presencia o imaginación, él lo tiene antes en la mente y luego en las manos, y éstas poseen tan grande excelencia que al mismo tiempo engendran una armonía proporcionada de una mirada única, tal como hacen las cosas".[19]

Pero no cabe duda que, en todo esto, la misma invención pictórica quiere y debe, para lograr sus fines, producir en los que la vean las impresiones, emociones y reflexiones que el pintor tiene en la interioridad de su espíritu; y por esto su fantasía no puede ser arbitraria, sino que debe hablar el mismo lenguaje de la naturaleza, conocido por todos los hombres, es decir, utilizar los medios, los elementos, las proporciones con que la naturaleza produce, en quien la contempla, los efectos que el pintor quiere generar mediante su obra. El pintor debe darse cuenta de las razones o causas que producen los resultados que él quiere lograr; o sea que debe conocer la naturaleza real, y conocerla no de una manera superficial, tal como puede percibirla pasiva y empíricamente un ojo distraído e incapaz de analizarla y de entender el secreto de las impresiones que ella produce en sus observadores, sino de una manera activa y profunda, que reconozca y comprenda las razones de las cuales procede necesariamente el efecto que el artista experimenta en sí mismo y quiere producir en los demás.

El artista, por lo tanto, no puede ser artista verdadero sin ser científico, sin penetrar con su análisis en los secretos de la naturaleza, sin comprender las razones que operan en ella y descubrir las leyes de necesidad por las cuales ella produce sus efectos. Aquí encontramos el motivo primordial de las investigaciones anatómicas, zoológicas, botánicas, geológicas, ópticas, mecánicas, químicas, etc., de Leonardo, que le han permi-

---

[19] *Trat. pint.*, § 13.

tido realizar descubrimientos asombrosos para su época y crear nuevas ramas de la ciencia que no tenían antecedentes en las edades pasadas.

El artista que quiere representar el movimiento de hombres y animales, la expresión de sus sentimientos, las actitudes correspondientes a las distintas índoles y situaciones personales, ha de conocer cómo se producen tales movimientos, expresiones, actitudes, mediante las cuales debe manifestarse en las figuras pintadas "el concepto de su alma",[20] conocer los "signos de los rostros que muestran la naturaleza de los hombres";[21] debe saber cuál es el mecanismo de los músculos, los tendones, los huesos, etc., que los determina; debe darse cuenta de las proporciones que gobiernan las formas, profundizar el estudio de esa "divina proporción" que el matemático amigo de Leonardo, Luca Pacioli, siguiendo las huellas de Piero de la Francesca,[21bis] hacía objeto de un tratado, declarándola no sólo madre del saber, sino "madre y reina del arte". La teoría del arte coincidía en todo esto con la teoría de la ciencia, y debía reconocer no sólo los elementos y las formas de la realidad natural, sino también el dominio en ella de leyes matemáticas que le confieren la necesidad que le es intrínseca.

Sin embargo, en la unidad del espíritu leonardiano, la vinculación entre el arte y la ciencia no significaba solamente dependencia unívoca de la primera con respecto a la segunda, sino recíproca, por la cual la pintura y el dibujo se hacían generadores de conocimientos y ciencias. Leonardo, tal como Piero y Pacioli, había aprendido de Vitruvio las consecuencias producidas en la época de Anaxágoras y Demócrito, sobre el desarrollo de la matemática, la óptica y la astronomía antiguas, por la innovación del pintor Agatarco, introductor de la perspectiva en la pintura. El dibujo, dice Leonardo, "ha dado a luz la ciencia de la astronomía... Ninguna parte existe en la astro-

---

[20] *Cod. Atl.*, fo. 137 r: "La pictura over le figure dipinte debbono esser fatte in modo tale che li riguardatori di esse possino con facilità conoscere, mediante la loro attitudine, il concetto dell'anima loro".
[21] Cf. *Tr. della pitt.*, Ed. Ludwig, I, 312.
[21bis] Véase A. Guzzo, *Quattrocento*, ya citado.

nomía que no sea oficio de las líneas visuales y de la perspectiva hija de la pintura... dentro de cuyas líneas se incluyen todas las varias figuras de los cuerpos engendrados por la naturaleza".[22] Al dibujo Leonardo le reserva una parte importante en sus manuscritos científicos, pues ve en él tanto el lenguaje de la ciencia geométrica y la condición necesaria de su desarrollo como el medio indispensable para fijar y convertir de momentáneas en permanentes las conquistas de las observaciones anatómicas realizadas en la disección de los muertos o de los vivos. El dibujo –dice Leonardo en el proemio de su proyectado tratado de anatomía– demuestra, en una sola figura permanente, lo que la visión directa de la disección permite contemplar sólo parte por parte en momentos sucesivos y fugaces. El dibujo le es indispensable para la ideación, representación y realización de sus creaciones mecánicas; le ofrece a veces observaciones y le plantea problemas que luego la investigación científica debe profundizar, como en el caso de las leyes del sexo de las plantas y de la filotaxia, o en el de la contracción y dilatación de la pupila proporcionales a la cantidad de luz que la hiere, que Leonardo declara haber observado primeramente como pintor y, posteriormente, haber tratado como teórico.[23]

La deuda que el arte tiene siempre con la ciencia, se la retribuye mediante su contribución al desarrollo de los conocimientos científicos, en un intercambio continuo que las hace inseparables; y si Leonardo dice en un lugar de su *Tratado de la pintura* que "el pintor por sí mismo, sin ayuda de ciencia o de otros medios, procede inmediatamente a la imitación de las obras de la naturaleza",[24] a estas palabras debe darse igual sentido que a las otras aseveraciones del mismo tratado, es decir, que el pintor debe "convertirse en la propia naturaleza", y que "la necesidad obliga a la mente del pintor a transmutarse en la propia mente de la naturaleza".[25] Lo cual significa que el pintor, más bien que hacerse discípulo de los científicos, debe ser cien-

[22] Trat. pint., §§ 6 y 17.
[23] *Ms. D.*, fo. 13 r: "questa nostra pupilla crescie e diminuscie secondo la chiarità e oscurità del suo obbietto: e questa cosa già mi ingannò nel dipingere un occhio, e di lì imparai."

tífico él mismo, debe él mismo conocer y comprender la naturaleza, a fin de ensimismarse en ella y poderla reproducir. Debe comprenderla en su mente para hacerla comprender luego mediante la obra de sus manos, por cuya creación "la mente del pintor se transmuta en una similitud de la mente divina";[26] esto es, el pintor crea porque posee las razones de las cosas.

Leonardo, al afirmar la similitud de la creación artística con la creación divina de la realidad natural, quiere probablemente superar la distinción entre las dos, establecida por Ficino en un lugar de su *Theologia platonica* (IV, 1). Ficino partía del reconocimiento general de las razones vivientes que inspiran la mente del artista en la creación de sus obras (imitaciones de la naturaleza) para demostrar que esas razones vivientes operan en la naturaleza misma. El arte, pues, decía Ficino, es una especie de naturaleza que trata la materia desde afuera, quedándose en su superficie; en cambio, la naturaleza es un arte que modela la materia desde su interior, domina su intimidad y extrae de ella las formas sustanciales. Ahora bien, Leonardo no admite que el arte se quede en la superficie de las cosas, aunque, como en el caso de la pintura, ofrezca solamente representaciones en superficie (por lo cual declara en su *Tratado de la pintura*, p. 433, que "es en sí misma cosa superficial, y la superficie no tiene cuerpo"); no sólo la pintura sabe crear con la perspectiva y la distribución de luces y sombras la profundidad en las figuras y los paisajes, sino que además "infunde vida a lo que en efecto es una sola superficie" (*Trat. pint.*, 25), esto es, hace ver en la superficie exterior la manifestación y los efectos de las razones interiores, como al representar la vida, los movi-

---

[24] *Trat. pint.*, § 10.
[25] *Ibid.*, § § 30 y 40.
[26] *Ibid.*, § 65. Por su poder cognoscitivo exalta Leonardo la pintura sobre todas las demás artes: "chi biasima la pittura, biasima la natura" (*Tr. pitt.*, § 5; y cf. toda la discusión referente a la primacía de la pintura sobre la música y la poesía, y del ojo sobre el oído, en los §§ de 2 a 28 y 31). Oportunamente, Bongioanni (*op. cit.*, 51) recuerda a Kant, quien declara preferir la pintura a las otras artes figurativas porque puede penetrar en la región de las ideas mucho más que cualquier otra (*Crit. del juicio*, parte I, secc. I, lib. II, § 53).

mientos y las expresiones de animales y hombres, donde la apariencia externa es el resultado de todo el juego interior de las partes y los órganos, que sólo la disección anatómica descubre y revela. La representación en superficie implica y exige por lo tanto el conocimiento en profundidad de la constitución interior, el dominio de las leyes de su acción, la posesión mental de las ideas certeras mediante las cuales (según decía Ficino) la naturaleza realiza sus obras.

Y esto nos permite comprender la advertencia que Leonardo dirige a los artistas para que no tomen "por autor la pintura hecha" de otros artistas, abandonándose a "la imitación de la manera ajena", porque los que estudian las obras de los autores, en lugar de las obras de la naturaleza, se hacen nietos antes que hijos de la naturaleza,[27] y no logran comprender a la madre verdadera de su arte en sus razones íntimas, y así hacen decaer su arte. Lo cual no solamente corresponde –como señala Cassirer– a la polémica posterior de Galileo contra el método escolástico, que reemplazaba por el estudio y la reverencia de los autores la investigación y el respeto de la naturaleza, sino que constituye más bien el contenido y la orientación esenciales de la polémica científica del propio Leonardo contra el principio de autoridad y en defensa de la experiencia. "Así quiero decir de estas cosas matemáticas, que los que estudian solamente a los autores y no las obras de la naturaleza, son nietos, no hijos de la naturaleza, maestra de los buenos autores. Oye esta suma tontería de los que reprochan a quienes aprenden de la naturaleza y dejan de lado a los autores, discípulos de esta naturaleza".[28]

[27] Cf. *Cod. Atl.* fo. 139 v. y 141 r; *Tratt pitt.*, Ed. Ludwig, I, 69; Cassirer, *op. cit.*, p. 258 y sig.: "La pittura va di età in età declinando e perdendosi quando i pittori non hanno per altore che la fatta pittura. Il pittore avrà la sua pittura di poca eccellenza, se quello piglia per altore l'altrui pitture, ma s'egli imparerà dalle cose naturali, farà bono frutto" (*Cod. Atl.* 139 r).

[28] *Cod. Atl.* 139 r: "Così voglio dire di queste cose matematiche, che quegli, che solamente studiano ji altori e non l'opre di natura, son per arte nipoti, non figliuoli d'essa natura, maestra de'boni altori. Odi, somma stoltezza di quelli i quali biasimano coloro che imparano dalla natura, lasciando stare li altori, discepoli di essa natura". Cf. *Tratt. pitt.*, Ed. Ludwig, I, 69: "Dico alli pittori che mai

Frente a los eruditos, escolásticos o humanistas, atados al principio de autoridad para la solución de cualquier problema, Leonardo gusta proclamarse hombre "sin letras", así como Cusano en su *Idiota* se complacía en declarar la ignorancia y situación de lego (*idiota*), como condición de la verdadera sabiduría.[29] De acuerdo con esta orientación, Leonardo declara: "aún cuando yo no supiese como ellos alegar el testimonio de los autores, alegaré algo mucho mayor y más digno alegando el testimonio de la experiencia, maestra de los maestros de aquéllos. Éstos andan hinchados y pomposos, vestidos y adornados, no con sus propias fatigas, sino con las ajenas, y no me quieren conceder las mías a mí mismo. Y si me desprecian a mí, inventor, ¿cuánto más no podrán ser censurados ellos, que no son inventores sino pregoneros y recitadores de las obras ajenas?".[30] "Muchos creen tener razón de censurarme porque mis pruebas están en contra de la autoridad de ciertos hombres que ellos, en sus juicios inexpertos, tienen en gran reverencia, sin considerar que mis pruebas han nacido por la sencilla y pura experiencia, que es maestra verdadera".[31]

De esta manera, la vindicación de la naturaleza se presenta como vindicación de la experiencia y observación directa de los fenómenos. La naturaleza, con sus secretos misteriosos, es-

---

nessuno dee imitare la maniera d'un altro, perchè sarà detto nipote e non figlio della natura. Piuttosto si dee ricorrere ad essa natura, che ai maestri che da quella hanno imparato."

[29] Cf. Cassirer, *op. cit.*, 84 y sig. Sin embargo tanto Cusano como Leonardo se dedicaban con empeño al estudio de sus predecesores. Para Cusano, cf. P. Rotta, *Il pens. di Nic. da Cusa nei suoi rapporti storici*, Torino, Bocca 1911. Para Leonardo, P. Duhem, *Léonard de V., ceux qu'il a lu et ceux qui l'ont lu*, París, 1906-14, destacó el estudio, efectuado por Leonardo, de las obras científicas de autores antiaristotélicos como J. Peckam y los occamistas Buridano, Alberto de Sajonia, Nicolás de Oresme; y Guzzo (*Quattrocento*, cit.), puso de relieve que deben tenerse en cuenta además muchos otros maestros, especialmente Piero de la Francesca y Luca Pacioli. Es evidente, sin embargo, que Leonardo otorgaba su preferencia a investigadores heterodoxos e independientes, y hacia estos mismos se comportaba con independencia, obedeciendo a la naturaleza más que a sus intérpretes.

[30] *Cod. Atl.*, 117 r.
[31] *Cod. Atl.*, 119 v.

timula la curiosidad y fascina la mente del hombre, la cual se encuentra frente al misterio dividida entre el temor y el deseo de investigarlo, tal como el explorador que en el umbral de una pavorosa caverna, a la vez que teme las tinieblas amenazadoras, anhela entrar en ella y ver qué hay en su interior.[32] Así presenta Leonardo su propia alegoría de la caverna, muy diferente por cierto de la platónica, pero semejante a esta última en la característica consideración del conocimiento como visión de lo real; lo cual lo lleva, en el *Tratado de la pintura*, a la exaltación del ojo como principio de toda ciencia y arte y creación cultural humana.

"Quien pierde la vista pierde la visión y la belleza del universo y queda como el encerrado vivo en una tumba, donde conserva movimiento y vida. ¿No ves que el ojo abarca la belleza del mundo entero? Es el jefe de la astrología. Hace la cosmografía, dirige y corrige todas las artes humanas... Es principio de las matemáticas... Ha engendrado la arquitectura, la perspectiva, la divina pintura... Es la ventana del cuerpo humano por la cual el alma especula y goza la belleza del mundo... Mueve a los hombres de Oriente a Occidente; ha creado la navegación. Y supera a la naturaleza en el hecho de que los simples naturales son finitos, y las obras que el ojo manda a las manos son infinitas".[33]

En esta exaltación del ojo, instrumento esencial de la experiencia, es evidente –como señaló Gentile–[34] que se identifica su virtud con la de todo el pensamiento humano, cuya actividad no es solamente de recepción y observación, sino además de explicación y dominio de la realidad natural y de invención y creación de realidades nuevas. Por lo tanto, ya esto nos previene que no debemos interpretar el concepto leonardiano de experiencia dentro de un estrecho significado empírico. Desde

---

[32] Richter II, N° 1000; cf. Solmi, *Nuovi studi*, etc., p. 72; Gentile, *Il pens. ital. del rinasc.*, pág. 124.
[33] *Trat. de la pint.*, § 28.
[34] Gentile, *op. cit.*, p. 149.

luego, Leonardo opone la exigencia y la práctica de la experiencia a todo procedimiento apriorista que quiera basarse únicamente en los "discursos", y se ríe del filósofo que se sacó los ojos para que ver no le impidiera pensar. "Fue un acto compañero del cerebro y de los discursos, porque todo fue locura... Loco el hombre, loco el discurso y sumamente estúpido el sacarse los ojos".[35] Por cierto, al polemizar contra quien diga que las ciencias comienzan y terminan en la mente, Leonardo da como primer motivo de su repudio de tal tesis el hecho de que "en semejantes discursos mentales no interviene la experiencia, sin la cual nada puede de por sí dar certeza".[36] Y preconiza huir de los preceptos de aquellos especuladores cuyas razones no son confirmadas por la experiencia;[37] y proclama que "la sabiduría es hija de la experiencia"[38] y que la experiencia "es la verdadera maestra".[39]

Pero éstas y muchas otras declaraciones semejantes, que se encuentran a cada paso en las páginas de Leonardo, no autorizan a considerarlo un mero empirista, tal como hicieron a veces los historiadores de tendencia positivista. El empirista puro carece, según Leonardo, de la orientación indispensable para sus actividades: "los que se enamoran de la práctica sin la ciencia –dice– son como el piloto que está en un barco sin timón ni brújula, que nunca sabe con certeza a dónde va; siempre la práctica tiene que edificarse sobre la buena teoría".[40] En el conocimiento científico, Leonardo distingue dos elementos igualmente indispensables y mutuamente vinculados: la experiencia y las razones, esto es, la observación de los fenómenos reales y la comprensión de la necesidad causal y de las leyes de su producción.

[35] *Trat. de la pint.*, § 16.
[36] *Trat. pitt.*, Ed. Ludwig, I, 10.
[37] *Ms. B.*, fo. 4 v: "Fuggi i precetti di quelli speculatori, che le loro ragioni non son confermate dalla sperienzia".
[38] *S. K. M.*, III, 80 v.
[39] *Cod. Atl.*, fo. 119 r: "non considerando le mie cose esser nate sotto la semplice e mera sperienza, la quale è maestra vera".
[40] Cf., *Trat. de la pint.*, § 52; *Ms. G.*, fo. 8 r.

"Realizaré –dice– algunas experiencias antes de proseguir adelante, pues mi propósito es basarme primero en la experiencia y después demostrar, mediante la razón, por qué semejante experiencia está forzada a obrar de tal manera. Y esta es la verdadera norma, de acuerdo con la cual tienen que proceder los investigadores de los hechos naturales. Y a pesar de que la naturaleza comienza por la razón y termina por la experiencia, a nosotros nos es preciso recorrer el camino contrario, es decir, comenzar por la experiencia y mediante ella investigar la razón".[41]

Aquí se contempla una oposición entre las dos direcciones, hacia abajo y hacia arriba, en las que el camino entre las causas y los efectos debe ser recorrido por la naturaleza al producir la realidad de las cosas, y por la mente humana al conocerla: la primera, parte de las causas para engendrar los fenómenos que ofrece a nuestra experiencia; la segunda, debe partir de esta experiencia para llegar al descubrimiento de las causas; de este modo –señala Cassirer–, como ya para Aristóteles, lo que es primero de por sí resulta último para nosotros.[42]

Sin embargo esta oposición puede subsistir solamente si la actividad cognoscitiva del hombre se considera llegada a su meta final con la intuición de las razones explicativas de los fenómenos experimentados; es decir, si se supone que en la intuición de la causa la mente puede detenerse, completamente satisfecha y segura de sí misma, sin necesitar otra investigación ulterior. Lo cual parece aceptado a veces por Leonardo, como cuando escribe: "Ningún efecto existe en la naturaleza sin razón. Entiende la razón y no te hará falta la experiencia".[43] Pero al declarar de este modo innecesaria la experiencia cuando se haya entendido la razón, Leonardo debería renegar de su misma advertencia: "Huye de los preceptos de los especuladores, cuyas razones no están confirmadas por la experiencia".[44] Y debería justificar aún aquella ciencia de puros discursos que

[41] Cf. *Ms. E.*, fo. 55 r.
[42] Cassirer, *op. cit.*, pág. 245.
[43] *Cod. Atl.*, fo. 147 v.

justamente repudia como incapaz de verdad. "Y si tú dices que las ciencias que comienzan y terminan en la mente son verdaderas, no tienes en modo alguno razón, y en primer lugar porque tales discursos mentales no se basan en la experiencia, sin la cual nada puede ser absolutamente cierto".[45]

Desde luego, podría pensarse en una conciliación del contraste indicado suponiendo que Leonardo exija la experiencia en el momento inicial de la investigación, pero no la considere necesaria en el momento final, cuando se haya alcanzado la explicación causal. En este sentido, precisamente, parece expresarse una advertencia que Leonardo se dirige a sí mismo: "Recuerda, cuando comentas las aguas, que debes alegar primero la experiencia y luego la razón";[46] aquí la experiencia parece constituir el punto de partida y la razón el punto de llegada, con el cual quedaría acabado y completo todo el ciclo de la investigación científica. Lo cual parece confirmado por otra declaración más explícita que dice: "La experiencia, intérprete entre la naturaleza industriosa y la especie humana, nos enseña que aquello que la naturaleza, obligada por la necesidad, hace entre los mortales, no puede hacerse de manera distinta de la señalada por la razón, que es su timón".[47]

---

[44] *Ms. B.*, fo. 4 v, cit. en una nota anterior. Cf. *Ms. I.*, fo. 102: Sicchè voi, speculatori, non vi fidate dell'autori, che hanno sol coll'immaginazione voluto farsi interpreti fra la natura all'uomo, ma sol di quelli, che non coi cenni della natura, ma co'gli effetti delle sue esperienzie hanno esercitato i loro ingegni".

[45] *Trat. de la pint.*, § 1.

[46] *Ms. H.*, vol. 2, fo. 42 r: "Ricordoti quando commenti l'acque, d'allegar prima la sperienzia e poi la ragione".

[47] *Cod. Atl.* fo. 85 r: "la sperienza, interprete infra l'artificiosa natura e la umana spetie, ne insegnia che ciò che essa natura infra mortali adopera, da necessità costretta, non altrimenti operar si possa che la ragione, suo timone, operare le assegni". Hay que agregar, además, que antes de afirmar una razón como reconocida en su carácter necesario, Leonardo exige una multiplicidad de experiencias, a fin de tener seguridad de la constancia de los efectos: "Innanzi di fare di questo caso una regola generale, sperimentalo due o tre volte, guardando se le sperienzie producono gli stessi effetti" (*Ms. A*, fo. 47). Cf. *Ms. I.*, fo. 102: "L'esperienzie ingannano chi non conosce loro natura, perché quelle, che spesse volte paiono una medesima, spesse volte son dì grande varietà."

Sin embargo, la solución indicada no corresponde al concepto integral del procedimiento científico de Leonardo, que incluye una doble exigencia de experimento, ya como condición inicial, ya como averiguación final. "Pero me parece (dice el § 33 del *Tratado de la pintura*) que son vanas y llenas de errores aquellas ciencias que no han nacido de la experiencia, madre de toda certeza, y no terminan en experiencia conocida, esto es, que su origen medio y fin no pasan por ninguno de los cinco sentidos".[48] Además de nacer de la experiencia, única que pueda sugerirnos la razón verdadera, la ciencia debe por lo tanto terminar en la experiencia confirmadora. "Antes que yo confirme tal proposición –dice en otro pasaje–, haré experiencia de ella... Formula tus proposiciones y alega las cosas mencionadas como ejemplos y no como proposiciones, lo cual sería muy sencillo. Y dirás de la manera siguiente: experiencia".[49] Y en otras partes: "se prueba mediante la razón y se confirma mediante la experiencia";[50] y entonces puede decirse tanto que "esta experiencia ha nacido de la razón",[51] como que "esta razón se ve manifiestamente confirmada por la experiencia".[52]

Así se aclara la exigencia de que la ciencia nazca de la experiencia y termine en ésta, y que su origen, medio y fin pasen por los sentidos. Esta exigencia, precisamente, inspira la teoría leonardiana de la ciencia y del arte como segunda creación: la ciencia es una segunda creación efectuada por la razón, así como la pintura es una segunda creación efectuada por la fantasía; y esta segunda creación significa una realización que sólo puede cumplirse en el mundo de la experiencia sensible.

La razón para Leonardo es una facultad distinta de los sentidos, pues, según reza un aforismo del Códice Trivulzio, discutido por Prantl, Ueberweg y Gentile,[53] "los sentidos son

---

[48] *Trat. de la pint.*, § 33.
[49] Cf. *Ms. D.*, fo. 3 r; *Ms. A*, fo. 31 r.
[50] *Ms. A.*, fo. 57 r.
[51] *Ms. F.*, fo. 29 r.
[52] *Ms. A.*, fo. 46 r.
[53] *Cod. Triv.*, 33 r. Cf. Prantl, *Leon. d. V. in philosophischer Beziehung*, München, 1885 (König. Bayer. Akad. d. Wiss.); Ueberweg, *Grundr. d. Gesch. d. Philos. d. Neu-*

terrestres, y la razón está fuera de aquéllos cuando contempla". Por esta existencia separada, precisamente, la razón logra extraer de la experiencia sensible la idea de la causa; pero si luego la mantuviese separada de la experiencia en el mundo de las ideas puras, objeto de la contemplación, no podría explicar la realidad fenoménica, ni darnos la ciencia de la naturaleza. Para crear esta ciencia, la investigación no puede detenerse en los límites del solo procedimiento que va de la experiencia a la causa, inverso al de la naturaleza que va de la causa a la experiencia, sino que debe superar tal oposición, integrando el método analítico o resolutivo, con el sintético o compositivo, es decir, como observa Cassirer,[54] unificándolos ambos en un verdadero proceso cíclico, que de la experiencia se eleva a las razones para descender nuevamente de las razones a los fenómenos. No solamente la ciencia de la naturaleza debe reconocer que el camino de la mente hacia arriba coincide con el de la naturaleza hacia abajo, sino que debe recorrer ambos caminos sucesivamente, volviendo mediante la verificación experimental a esa misma experiencia de la cual ha partido para alcanzar la idea explicativa. Únicamente al cumplir este proceso cíclico, únicamente al tener "antes en la mente y luego en las manos"[55] la realidad de las cosas, la ciencia obedece a la exigencia que Leonardo le impone, al decir que ella "siempre, sobre los primeros, verdaderos y conocidos principios, procede sucesivamente con secuelas verdaderas hasta el final".[56]

En este sentido, probablemente, debemos interpretar la advertencia de Leonardo al investigador de la naturaleza, a fin de que no alimente la ilusión de conocer de verdad lo que hace la naturaleza por sí misma, sino solamente lo que él mismo realiza: "Oh investigador de las cosas, no te jactes de conocer las cosas que ordinariamente la naturaleza lleva a cabo por sí

---

zeit, Berlín, 1888, pág. 35; Gentile, *Leonardo filósofo*, en *op. cit.*, pág. 132; Bongioanni, *Leonardo pensatore*, págs. 98 y sigs.
[54] *Op. cit.*, pág. 270.
[55] *Trat. de la pint.*, § 13.
[56] *Trat. de la pint.*, § 33.

misma; pero alégrate de conocer el fin de aquellas cosas que son diseñadas por tu mente".[57] El fin de estas cosas se conoce cuando uno las tiene "primero en la mente y luego en las manos", primero en la razón y luego en la experiencia, que significa en este caso experimento, realización, segunda creación. En Leonardo hay un presentimiento germinal del principio de Vico: *verum ipsum factum*; para conocer la verdad, tenemos que producir nosotros mismos el objeto de nuestro conocimiento.

Sin duda Leonardo parece, como notó Cassirer,[58] oscilar entre dos determinaciones opuestas al alegar como principio fundamental ora la razón, ora la experiencia; y además, al hablar de experiencia, no hace distinción entre la observación de los fenómenos que se nos presentan espontáneamente y su reproducción provocada y dirigida por nosotros en el experimento. Pero estas vacilaciones e indistinciones representan las incertidumbres inevitables en quien recorre como primer explorador un territorio nuevo, y va buscando y abriéndose un camino que otros luego recorrerán con seguridad. Leonardo, en efecto, es el precursor del método experimental de Galileo, y a pesar de las dificultades contra las cuales debe luchar, como todo precursor, logra ya la visión de los elementos y las fases de ese método, al cual la ciencia moderna de la naturaleza debe su propio desarrollo.

Leonardo ya sabe claramente que la ciencia de la naturaleza exige, como primer paso, la aprehensión de los fenómenos reales en la experiencia, pero no puede detenerse en la mera comprobación de los hechos, sino que requiere el reconocimiento y la demostración de la necesidad y la ley que los gobiernan. "La necesidad es maestra y tutora de la naturaleza; la necesidad es tema e inventora de la naturaleza y freno y regla eterna".[59] "La naturaleza no rompe su ley".[60] "La naturaleza se halla obligada por la razón de su ley que en ella vive de manera infusa".[61] "¡Oh admirable necesidad!, tú, con suma razón, obligas a todos los efectos a participar de sus causas, y con su-

---

[57] *Ms. G.*, fo. 46 r.
[58] *Op. cit.*, pág. 243 y sig.

ma e irrevocable ley cada acción natural te obedece mediante una brevísima operación. ¡Oh magna acción! ¿Qué ingenio podrá penetrar tal naturaleza? ¿Qué lengua puede explicar tal maravilla? Ninguna, por cierto. Esto dirige el discurso humano hacia la contemplación divina".[62]

Sin embargo, esta idea de una fuerza divina inmanente en toda la naturaleza, que lo mueve todo y lo determina todo por una necesidad y ley intrínsecas, no impulsa a Leonardo hacia el camino por el cual marchó, en el mismo Renacimiento, la nueva metafísica, desde Pico y Cardano hasta G. B. della Porta, Bruno y Campanella, asociando la filosofía de la naturaleza de Telesio con las llamadas ciencias ocultas y la magia natural. Cassirer[63] ha señalado que la corriente que parte de Cusano, y a través de Leonardo llega hasta Galileo y Kepler, nos muestra una manera de estudiar la naturaleza en directa oposición con la explicación místico-mágica. Para esta corriente, el sentido de la naturaleza no debe experimentarse místicamente, sino pensarse como sentido lógico; lo cual no puede alcanzarse sino pasando por la matemática. "Nada cierto tenemos en nuestra ciencia (había escrito Cusano en su *De possest*) sino nuestra matemática".[64] En efecto, por haber sido el mundo creado por Dios, "con número, peso y medida", como dice Ficino en su *Theologia platonica*, o, como repite Luca Pacioli, "sometido por necesidad al número, peso y medida", deben ser "matemáticos" (declara Pacioli) el fundamento y la escala para llegar al conocimiento de toda otra ciencia, por estar aquéllos en el primer grado de la certeza". Y Leonardo vuelve a declarar: "Ninguna investigación humana puede llamarse ciencia verdadera si no pasa por las demostraciones matemáti-

---

[59] Richter II, N° 1135.
[60] *Ms. E.*, fo. 43 v.
[61] *Ms. C.*, fo. 23 v.
[62] *Ms. A.*, fo. 24 r., y *Cod. Atl.*, fo. 345 v.
[63] *Op. cit.*, págs. 91 y sigs., 233 y sigs.
[64] En *Opera*, pág. 259.
[65] Cf. Pacioli, *De divina proportione*: "tutto ciò che per lo universo inferiore e superiore si squatrena, quello de necessità al numero, peso e mensura fia socto-

cas".⁶⁵ "Ninguna certeza hay donde no pueda aplicarse una de las ciencias matemáticas o de las que están unidas con las matemáticas".⁶⁶ E imitando a Platón, que vedaba a los ignaros en matemáticas el ingreso en la Academia ("nadie entre que no sepa geometría"), Leonardo escribe: "No me lea quien no sea matemático, en mis Principios".⁶⁷

La matemática, en efecto, ofrecía al arte y a la ciencia igualmente el principio de la proporción y la medida, además del rigor de las demostraciones. "Aquí –dice Leonardo– no se argüirá que dos 3 puedan hacer más o menos que 6, ni que un triángulo tenga sus ángulos menores de dos ángulos rectos; sino que toda disputa queda destruida y reducida al silencio eternamente".⁶⁸ El conocimiento de las causas naturales y de su relación con los efectos se hace preciso y exacto mediante la precisión y exactitud de la matemática, mientras la insensatez de los metafísicos y secuaces de la magia "quiere engañarse a sí misma y a los demás... despreciando las ciencias matemáticas, donde está contenido el conocimiento verdadero de las cosas... y quiere luego transcurrir en los milagros y escribir y dar noticias de aquellas cosas de las cuales la mente humana no es capaz, y que no pueden demostrarse por ningún ejemplo natural".⁶⁹

La matemática encuentra en el estudio de la naturaleza su más fecundo terreno de aplicación; aquí también Leonardo es el precursor directo de Galileo, y lo evidencia además su constante estudio e invención de máquinas e instrumentos para experimentar, cuyos proyectos y dibujos ocupan gran parte de sus manuscritos. Es evidente que ha despertado en él la conciencia de la importancia científica de los instrumentos, que faltaba a los

---

posto". "Conciossia che mathematici sienno fondamento e scala di pervenire a la notitia di ciascuna altra scientia per esser loro nel primo grado de la certeza" (citado por Garín, *La filosofía*, Ed. Vallardí, Milano, vol. II, págs. 96-98). Cf. Leonardo, *Trat. de la pint.*, § 1.
66 *Ms. G.*, fo. 96 v.
67 Richter I, N° 3.
68 *Trat. de la pint.*, § 33.
69 *Quad. d'anatomia* II, fo. 14 r.

antiguos, y que al afirmarse en la física moderna se convierte, sobre todo de Galileo en adelante, en la fuerza impulsiva más eficaz de las conquistas y de los progresos de esta ciencia.

Leonardo ya declara que la mecánica es "el paraíso de las ciencias matemáticas", porque en ella se cosechan "los frutos" de la matemática;[70] y de este modo la exigencia de cosechar los frutos obliga al investigador, que se haya elevado de la experiencia preliminar a la razón explicadora, a usar esta última como causa productora para confirmar, en una nueva experiencia provocada, la verdad de la ley descubierta. De tal modo se cumple y se cierra, con la verificación experimental, el cielo investigativo de la ciencia, así como se cumple y se cierra el ciclo del arte con la realización de la idea concebida por la fantasía exacta, en la obra que representa la "segunda creación".

Es evidente, en la exigencia de este retorno final a la experiencia realizadora, tanto en el arte como en la ciencia, un decidido alejamiento del Platonismo. Los historiadores que al reaccionar contra la errónea interpretación de Leonardo como puro empirista lo han declarado un platónico, han incurrido en el mismo error de definir el pensamiento leonardiano mediante uno solo de los elementos que confluyen en su composición. El momento platónico del retorno al *logos* juega sin duda un papel esencial en la epistemología de Leonardo, como luego en la de Galileo; y se afirma de manera expresa en el aforismo ya citado: "los sentidos son terrestres, y la razón está fuera de aquéllos cuando contempla". Pero, según el espíritu y la letra del platonismo, esta contemplación racional, purificada de toda mezcla terrestre, debía constituir la conclusión y meta del conocimiento verdadero; y por eso en la *República* Platón niega a la misma astronomía el derecho y la posibilidad de comprender mediante la vista lo que debe contemplarse únicamente mediante la razón y el pensamiento puro; y critica a los pitagóricos por haber considerado astros y distancias reales, cuerdas y longitudes, movimientos, vi-

---

[70] *Ms. E.*, fo. 8 v.

braciones y acuerdos perceptibles, buscando en la experiencia sensible lo que, según Platón, debe buscarse solamente en el dominio de lo suprasensible.[71] Análogamente, en muchos lugares de sus *Diálogos*, Platón condena las artes plásticas como artes de imitación, incapaces de la visión de la idea.[72] Diametralmente opuesta es la orientación de Leonardo, artista y experimentador, para quien la realización es el fin verdadero de la investigación y –según afirma Cassirer–[73] la pintura tiende a convertirse en la expresión más alta de la filosofía. Esta orientación se adhiere a la rehabilitación de la sensibilidad efectuada por Cusano, gracias a la cual "la experiencia ya no es el polo opuesto a la razón científica, sino la esfera y el medio de su realización".[74]

El momento del empirismo y el momento del racionalismo platónico se han conciliado y asociado así en el método científico, cuyo cielo se inicia en la experiencia para extraer de ella analíticamente la razón, y concluye sintéticamente en el experimento que, al reproducir el fenómeno con la ayuda de los instrumentos, verifica la explicación racional.

Pero el motivo que inspira a Leonardo la exigencia de la verificación experimental no es solamente práctico, de realización, sino también cognoscitivo, por la conciencia de la posibilidad de errores en la concepción y demostración puramente racionales de la causa. Una forma particular de tales errores consiste en no haber considerado los impedimentos a la realización de los efectos calculados: lo cual significa que la causa imaginada era tan sólo un momento de la causa total, que debe, por lo tanto, determinarse como resultante de las fuerzas en conflicto. "Pues –dice Leonardo–, dado un principio, es necesario que lo que sigue del mismo sea verdadera consecuencia de tal principio, si no resulta impedido; y si, no obstante, sigue algún impedimento, el efecto que debía seguir del principio

---

[71] Cf. Zeller-Mondolfo, *La filosofia dei Greci*, Firenze, 1938, vol. II, págs. 377 y sig.
[72] Cf. P. M. Schuhl, *Platon et l'art de son temps*, 2a ed., Presses Univ. de France, 1952.
[73] *Op. cit.*, pág. 268.
[74] *Ibid.*, pág. 269.

mencionado participa de tal impedimento en medida tanto mayor o menor cuanto más o menos poderoso sea el impedimento con respecto al principio mencionado".[75]

Pero además de incompleta, la hipótesis explicativa puede ser esencialmente errónea aunque parezca racionalmente fundamentada; por lo cual, en todo caso, hay que volver a aprender directamente de la naturaleza. "Y tú que encontraste tal intención, vuelve a aprender de lo natural",[76] mediante el experimento. "La experiencia –escribió una vez Leonardo después de enunciar una razón conjetural– confirmará la proposición antedicha"; pero como esa vez la experiencia no correspondió a la razón ideada, Leonardo concluyó en sentido contrario al expresado anteriormente.[77] Otras veces la experiencia le sirve para determinar los límites de validez de la razón supuesta. "Antes de hacer de este caso una regla general –dice–, experiméntalo dos o tres veces, observando si las experiencias producen los mismos efectos";[78] pues "las experiencias engañan a quien no conoce su naturaleza, ya que las que a menudo parecen una misma, a menudo son muy diferentes, como aquí se demuestra".[79]

Entre los muchos ejemplos analizados por Solmi, en que Leonardo multiplica las experiencias variándolas de diversos modos para verificar la hipótesis racional pensada, merece ser recordado uno muy significativo, en el cual una hipótesis, aparentemente apoyada en una demostración geométrica, y por lo tanto aceptada y afirmada momentáneamente por Leonardo, le resulta luego desmentida por una serie de experiencias cuidadosamente efectuadas, y por consecuencia es repudiada y refutada por él. Merece destacarse este caso porque el pasaje en el cual Leonardo expresó su momentánea adhesión a la hipótesis luego rechazada se ha citado a veces (incluso por Gentile, pág.

---

[75] *Cod. Atl.*, fo. 154 r.
[76] *Ms. F.*, fo. 72 v.
[77] *Ms. A.*, fo. 49 v. Cf. Solmi, *Nuovi studi sulla filos. nat. di Leon. da V.*, pág. 50, que refiere la experiencia efectuada y la conclusión contraria alcanzada por ésta.
[78] *Ms. A.*, fo. 47 r, cit.
[79] *Ms. I.*, fo. 102.

148) como pensamiento característico suyo, sin tener en cuenta las pruebas ofrecidas por Solmi[80] del rechazo final al que Leonardo llega a través de muchas y distintas experiencias.

Se trata de la hipótesis matemática –afirmada por peripatéticos y perspectivistas, basados en la teoría geométrica de la visión– de la concentración de los rayos, procedentes de los objetos de la visión, en un punto indivisible del fondo del ojo que –según la expresión leonardiana– "recibe en sí todos los vértices de las pirámides luminosas".[81] "Aquí –dice Leonardo al aceptar primeramente tal teoría– las figuras, aquí los colores, aquí todas las imágenes de las partes del universo son reducidas en un punto. ¿Qué punto hay más maravilloso? ¡Oh admirable, oh estupenda necesidad, tú obligas, mediante tu ley, a todos los efectos, por camino brevísimo, a participar de tus causas! ¡Estos son los milagros! Escribe en tu anatomía cómo en tan mínimo espacio pueda renacer la imagen y volver a componerse en su dilatación".[82]

Sin embargo, varias experiencias incompatibles con tal teoría llevan luego a Leonardo a dudar de su veracidad y a reconocer la necesidad de admitir toda una superficie sensible en el ojo. Basándose en la persistencia, ya reconocida por él, de las imágenes retínicas, Leonardo nota que el movimiento rápido de una lumbre da la impresión de una línea de fuego, lo cual significa que las impresiones persisten a lo largo de toda una serie de puntos sucesivos de sensibilidad,[83] esto es, que debe haber una superficie y no sólo un punto de sensibilidad. Lo cual le es confirmado por la observación de la correspon-

---

[80] *Op. cit.*, págs. 162 y sigs.

[81] *Ms. A.*, I. 7 v-8 r: "Punto diciamo essere quello, il quale in nessuna parte si puó dividere, e questo punto é quello il quale, stando nell'occhio, riceve in sè tutte le punte delle piramidi luminose".

[82] *Cod. Atl.*, fo. 338 v.

[83] Cf. *Ms. K.*, fo. 119 y 120, acerca de la impresión de una línea de fuego producida por el movimiento rápido de la lumbre o del ojo: "e questo accade, perché l'occhio riserva per alquanto spazio la similitudine della cosa che splende". Cf. también *Cod. Atl.* fo. 201 r: "guardando il sole o altra cosa luminosa, e serrando poi l'occhio, lo rivedrai similmente per lungo spazio di tempo". Y en *Ms. G.*, fo. 73 r, en base a la persistencia análoga de las impresiones sonoras o caloríficas, enuncia una ley general: "ogni impressione attende alla permanenza".

dencia que hay entre el cielo sembrado de estrellas y nuestra visión del cielo, en la distribución de puntos luminosos y espacios intermedios;[84] de modo que debe pasar en el ojo lo mismo que en un espejo, cuya superficie refleja los objetos en todas sus partes y no en un punto único.[85] Las observaciones sugieren de esta manera la nueva razón explicativa del fenómeno visual; y la demostración de semejante razón exige la refutación de los adversarios mediante el experimento. "Dice aquí el adversario que la virtud visiva está reducida en un punto... A éste hay que demostrarlo por la experiencia, y después llevarlo a la conclusión de la necesidad de tal experiencia".[86] "Y primero mediante la experiencia", que Leonardo realiza por varios medios: una aguja que, situada en la mayor proximidad del ojo, ante el pretendido punto único de visión, no impide la percepción de ningún objeto colocado detrás de ella a cierta distancia; o bien un cedazo de pelo de caballo que, colocado ante el ojo, deja ver todos los objetos que están detrás de él, lo cual demuestra que la virtud existe en toda la extensión retínica (Leonardo dice: por toda la pupila); y lo confirma el hecho de contraerse y dilatarse la pupila en proporción a la cantidad de luz que recibe, a fin de ver mejor los objetos.[87] Además de esto, Leonardo ideó un experimento

---

[84] *Ms. F.*, fo. 31 v: "tal proporzione hanno li spazi, che sono infra li simulacri delle stelle sopra la superficie dell'occhio, qual hanno infra loro li spazi interposti infra le stelle del cielo". Análogamente en *Ms. E.* fo. 15, que aplica la misma observación, además a todas "le spezie delli obbietti, che concorrono alla pupilla dell'occhio".

[85] Cf. *Ms. F.*, fo. 36 r y 36 v: "Se tutti li simulacri concorressino in angolo, e' concorrerebbono nel punto matematico, il quale, essendo indivisibile, tutte le spezie vi parrebbono unite... E se la sperienzia ci mostra tutte le cose divise colli spazî proporzionali e intelligibili, tal virtú, dove s'imprime le spezie delle cose, ancora lei è divisibile in tante parti maggiori o minori, quanti son li simulacri delle cose vedute... Concluderemo adunque che... non coneorrono in punto e per conseguenza in angolo".

[86] *Ms. D.*, fo. 6 v.

[87] *Ms. D.*, fo. 6 v: "Se'l tutto della popilla per l'avversario non vede, perché cresce la notte?" Cf. *Ms. G.*, fo. 44, *Cod. Atl.* fo. 262, Richter I, 32-38 acerca de las experiencias referentes a la extensión y dilatación de la pupila en varias especies animales.

muy ingenioso,[88] en el cual el ojo ve al mismo tiempo un objeto dos veces –en su imagen real y en su imagen aparente– cumpliendo dos movimientos contrarios, lo cual confirma la existencia de una superficie sensible en el ojo, además del hecho de producirse en él invertidas las imágenes de los objetos. Basado en todos estos experimentos, concluye Leonardo que "la virtud visiva no está en un punto, como quieren los pintores perspectivistas, sino que está en toda la pupila donde penetran las imágenes de los objetos".[89]

En este ejemplo es evidente el papel que Leonardo hace desempeñar tanto a la experiencia como a la razón en su método experimental. La experiencia debe dar el punto de partida y llevar analíticamente a la hipótesis explicativa o razón; pero ésta no señala el término final de la investigación, sino el punto de partida de su segunda fase sintética, que usa la razón como causa productora en el experimento. El proceso mental de la primera fase, que va del efecto a la causa, a la inversa de la naturaleza, debe integrarse con la reproducción del propio proceso natural, de la causa al efecto, a fin de lograr en el ciclo completo el conocimiento verdadero de la causa y de su conexión con el efecto. Y si el experimento no confirma la hipótesis y sugiere otra diferente, un nuevo ciclo se abre y debe cumplirse hasta alcanzar en la producción real del efecto la prueba del carácter necesario de la causa. Solamente por este camino la investigación humana puede construir la ciencia de la naturaleza; esto es, por el camino recorrido luego de manera magistral por Galileo, pero ya diseñado y seguido, a pesar de las imprecisiones y vacilaciones de un primer esbozo de teoría, por Leonardo, el precursor.

La conciencia que tenía del método científico llevó a Leonardo a descubrimientos geniales y a creaciones de nuevas ramas de las ciencias, que han sido y son causa de asombro para los modernos, que descubrieron en sus manuscritos sus antici-

---

[88] Cf. *Ms. E.*, fo. 127, y *Ms. D.*, fo. 4, y el relato en Solmi, *Op. cit.*, 167 y sig.
[89] *Ms. D.*, fo. 10 v.

paciones maravillosas.[90] Desde luego, si Leonardo hubiese podido completar y publicar las obras proyectadas, las sugestiones fecundas y el impulso poderoso que ellas podían dar al desarrollo de las investigaciones habrían impreso un ritmo más intenso y rápido al progreso moderno de la ciencia, que, sin embargo, se benefició de sus enseñanzas en la medida (muy difícil de determinar) en que los investigadores de su tiempo, a partir de Cardano y G. B. della Porta, pudieron conocer sus manuscritos, antes de la época de olvido e inconsciencia que los ocultó luego y los dispersó en buena parte.

De todos modos, la participación de Leonardo en las corrientes del nuevo pensamiento, precursor del moderno, contribuyó a dar a tales corrientes más fuerza y eficacia histórica; y la misma idea, fundamental en el Renacimiento, de la dignidad del hombre como intérprete y ejemplo del universo natural, microcosmo reflejo del macrocosmo y autor de una segunda creación en el arte y la ciencia, se iluminaba con una nueva luz en la concepción de Leonardo, según la cual, por cierto, "la naturaleza está llena de infinitas razones que nunca existieron en la experiencia" humana;[91] poro, en cambio, mientras las formas naturales son de número finito, las que puede crear el arte del hombre son infinitas.[92] El hombre que crea siempre nuevas formas, infinitamente, es ya para Leonardo el creador del mundo espiritual de la cultura.

---

[90] Una diligente reseña de los descubrimientos e inventos científicos de Leonardo puede verse en la *Enciclopedia Italiana*: artículo de R. Marcolongo sobre *L'opera scientifica* (ricerche geometriche, statica e dinamica, mecanica dei fluidi, fisica, invenzioni, mecanica pratica, volo strumentale, arte militare, botanica e geologia) y de G. Favaro sobre *Leonardo biólogo*. Sin embargo, otros descubrimientos más agregan estudios recientes, como los citados de L. Reti sobre las investigaciones químicas de Leonardo.
[91] *Ms. I.*, fo. 18 y Richter N° 1151: "la natura è piena d'infinite ragioni che non furono mai in isperienza".
[92] *Trat. de la pint.*, § 28.

II

Giordano Bruno

I
La vida y las obras

Desde el comienzo del siglo XIX, cuando Jacobi, Schelling y el romanticismo alemán volvieron a levantar el recuerdo de Giordano Bruno del silencio y del olvido que lo habían cubierto durante dos siglos a partir de su trágica muerte, se han venido multiplicando las investigaciones y estudios no solamente sobre su pensamiento y su obra literaria y filosófica, examinados en sí mismos y en sus relaciones con los antecedentes y los desarrollos contemporáneos y sucesivos, sino también sobre su vida y los acontecimientos que incidieron en ella. En el sinnúmero de libros, folletos y artículos dedicados a la reconstrucción histórica de las vicisitudes agitadas de la vida dramática del nolano, dos biografías se han destacado sucesivamente (a distancia de medio siglo una de otra) por la novedad y riqueza del material documental que utilizaban, merced a investigaciones y descubrimientos realizados en los archivos por sus autores: una publicada en la segunda mitad del siglo XIX por Domenico Berti,[1] otra en nuestro siglo por Vincenzo Spampanato.[2]

Sin embargo, aun después de los numerosos descubrimientos documentales agregados a los de Berti por las concienzudas

---

[1] Domenico Berti, *Giordano Bruno da Nola, Sua vita e dottrina*; 1ª ed. 1868; 2ª ed. 1889.

[2] Vincenzo Spampanato, *Vita di Giordano Bruno*; Messina, 1921.

investigaciones de Spampanato, quedaban todavía desconocidos los documentos del largo proceso romano del Santo Oficio, terminado con la condena de Bruno a la hoguera; y solamente varios años después de la aparición del libro de Spampanato, lograba Giovanni Gentile publicar en su *Giornale critico della filosofia italiana* del año 1925 una parte notable de ellos (*Nuovi documenti sul processo di Bruno*), extraídos por Mons. E. Carusi de las Actas verbales del Santo Oficio, en una transcripción no exenta por cierto de algunos errores. Aun así, a pesar de esta publicación –reproducida en *Documenti della vita di G. Bruno*, Firenze 1933–, faltó durante varios años, debido también a la muerte prematura de Spampanato, un estudio atento de estos documentos; y sólo un nuevo hallazgo realizado por Mons. A. Mercati al finalizar el año 1940 (*Il sommario del processo di G. Bruno*, Città del Vaticano, 1942) promovió un nuevo florecimiento de estudios, cuyo fruto más maduro está constituido por las agudas indagaciones de Luigi Firpo, *Il processo di G. Bruno*, Napoli 1949. Sin duda que todavía quedan –y quedarán acaso siempre, debido a la pérdida del volumen original de las actas procesales– muchos puntos oscuros respecto al proceso no menos que a otros momentos de la biografía de Bruno, que sólo en parte podrían ser esclarecidos por ulteriores investigaciones especiales.

La rápida biografía presente no puede, sin duda, tener la pretensión de llenar las lagunas mencionadas, sino que solamente quiere, además de resumir las noticias y los datos que pueden considerarse acertados en base a las investigaciones de Berti y Spampanato, utilizar también los documentos que faltaron en ellos y alguna investigación particular, para aclarar puntos que habían quedado oscuros y agregar algún elemento biográfico interesante. Nos esforzaremos especialmente en poner de relieve, en la reconstrucción de la vida, el proceso de desarrollo del pensamiento bruniano.

A comienzo del año 1548, en la pequeña ciudad de Nola –situada en la Campania, Italia meridional–, Juan Bruno, militar de familia distinguida, que se había casado con doña Flaulisa Savolino, tuvo de ella un hijo a quien llamó con el nombre de Felipe, cambiado luego por el de Giordano cuando el muchacho, que se había trasladado a Nápoles en 1562 para cursar sus estudios de letras y filosofía, vistió allí a los 17 años, en junio de 1565, el hábito de clérigo en el convento de Santo Domingo.

En este convento pasó Giordano Bruno la mayor parte de sus años de claustro, primero como novicio (1565), después como profeso (de 1565 a 1572), siendo luego promovido sacerdote en 1572 y recibido de doctor en Teología en 1575. Diez años en total dedicados a estudios intensos y tesoneros, con un fervor que le hace adquirir en edad muy juvenil una sabiduría de extraordinaria extensión y profundidad. Su avidez de conocimientos le hacía buscar siempre con insaciabilidad libros y más libros: de poetas y filósofos, de paganos y cristianos, de ortodoxos y heréticos. Y con todos meditaba hondamente: de Aristóteles a Santo Tomás, de los árabes a los cabalistas, de los presocráticos a los neoplatónicos de la edad antigua y la contemporánea, etc.; y de todos había de manifestar más tarde, en sus obras, impresiones y huellas duraderas, ya fuera en la adhesión, ya en la polémica. Sin embargo, los que lo fascinaron fueron de manera particular, entre los antiguos, Heráclito, Parménides, Demócrito, Lucrecio y Plotino; entre los modernos, la tríada, recordada por él mismo, del omnisciente Lulio, el *magnánimo* Copérnico y el *divino* Cusano.

Su primera orientación, tal como era natural en un claustro dominico, dominado por el influjo de la filosofía de Santo Tomás –hacia el cual siempre Bruno siguió manifestando respeto, aun después de haberse alejado de sus doctrinas–, había sido de adhesión a la metafísica y cosmología de Aristóteles,[3] pero las múltiples lecturas efectuadas llevaron a su espíritu muy pronto hacia la inquieta búsqueda de orientaciones nuevas.

[3] Cfr. las declaraciones contenidas en sus diálogos italianos *Cena de las cenizas* ("Cena delle ceneri"), diálogo IV, en la pág. 98 de la ed. Gentile (*Opere italiane*, I, *Dialoghi metafisici*; Bari, ed. Laterza, 1907) y *De los heroicos furores*, argumento del diálogo V, pág. 298 de la misma edición (II, *Dialoghi morali*, 1908). Advierto, de una vez por todas, que las indicaciones de tomo y página, para las citas tomadas de *Opere italiane*, se refieren siempre a esta primera edición crítica de 1907-1909, en tres tomos: I y II cuidados por Gentile, y III (Candelaio) por Spampanato. Una segunda edición publicaron los mismos en 1926.

Recuerda él mismo, más tarde, en páginas autobiográficas contenidas en sus diálogos *De la causa*[4] y *De los heroicos furores*,[5] el largo período de atormentado trabajo interior que se desenvolvió en su espíritu por la duración de unos treinta años, ocupando por lo tanto todos los años de claustro y otros más, anteriores y sucesivos. Recuerda allí y en otros lugares de sus obras su conversión del geocentrismo al heliocentrismo en cosmología,[6] y una larga fase de orientación materialista en filosofía –diez años, de acuerdo con los citados lugares de *De los heroicos furores*– hasta lograr una iluminación nueva, como por un relámpago, cuando resplandeció en su mente la nueva intuición de la infinita unidad y animación universal.

Sin embargo, esta iluminación súbita, ocurrida de acuerdo con la declaración de Bruno, después de "seis lustros" (30 años) de atormentado trabajo espiritual, pertenece a un momento posterior a su salida del claustro, efectuada a los 28 años de edad; de manera que durante la permanencia en éste debemos suponerlo siempre agitado por su honda crisis espiritual, y por fin sometido algún tiempo –antes y después de salir del claustro– a la sugestión del materialismo filosófico. Según lo que puede inferirse de algún pasaje de sus obras,[7] las sugestiones materialistas procedían de la insatisfacción que le causaba la interpretación ortodoxa de la doctrina aristotélica, y del atractivo que tenían en cambio para él las interpretaciones panteístas del aristotelismo, como la de Averroes, y otras formas de panteísmo, tales como las de Ibn ben Gebirol (Avicebron) y David de Dinant, etc., que le parecían consecuencias inevitables de la doctrina aristotélica, y que convirtiendo las formas en accidentes de la materia, otorgaban a esta última el título de

---

[4] *De la causa, principio e uno*, diálogo III; véase la pág. 197 de la ed. Gentile (tomo I).

[5] *Degli eroici furori*, diálogo I de la II parte, en las págs. 423 y sigs., y diálogo V de la II parte, en las págs. 479 y sigs. (tomo II de la ed. Gentile).

[6] *Cena delle ceneri*, I, 98 de la ed. cit.

[7] Cfr. *De la causa*, diálogo III, pág. 197 y sigs., 203 y 206 y sigs.; diálogo IV, pág. 231 y sigs. y 237. Véase también Limentani, *La morale di G. Bruno*, Firenze; pág. 35 y sig.

sustancia, realidad divina y generadora óptima de las cosas;[8] sobre todo, además, venía luego a influir en su trabajo espiritual el conocimiento del atomismo democríteo y lucreciano.[9]

No obstante, durante todo el período del claustro había conseguido mantener en su espíritu una especie de separación entre los problemas filosóficos y las creencias religiosas; y a pesar del contraste que iba a determinarse fatalmente entre sus nuevas ideas filosóficas y los dogmas teológicos, lograba reprimir sus primeras dudas acerca de la trinidad, la encarnación y otros dogmas. Lo que no lograba de ninguna manera, era aguantar la ignorancia y la incomprensión que otros compañeros de claustro manifestaban acerca de doctrinas filosóficas que condenaban someramente por heréticas. Las reacciones violentas contra ellos, que él no sabía reprimir, suscitaban en su contra reproches y amonestaciones, y por último, en 1576, un proceso por herejía, al que decidió sustraerse huyendo a Roma.

Allí, sin embargo, pudo quedarse muy breve tiempo, por haberse dirigido contra él, además de la acusación de herejía, otra de carácter oscuro; y a pesar de que ésta (por lo que parece) no tenía fundamento, él creyó más prudente eclipsarse, desprendiéndose del hábito religioso y alejándose de Roma. Por dos años anda peregrinando por el norte de Italia, entre Liguria, Piamonte, Veneto y Lombardía; en Liguria enseña, en la ciudad de Noli, astronomía (o, como se decía en aquel entonces, *la esfera*); en Venecia publica una pequeña obra "Acerca de las señales de los tiempos" (*Dei segni dei tempi*, 1578), que no conocemos por haberse perdido. De no haber sido algo de astrología –muy cultivada en aquel siglo aun por filósofos (así como nos muestra el ejemplo de Campanella), al igual que la magia, sobre la cual el propio Bruno escribió más tarde varias obras–. es muy posible que se tratara de una obra tocante al arte combi-

---

[8] "Cosa divina e ottima parente" (frase procedente de Alano de Lila, *De arte cathol. fidei*, I, 24); cfr. lugares citados en la nota anterior.

[9] El proceso de desarrollo de la honda crisis espiritual de Bruno, constituida por la fase materialista de su pensamiento y la superación sucesiva que lo lleva a la construcción de su sistema propio, no ha sido todavía investigado como, sin embargo, merece. Tengo el propósito de dedicarle un estudio particular.

natoria (luliana) o al arte de la memoria (mnemotécnica),[10] que Bruno, acorde con su época, tenía en muy alta consideración. Ya en el período del claustro había escrito, probablemente sobre las mismas artes,[11] otra obra –igualmente perdida para nosotros–, *El arca de Noé*, que había dedicado y parece haber presentado al papa Pío V; y siguió escribiendo muchas otras hasta el final de su actividad literaria.

Sus peregrinaciones por Italia septentrional terminan en 1579 con el destierro,[12] que cumple pasando por los Alpes a Francia (a Chambéry) y a Suiza (a Ginebra). En Ginebra, do-

---

[10] Justamente Gentile, en su comentario al diálogo I, de la II parte de *Degli eroici furori* (pág. 425) rechazó la conjetura de V. Imbriani (*Natanar II*, en *Propugnatore* VIII, p. 1ª) de que fuera una especie de almanaque; pero mucho menos puede pensarse con el mismo Gentile en un documento de la conversión filosófica de Bruno (superación del materialismo), cuya realización Gentile quisiera colocar en el momento de cumplirse los "seis lustros" de vida de Bruno (1578), mientras Bruno parece indicar un período de ejercicio de la reflexión, que podía empezar acaso con la adolescencia. De todas maneras hay que interpretar como indicación aproximativa la de los "seis lustros".

[11] Véase mi artículo *Per la biografia di G. Bruno*; en *Rivista d'talia* de octubre 1913.

[12] En la edición anterior esta nota decía: "Acaso necesario (el destierro), por haberle alcanzado nuevamente el proceso de herejía, si debemos interpretar en tal sentido una alusión a un proceso de Vercelli (Piamonte), contenida en uno de los documentos del proceso final". Tal hipótesis mía procedía de la interpretación que yo daba de un pasaje de la sentencia: "et essendosi anco havuto notitia che nel Santo Offitio di Vercelli eri stato denuntiato, che mentre tu eri in Inghilterra eri tenuto per atheista et che avevi composto un libro di Trionfante Bestia..." Había creído entonces que la noticia aludida se refiriese a dos hechos distintos: denuncia ante el Santo Oficio de Vercelli, y comportamiento observado en Inglaterra. Pero una reflexión ulterior me ha convencido de que se trata de una noticia única, esto es, que la fama de ateo y la composición del *Spaccio de la bestia trionfante* (ocurridas ambas en Inglaterra), eran precisamente el objeto de la denuncia ante el Santo Oficio de Vercelli, la que por lo tanto debía caer en la época misma del proceso romano, y no en la de las peregrinaciones por el norte de Italia, anteriores al destierro. Me adhiero, pues, a la explicación de L. Firpo (*Il processo di G. Bruno*, 101 y sig.), quien piensa en una delación de alguien regresado de Inglaterra. El que podía ser (según la conjetura de Firpo) F. M. Vialardo de Vercelli –ya compañero de Bruno en la cárcel romana, y deseoso de vengarse de la delación hecha por Bruno en contra de él en el verano de 1594, por un ímpetu de ira– si no creara cierta dificultad el hecho de que Vialardo, liberado sólo al finalizar el año 1596, parece haber permanecido en Roma hasta 1602, recopilando, según lo recuerda Firpo, de 1597 a 1602 los *Avvisi di Roma* para el gran duque Fernando I (Arch. Mediceo, filza 3623).

minada por el calvinismo, se adhiere momentáneamente a esta iglesia protestante; pero en seguida encuéntrase en choque con la intolerancia sectaria de los calvinistas, por haber puesto de relieve en un folleto los errores del teólogo De La Faye. Procesado y obligado a humillarse, sale de Ginebra para Francia con un hondo rencor contra el calvinismo, al que llama "la multiforme herejía", acusándolo de vedar la libertad a los filósofos y renegar de la misión moral de la religión, llevando entre los hombres "el cuchillo de la división", y afirmando que lo que vale en presencia de Dios no es la bondad de las obras, sino únicamente "el esperar y creer según el catecismo de ellos".[13]

Su ingreso en Francia inicia el período mejor y más fecundo de su vida. En su estadía de dos años (1579-1581) en la ciudad de Tolosa, recibe de aquella Universidad el título de doctor en artes[14] y conquista por concurso la cátedra de filosofía –extraordinaria en un primer momento y luego ordinaria– a pesar de la hostilidad de los aristotélicos. Se había excitado tal hostilidad en su contra, especialmente por el entusiasmo con que exponía y exaltaba el arte combinatoria luliana, sobre la cual escribió en Tolosa otra obra, *Clavis Magna* ("la gran llave" del secreto de la ciencia), perdida para nosotros, al igual que las mencionadas anteriormente.

No se apagaba la enemistad de los peripatéticos con su salida de Tolosa, sino que le perseguía aun en París, adonde Bruno se trasladó en 1581 y donde permaneció hasta 1583. Sin embargo, las mismas causas que excitaban la oposición de sus adversarios, despertaban por otro lado en su favor gran interés y admiración entre los discípulos y parte de los profesores de la magna Universidad parisiense. La amplia extensión

---

[13] Cfr. *Spaccio de la bestia trionfante*; págs. 59 y 87-91 de la ed. Gentile.

[14] El doctorado en artes liberales –trivio y cuadrivio– era distinto al doctorado en teología, que Bruno tenía ya de Italia. En las declaraciones hechas más tarde en el proceso de Venecia (*Constituto Veneto*), Bruno habla del doctorado en artes adquirido por él en la Universidad de Tolosa, a fin de participar en el concurso para la cátedra ordinaria de filosofía en la misma, que logró conquistar y tuvo por dos años seguidos.

de su saber, la prontitud de su talento, la vivacidad de su ingenio le rodeaban de alta reputación, intensificada por el atractivo que tenían las artes combinatoria y mnemónica, a las que él mismo declaraba deber la amplitud y facilidad de manejo de su sabiduría.

Despertábase de esta manera un interés intenso por estas artes, que parecían prometer a cada cual una posibilidad o esperanza de alcanzar resultados asombrosos en la conquista de los conocimientos; y el propio rey de Francia, Enrique III, hondamente interesado en el asunto, invitaba a Bruno a su corte y le otorgaba una cátedra rentada. Bruno escribió y publicó en París, en 1582, tres obras (que se han conservado) dedicadas a la exposición de las dos artes tan alabadas: *De umbris idearum* ("Las sombras de las ideas"), *Cantus Circaeus* ("El canto de la maga Circe", personificación de la materia), y *De architectura et commento artis Lulli* ("Arquitectura y comentario del arte combinatoria de Raimundo Lulio"). Estas obras tienen importancia no solamente en relación con las dos artes combinatoria y mnemónica, sino también en lo tocante a la evolución del pensamiento de Bruno y a la formación de su filosofía.

El arte luliana quiere ofrecer la solución de un problema lógico-metafísico, es decir, construir el sistema de las relaciones entre las ideas, teniendo la firme convicción, de carácter francamente platónico, de poder con este medio reconstruir el sistema de la realidad. Para lograr su fin el arte combinatoria procede por medio de tablas y figuras. Ante todo determina los elementos primeros del pensamiento (sujetos y predicados), y los representa mediante letras, que constituyen el "alfabeto del gran arte"; dispone luego estas letras en una especie de tabla pitagórica, y después las inscribe en triángulos y círculos que sobrepone y hace rodar para lograr todas las distintas combinaciones. La convicción que inspira este proceso de combinaciones, que genera el "silabario" y el "diccionario" del gran arte, consiste en la creencia de que al conocer las maneras de combinar los sujetos con los predicados, se tenga la posibilidad de contestar a todas las cuestiones que la mente humana pueda plantear. Hay que recordar que esta misma ilusión, que Bruno compartía con Lulio, se reproduce luego en Leibniz, quien por este camino quería llegar al descubrimiento de un lenguaje universal.[15]

Naturalmente, este mecanismo del arte combinatorio era de manera particular apto para ser aplicado también al arte de la memoria (mnemotécnica); y Bruno efectúa tal aplicación en sus obras del año 1582, y la extiende más tarde al arte inventivo o venatorio (caza de conocimientos nuevos). En la mnemotécnica se trata de solucionar el problema de la memoria fundándose en las leyes de la asociación mental; y por eso Bruno recurre a la unión de las ideas con imágenes sensibles; pero toda su construcción gira alrededor de los goznes de un principio filosófico platónico, es decir, que nuestras ideas, por ser sombras de las ideas eternas, están vinculadas recíprocamente, al igual que aquéllas, en cadenas cuyos eslabones son partes de un sistema único total y por eso pueden iluminarse mutuamente, pues única es la luz que resplandece en todas.

Tenemos que poner de relieve la orientación filosófica –platónica o, mejor dicho, neoplatónica– que aparece en estas obras del año 1582, y especialmente en el *De umbris idearum*. Ella significa una superación del materialismo, bajo cuyo dominio Bruno (así como hemos recordado) declara después, en pasajes de los diálogos *De la causa* y *De los heroicos furores*, haber quedado por largo tiempo (los últimos diez años del atormentado período de "seis lustros") cegado por la maga Circe (la materia). Sin embargo, esta superación del materialismo,[16] que debió iniciarse por una iluminación debida al neoplatonismo, no

---

[15] Sobre todos estos puntos, véase Felice Tocco, *Le opere latine di Giord. Bruno confrontate con le italiane* (Firenze, 1889), partes I y II. Para Leibniz, ver especialmente Couturat, *La logique de Leibniz* (Paris, Alcan). Cfr. también mi ensayo: "Leibniz en la historia de la filosofía" (en *Ensayos críticos sobre filósofos alemanes*, ed. Imán, Buenos Aires), y ahora el importante estudio de A. Corsano, *G. W. Leibniz*, Libr. Scient. Editr., Napoli, 1953.

[16] Cuya iniciación, según mi parecer, debe colocarse en el bienio de estadía en París, con el *De umbris idearum*, completándose con más clara evidencia en la sucesiva morada en Londres, donde Bruno vincula con la idea de la unidad universal la de la infinitud, deducida del doble fundamento de la teoría copernicana y de la doctrina de la inseparabilidad entre sustancia material y espiritual (infini-

se produjo en Bruno, así como ocurrió a San Agustín, al primer contacto con aquella doctrina; ni lo llevó, como a aquél, al reconocimiento de una realidad espiritual distinta y opuesta a la material, sino a la intuición de la unidad universal, inculcándole precisamente la idea de la unidad del principio que anima eternamente todo el universo, en la multiplicidad y mutabilidad de las cosas particulares.

Es decir, que significa para él un encaminamiento hacia la afirmación de la unidad de la naturaleza, por la inseparabilidad de los dos géneros de sustancia, corpórea y espiritual; ésta es la primera o parcial intuición de aquella filosofía monista por la cual –según la declaración hecha por Bruno en este mismo año 1582 en la carta dedicatoria de su comedia *El candelabro*– "el alma se le amplía y se le magnífica el intelecto".[17]

No sin motivo habla Bruno de su nueva filosofía en la dedicatoria de esta comedia, *El candelabro*, como de un tema vinculado con la misma comedia; una y otra, en efecto, pertenecen a su lucha constante contra el pedantismo y la vileza que le parecen dominar en la vida no menos que en la filosofía. La sátira –muy cruda, por cierto, pero muy ampliamente imitada luego por muchos otros escritores, incluso Molière– de los tipos del amante insulso, del avaro sórdido, del pedante ridículo, represen-

---

ta porque divina). En la declaración que Bruno hace a los ingleses (cfr. *De los heroicos furores*, diálogo V de la II parte, pág. 479 y sigs.), que la iluminación se le ha producido en las islas británicas, íntegra y súbitamente, hay por lo tanto una parte –pero sólo una parte– de verdad. De todas maneras debe excluirse la interpretación de Gentile en su comentario (pág. 425), que quiere colocar en el momento de cumplir Bruno los 30 años (1576, en Venecia) la aparición de la luz filosófica a sus ojos, anteriormente cegados por Circe; la que, por expresa declaración de Bruno, significa la materia, y no la Iglesia de Roma, como supone Gentile.

17 "Cada cosa cambia, nada se aniquila; es Uno solo lo que no puede cambiar, Uno solo es eterno y puede perseverar eternamente uno, semejante y el mismo". Este *Uno solo* es la totalidad universal, que permanece idéntica en el cambio incesante de las cosas particulares. "Con questa filosofia l'animo mi s'aggrandisse e me si magnifica l'intellecto." (Carta dedicatoria del *Candelaio* a la señora Morgana. Cfr. ed. Spampanato, pág. 7.) Análogamente, dos años después, en la *Epístola proemial* del diálogo *De l'infinito universo*, Bruno dice: "questa è quella filosofia che apre gli sensi, contenta il spirito, magnifica l'intellecto e riduce l'uomo alla vera beatitudine che può aver come uomo" (pág. 273, ed. Gentile).

ta una de las batallas empeñadas por Bruno ("el fastidiado", como se llamaba a sí mismo) contra la estrechez espiritual de los pedantes atados a las fórmulas escolásticas y contra la bajeza moral de las aspiraciones vulgares: puede considerarse, en cierta manera, un preludio a la reforma moral intentada dos años después en el *Despacho de la bestia triunfadora* ("Spaccio della bestia trionfante"), que es uno de los diálogos italianos publicados en Londres.

En abril de 1583, en efecto, no obstante la cordial acogida que se le había dispensado en París por el rey y los espíritus desvinculados del aristotelismo, Bruno decide salir de Francia, donde hacíase más grave cada día la amenaza de una renovación de la guerra civil. Con la protección del conde de Castelnau, embajador de Francia en Inglaterra, pasa a las islas británicas, y en seguida publica en Londres tres obras latinas, dedicadas al arte mnemónico: "El arte de recordar" (*Ars reminiscendi*), "La explicación de los treinta sellos" *(Triginti sigillorum explicatio)* y el "Sello de los Sellos" *(Sigillus sigillorum),* precedidas de una carta al procanciller y a los doctores de la Universidad de Oxford, donde se les presenta como "despertador de los espíritus dormidos" *(dormitantium animorum excubitor),* pidiendo libertad de manifestar en público el resultado de sus descubrimientos filosóficos, que llevan a la refutación de la filosofía dominante.

Esos descubrimientos aparecen delineados en parte en la obra *Sigillus sigillorum,* donde la doctrina neoplatónica vuelve a ser afirmada, pero con mayor independencia crítica que en la obra anterior *De umbris idearum. El* principio monista de la unidad universal adquiere en el *Sello de los sellos* un vigor más enérgico y decidido: Bruno, tomando como premisa y punto de partida la afirmación de la Mente que lo vivifica todo en el universo, siendo más íntima a las cosas de lo que ellas son a sí mismas, concluye con Parménides que todo es uno; y por eso exige que nosotros busquemos lo uno en cada ser múltiple, y lo idéntico en cada ser diverso; lo cual nos lleva a sentir en nuestro interior el amor que lo engendra y aviva todo, y nos impulsa por todo camino cognoscitivo a volver hacia la unión con Dios.

Semejantes ideas, esbozo de las doctrinas que encuentran muy pronto su desarrollo ulterior en los diálogos italianos *De la causa* y *De los heroicos furores,* están ya asociadas en éstos con la intuición de la infinitud del universo, deducida del doble fundamento de la teoría copernicana y de la afirmada infinitud divina; la que exige una correspondiente infinitud cósmica, a raíz de la inseparabilidad de los dos géneros de sustancia (espiritual y corpórea) y de la unidad e identidad de potencia y acto de Dios enseñada por Cusano en su teoría del *possest* (identificación de *poder* y *ser).* Son por cierto estas dos ideas fundamentales, de la unidad y la infinitud universal, los "dos soles" que en los diálogos I y V de la segunda parte de *De los heroicos furores* Bruno dice haber iluminado súbitamente sus ojos en las islas británicas (antes cegados por Circe, la materia), dando en el blanco de su espíritu con "la doble flecha" de la verdad y la bondad.

No hay duda de que, introducido por la presentación de las mencionadas obras mnemónicas en la Universidad de Oxford para enseñar filosofía y astronomía, Bruno empezó a desarrollar sus nuevas doctrinas; pero las iras levantadas en contra de él por la osadía de semejantes ideas y de una disputa pública a la que desafió a los doctores oxonienses, lo obligaron muy pronto a interrumpir su enseñanza y volver a Londres en junio del mismo año 1583.[18]

Huésped en Londres del embajador francés Castelnau, introducido por él en la corte y admitido al conocimiento personal de la reina Isabel ("la divina Elizabetta"), Bruno conquista altas amistades de personajes influyentes, y se dedica con intenso trabajo a la composición de los diálogos italianos, publicados entre el año 1584 y el siguiente en Londres, pero con la data simulada de París y Venecia: *Cena de las cenizas, De la causa principio y uno, Del infinito universo y mundos, Despacho de la bestia triunfadora* –todos en 1584– y *Cábala del caballo pegáseo* con agregado de *El asno cilénico* y *De los heroicos furores,* en 1585.[19]

---

[18] Sobre la disputa oxoniense véase el docto estudio de Lud. Limentani, *G. Bruno a Oxford,* en "Civiltà moderna"; Firenze, 1937.

[19] Véase en particular sobre ellos el libro de A. Guzzo, *I dialoghi del Bruno,* Torino, 1932.

Su pensamiento se dilata en el amplio aliento de sus nuevas concepciones expresadas en estas obras.[20] *La Cena de las cenizas* y *De l'infinito universo* desarrollan –frente a la estrechez de la cosmología geocéntrica tradicional, que quería atrincherarse al amparo de la autoridad de las Sagradas Escrituras– la intuición nueva de la infinitud del universo deducida de la cosmología heliocéntrica copernicana y del principio de la infinitud divina. Luego, partiendo de la afirmación de la unidad indivisible del primer principio divino y del alma universal que lo mueve y gobierna todo, el diálogo *De la causa* llega a la conclusión de la unidad divina de la naturaleza infinita; y después la teoría de la inmanencia de lo divino se presenta en *Despacho de la bestia* aplicado al hombre, espejo del universo; y por tal aplicación se traza allí para el hombre el proceso de una purgación moral, fundada en el reconocimiento del valor de la ley natural y en la exaltación del trabajo, la justicia y el amor, entendidos como principios y fundamentos de la unidad ética de la humanidad, por la cual el espíritu se encamina hacia una más profunda unidad con la universalidad divina.

Los diálogos del año siguiente quieren, por un lado (*Cábala del caballo pegáseo* y *El asno cilénico*), despejar el camino para los espíritus que deben cumplir el ascenso hacia la unidad con la infinitud divina; por el otro (*De los heroicos furores*), levantar al espíritu purificado hacia la cumbre de este ascenso. Puesto que, en efecto, la unión espiritual con Dios puede realizarse únicamente en la contemplación de la verdad, la *Cábala* y *El asno* intentan despejarle el camino derribando el obstáculo constituido por la "santa ignorancia" (*santa asinità*), enemiga declarada de toda investigación de la verdad; y, por otro lado, el diálogo *De los heroicos furores* lleva al espíritu ansioso de la contemplación verdadera a recorrer la escala ascensional del conocimiento y el amor hasta la intuición de la Naturaleza infinita, en cuya unidad la mente humana encuentra a

---

[20] Cfr. la declaración contenida en la *Epístola proemial* del diálogo *De l'infinito universo*, citada en una nota anterior, junto con la de la *Carta dedicatoria* del *Candelabro*.

Dios, más intrínseco para ella de lo que ella es para sí misma, y por consiguiente se ensimisma con él.

A una consideración superficial puede aparecer una diversidad y discontinuidad de temas e inspiraciones en la serie de estos diálogos, pero un estudio atento y una comprensión penetrativa descubren la conexión íntima oculta que los vincula mutuamente en la formación orgánica de un sistema filosófico; al mismo tiempo que reconoce, a través de vacilaciones y contradicciones más aparentes que sustanciales, una coherencia íntima y entiende la honda seriedad escondida bajo el velo de la risa amarga de una sátira áspera y mordaz.

Mordaz a veces hasta el punto de provocar (sobre todo por lo expresado en la *Cena* y en la *Cábala*) reacciones violentas en la sociedad británica, las que hubieran podido arrollar a Bruno, si no lo hubiera sacado del peligro la protección del embajador Castelnau.[21]

En consecuencia, al ser Castelnau llamado de vuelta a Francia en el otoño de 1585, Bruno lo acompaña en su regreso. Regreso desdichado, pues durante el viaje los ladrones los despojan a ambos de todo lo que llevaban consigo; y a la llegada Castelnau se encuentra caído en desgracia ante su gobierno, y Bruno fracasa en su tentativa de ser aceptado de nuevo en el catolicismo sin que se le obligara a volver a tomar el hábito religioso. No le queda por el momento otra posibilidad que la de concentrarse en el estudio y la composición de nuevas obras.

Escribe en latín un "Árbol de los filósofos *(Arbor philosophorum)*, perdido para nosotros; dos diálogos exaltando pretendidos descubrimientos matemáticos admirables y "casi divinos" de su compatriota geómetra Fabricio Mordiente *(Dialogi duo de Mordentis propre divina adinventione),*[22] una "representación de la auscultación física de Aristóteles" *(Figuratio Aristotelici physici auditus),* publicada, así como los dos diálogos, en París el año 1586;

---

[21] Véase la *Epístola proemial* dirigida a Castelnau, y el primer diálogo *De la causa,* cuyas afirmaciones sugirieron a Gentile la hipótesis de un encarcelamiento temporario de Bruno, después de la publicación de la *Cena.*

[22] Sobre ellos ver Leonardo Olschki, *Giordano Bruno* (Bari, 1927), cap. XIV, pags. 76 y sigs.

y acaso también un "Comentario de los libros de la Física de Aristóteles" *(Libri physicorum Aristotelis explanati),* cuya transcripción, efectuada más tarde en Alemania por su discípulo Bessler, se ha encontrado en códices de la biblioteca de Erlangen.

La exposición y el comentario de la *Física* aristotélica (y, además, de los libros aristotélicos *De generatione et corruptione* y IV de la *Meteorología)* efectuados por Bruno con cuidado escrupuloso e interpretación exacta, excepción hecha de escasos puntos, son dirigidos a demostrar –dice– que, al pelear contra la filosofía peripatética, él no la ignora tal como ciertos literatos de los cuales quiere diferenciarse: probablemente Pedro Ramos, Francisco Patrizzi y otros aristotélicos de aquella época.

Sin embargo, el estudio atento de Aristóteles no es para él fin por sí mismo, sino que debe servirle para luchar con mayor eficacia contra las teorías aristotélicas, al oponerles las propias, de la infinitud, unidad y animación del universo. Justamente Bruno afirma estas teorías en las "120 tesis sobre la naturaleza y el mundo, contra los peripatéticos" *(Centum et viginti articuli de natura et mundo adversus peripateticos),* que bajo su dirección son proclamadas en junio del mismo año 1586 por su discípulo Juan Hennequin en desafío a los doctores de la Universidad de París.

El reto audaz provoca un tumulto grande y violento, por consecuencia del cual Bruno se halla amenazado de peligros tan graves que se encuentra obligado a salir en seguida de Francia. Y helo así continuando sus peregrinaciones por Alemania. En Marburgo, adonde se dirige en un primer momento, pidiendo una cátedra, recibe una recusación; pero en seguida (agosto de 1586) encuentra mejor suerte en Wittenberg, donde se le concede la cátedra pedida, con satisfacción grande de Bruno, quien ve de esta manera reconocida la libertad filosófica, cuyo alto valor moral proclama al publicar en la misma ciudad de Wittenberg (1588), bajo el título oscuro de *Acrotismus camoeracensi,*[23] una nueva edición de los artículos proclamados en París contra la filosofía peripatética.

---

[23] Felice Tocco, *Le opere latine di G. Bruno,* pág. 107, acepta justamente la explicación de la palabra *camoeracensis* propuesta por F. Fiorentino (editor de las

La publicación de esta obra, dedicada al rey de Francia, Enrique III, había sido precedida por la de dos obras lulianas, editadas en la misma ciudad de Wittenberg el año 1587: "Sobre el progreso y la lámpara de las invenciones" *(De progressu et lampade venatoria)* y "Sobre la lámpara de las combinaciones" *(De lampade combinatoria)*. Al mismo tiempo escribía Bruno dos obras más, relacionadas con las mismas artes: "Observaciones acerca de la lámpara luliana" *(Animadversiones circa lampadem, lullianam)* y "Lámpara de las treinta estatuas" *(Lampas triginta statuarum)*, donde aplica al arte inventiva o *venatoria* el mecanismo de la combinatoria e intenta una deducción de las categorías, una construcción de la trinidad neoplatónica y varias demostraciones de la sustancialidad del alma.

Pero la perspectiva promisoria que habíase presentado a Bruno en Wittenberg a su llegada, no seguía igualmente favorable en el segundo año de su residencia. En el curso de 1588, en efecto, va produciéndose en la ciudad una preponderancia progresiva de la corriente calvinista, cuya intolerancia sectaria había Bruno experimentado ya en Ginebra. Él veía por lo tanto amenazada aun en Wittenberg la libertad filosófica, cuyo respeto y protección, gozados hasta aquel momento, le inspiraban una cálida exaltación de esta "nueva Atenas" y alabanzas para Lutero en su "Saludo de despedida" *(Oratio valedictoria)*, dirigido a la ciudad hospitalaria.

Deja por lo tanto Wittenberg y se traslada a Praga, donde lo recibe con benevolencia y lo beneficia el rey Rodolfo II, al

---

obras latinas), recordando que la disputa de París se había realizado en el Colegio *de Cambray* (camoeracensis). Pero la palabra *Acrotismus*, de indudable procedencia griega, puede derivar de varios vocablos. Tocco indica dos de ellos: ἀκρόασις (auscultación, lección) que se encuentra precisamente en el título de la física de Aristóteles, y que Bruno podía entender en el sentido de "reunión" o "conferencia"; y ἀκρό τη (cumbre) que podía ser usado para indicar que el libro contenía los puntos capitales de la disputa antiaristotélica que habíase desarrollado en el Colegio de Cambray *(rationes articulorum physicorum Parisiis propositorum*, según reza el subtítulo). Pero podrá además pensarse en la palabra ἄκροτος (sin ruido o sin aplausos), acaso para caracterizar la serenidad de la disertación escrita en oposición al tumulto excitado por la disputa en el Colegio de Cambray. Sin embargo, de las tres explicaciones la segunda parece la más probable.

que presenta un nuevo pequeño tratado sobre el arte luliano: "Acerca de la investigación de las especies" *(De specierum scrutinio)*, y dedica el folleto "Contra los matemáticos y filósofos de nuestro tiempo" *(Articuli 160 adversus huius temporis mathematicos et philosophos)*, muy osado en la crítica audaz de las teorías matemáticas más acertadas y en la tentativa de sustituirlas por nuevos teoremas; pero notable por la polémica vigorosa contra el espíritu de intolerancia y sectarismo religioso, a los que opone una exaltación ardorosa de la ley divina del amor y una reivindicación de la dignidad propia de la libertad espiritual humana.

Su estancia en Praga tuvo, sin embargo, breve duración. A fines del mismo año 1588, lo encontramos ya en Helmstädt, donde el duque Enrique Julio, hijo del fundador de la Academia Julia, en cuyo honor Bruno recita un "Discurso de consuelo" *(Oratio consolatoria)*, le dispensa una acogida tan favorable y cordial, que lo determina a quedarse allí en la tranquilidad del trabajo filosófico. Por un período de año y medio Bruno sigue trabajando con una fecundidad e intensidad que sólo pueden compararse con las del período de Londres, salvo ser aún superiores en productividad. Las obras compuestas en Helmstädt se diferencian de las londinenses –que son en su mayor parte diálogos italianos– por ser todas escritas en latín; pero tienen con aquéllas alguna comunión en los temas, que tocan a la mnemotécnica, al arte luliano, a la metafísica, cosmología y moral, agregándoles además el tema de la magia, que tan vivo interés despertaba en la época del Renacimiento.

En el tratado "Sobre la asociación de las imágenes, los signos y las ideas" *(De imaginum signorum et idearum compositione)*, que Bruno en la *Epístola dedicatoria* declara considerar como una de las más importantes entre sus obras, se recapitulan los tratados mnemónicos anteriormente publicados. Al mismo tiempo Bruno desarrolla las consecuencias del principio del animismo universal, deduciendo de él las aplicaciones mágicas en una serie de cinco tratados, dictados a su discípulo Bessler *(De magia, Theses de magia, De magia mathematica, De rerum principiis, Medicina luliana)*. Las consecuencias éticas y metafísicas del mismo principio son deducidas en cambio en un tratado de nomenclatura filosófica: "Suma de los términos de metafísica" *(Summa terminorum metaphysicorum)*, cuya segunda parte, intitulada "Descenso o aplicación del ente" *(Entis descensus seu applicatio)*, deduce del principio neoplatónico mencionado teorías importantes, como la identidad entre voluntad y necesidad, el optimismo y la afirmación del reflejamiento del universo en cada una de las cosas.

Pero las obras principales de este período son los tres grandes poemas latinos, que pueden compararse por su importancia con los diálogos metafísicos de Londres, con cuyos temas y desarrollos tienen una coincidencia parcial. Son ellos: "Sobre el triple mínimo y la triple medida" *(De triplici minimo et mensura)*, "La mónada, el número y la figura" *(De monade, numero et figura)*, y "Acerca de lo inmenso y los innumerables, o sea el universo y los mundos" *(De inmenso et innumerabilibus, seu de universo et mundis)*. Importancia filosófica incontestable tienen el primero y el tercero. El primero, por representar la tentativa de solucionar el problema de la conciliación entre la doctrina monista y el reconocimiento de la pluralidad real y mudable de las cosas, recurriendo a la concepción atomista de la materia, pero considerándola compenetrada en su totalidad por el alma universal única e indivisible, íntegramente presente en todas partes. El tercero, por desarrollar y elaborar más perfectamente la refutación de la cosmología aristotélica oponiéndole la nueva intuición de la infinidad de la naturaleza deducida del sistema copernicano, así como había hecho ya Bruno en los dos diálogos italianos *Cena de las cenizas* y *Del infinito universo y mundos*.

Un análisis muy cuidadoso y concienzudo de cada una de las obras latinas de Bruno puede encontrarse en los clásicos estudios de Felice Tocco: *Le opere latine di G. Bruno esposte e confrontate con le italiane* (Firenze 1889) y *Le opere inedite di G. Bruno* ("Atti dell'Accademia di scienze morali e politiche", Napoli 1892), de los que no puede prescindir nadie que quiera estudiar a fondo la filosofía del Nolano.[24] Sin embargo, Tocco llegaba a la

---

[24] Y tampoco de otro importante estudio del mismo Tocco: *Le fonti piú recenti della filosofia del Bruno*, Rendiconti dell'Accademia dei Lincei; Roma, 1892.

conclusión de una evolución del pensamiento bruniano, que se habría efectuado en tres fases: una de neoplatonismo puro representada por el *De umbris idearum,* de la que, a través de la aceptación del monismo parmenídeo afirmado en el *Sigillus sigillorum,* se pasaría a una segunda fase de inmanentismo panteísta en los diálogos italianos, seguidos por una tercera fase, manifiesta en los *Articuli adversus mathematicos y* aún más en el *De minimo,* que marcarían el tránsito hacia una monadología precursora de la de Leibniz.

Esta distinción de fases evolutivas, aceptada (entre otros) por H. Hoeffding en su *Historia de la filosofía moderna,* me había parecido inobjetable antaño, cuando traté de confirmarla con observaciones añadidas en un estudio sobre *La filosofía di G. Bruno e l'interpretazione di F. Tocco* (Firenze 1912). Pero una meditación ulterior me ha convencido de que el momento crítico decisivo del pensamiento bruniano y el impulso de todo su desarrollo sucesivo deben buscarse en la recordada superación del materialismo, iniciada durante la primera estancia en París *(De umbris idearum,* 1582) y cumplida en Inglaterra *(Sigillus sigillorum* y diálogos italianos) por el influjo del neoplatonismo, que mediante la intuición unitaria del alma universal –presente toda en todo el ser y en cualquier parte de él *(tota in toto et in qualibet totius parte)*– le ofrece el medio de conciliar la multiplicidad y mutabilidad infinita de las cosas particulares con la unidad de la naturaleza en una filosofía monista, proclamando la inseparabilidad de los dos géneros de sustancia, material y espiritual, y la coincidencia de los contrarios. Todo el desarrollo posterior de la filosofía bruniana no es sino una profundización y un desenvolvimiento de esta posición fundamental, tal como lo demuestra la solución dada por el *De triplici minimo* al problema de la conciliación entre monismo y pluralismo. Con la terminación de los tres poemas latinos, seguidos por el *De imaginum compositione,*[25] termina también el sereno y fecundo período de actividad filosófica pasado por Bruno en Helmstädt. El deseo de pu-

---

[25] La posterioridad de este último está evidenciada por una alusión del cap. 3 del *De Monade,* que expresa la intención de escribirlo sucesivamente.

blicar sus nuevas obras, lo lleva en junio de 1590 a Francfort del Meno, donde queda, para atender a la edición de sus libros, hasta la primavera del año siguiente, con la interrupción de una breve morada en Zürich. Pero siempre estaban en acecho contra él los peligros que en la dedicatoria del poema *De Monade* él declaraba desafiar por su amor a la verdad; peligros cuyo acercamiento no advierte, por presentársele bajo el disfraz alentador de una invitación halagüeña.

En Francfort, en efecto, un librero de Venecia le trae los llamados insistentes de un patricio véneto, Juan Mocenigo, que, por haber leído el poema bruniano *De triplici minimo*, se había encendido en deseo de conseguir del autor la enseñanza de los secretos de la mnemotécnica, a fin de volverse dueño de la sabiduría. En esta invitación Bruno ve una oportunidad favorable muy alentadora. A la nostalgia nunca apagada de Italia y a la confianza que le inspira –por lo tocante a su seguridad– la potencia e independencia de la República Véneta, se agrega como impulso decisivo la esperanza de hallar protecciones y ayudas para su viejo sueño de reincorporarse al catolicismo, sin renunciar a su libertad de pensamiento en los estudios, las obras y la enseñanza. Creía ingenuamente que su esperanza podía fundarse en la separación entre religión y filosofía, afirmada y sostenida por él y por todos los renacentistas aseveradores de la doctrina de la doble verdad, cuya teoría se ilusionaba en creer que podía ser aceptada por la Iglesia.

De esta manera, en agosto de 1591 resuelve aceptar la invitación y regresa a Italia haciendo una primera estancia de algunos meses en Padua, donde vuelve a encontrarse con su fiel discípulo Bessler, a quien dicta dos obras: una segunda (¿o tercera?) redacción del tratado "Sobre las fuerzas atractivas en general" *(De vinculis in genere)*, que es un estudio naturalista sobre la fascinación, sus causas y formas; y otro tratado[26] "Sobre los sellos de Hermes y Tolomeo" *(De sigillis Hermetis et Ptolomaei)*, evidente retorno al tema de las obras anteriores "Explicación de los treinta sellos" y "Sello de los Sellos". Luego se traslada a

---

26 Todavía inédito.

Venecia a casa de Mocenigo, a quien imparte la enseñanza de la mnemotécnica que le había prometido, pero dejando muy decepcionado con ella a su alumno, quien creía recibir de él la comunicación de algún secreto para volverse lleno de sabiduría, y se considera traicionado y defraudado al no lograr el milagro esperado.

Bruno, sin darse cuenta del estado de ánimo de su alumno, pensaba haber satisfecho su obligación; y habiendo mientras tanto terminado de redactar una obra sobre "Las siete artes liberales e inventivas" *(Le sette arti liberali e inventive)*, que proyectaba presentar al Papa, para lograr de él una benévola acogida y la satisfacción de su deseo de reingresar en el catolicismo, se preparaba en mayo de 1592 para llevar a Francfort su trabajo a la imprenta. Mocenigo, en cambio, lleno de rencor por la desilusión experimentada, interpretando los preparativos de viaje de Bruno como una fuga para sustraerse al cumplimiento de las promesas y obligaciones contraídas con él, meditaba como venganza una denuncia de Bruno al tribunal del Santo Oficio, fundamentada en las conversaciones escuchadas y en noticias relativas a su vida y sus obras.

A traición, durante la noche del 21 de mayo, lo hace encerrar en una buhardilla de su propia casa, y no logrando sacarle una promesa en el sentido de que habría comunicado a él, y a él sólo, los secretos mnemónicos y matemáticos por él deseados, lo entrega en la noche siguiente a las cárceles del Santo Oficio, junto con todos los papeles y manuscritos que tenía consigo. Entre estos últimos se encontraban también dos obras (que no conocemos y parecen perdidas): "Sobre los atributos de Dios" *(De'predicamenti di Dio)* y "Pequeño libro de conjuraciones" *(Libretto di congiurazioni)* donde la palabra *congiurazioni* no sabemos si tenía un sentido mágico (conjuros), astrológico (conjunciones de astros) o de otra especie. Encarcelado Bruno, Mocenigo presenta tres denuncias sucesivas, enumerando las herejías y blasfemias que le atribuye.

Empieza así en Venecia el proceso. Bruno, en los interrogatorios, expone su vida y su pensamiento filosófico, haciendo hincapié en la doctrina de la doble verdad, que significa separación entre la razón filosófica, que procede de acuerdo con los principios naturales y la luz natural de la inteligencia *(la raggion filosofica secondo li principii e lume naturale)*, y la verdad revelada por la iluminación sobrenatural de la fe *(la veritá secondo il lume della fede)*. Sin embargo, en coherencia con su teoría constante que afirmaba el valor moral y papel práctico de la religión, declara el 3 de julio estar arrepentido por todos los errores en que puede haber incurrido y listo para hacer reforma de su vida y compensar el escándalo dado con otra tanta edificación. Llegado a este punto, el proceso podía cerrarse con una conclusión favorable, de no intervenir mientras tanto la reclamación insistente del Papa para la entrega del imputado al tribunal romano. Después de unos meses, la República Véneta acaba por acceder al pedido pontificio, y en enero de 1593 Bruno es entregado y trasladado a las cárceles de la Inquisición en Roma.

A los documentos del proceso de Venecia y a los escasos escritos brunianos entregados por Mocenigo y remitidos a Roma junto con el acusado, se agregan luego, a raíz de otra nueva denuncia presentada contra Bruno por el fraile Celestino de Verona (verano de 1593), otros testimonios acusadores. Se inicia de este modo, al finalizar el año 1593, con los interrogatorios del imputado, varias veces acompañados por la tortura, el nuevo proceso; cuyo desarrollo, que prolóngase por siete largos años, no podía reconstruirse sino por escasos fragmentos, a través de los documentos publicados por Berti y Spampanato en sus biografías, y por Mons. Carusi en el *Giornale critico della filosofia italiana* de Gentile (1925), hasta el hallazgo, debido a Mons. Mercati, del *Sommario,* que nos ofrece casi íntegra la línea sintética del proceso (*Il sommario del processo di G. Bruno,* Città del Vaticano, 1942). En este sumario y en documentos complementarios hallados por L. Firpo se fundamenta su valioso estudio: *Il processo di Bruno,* Napoli 1949, exhaustivo con respecto a la documentación lograda actualmente, a pesar de la evidente imposibilidad de llenar las lagunas producidas por la destrucción (ya casi indudable) de los legajos remitidos de Venecia a Roma, de los numerosos memoriales escritos por el acusado en defensa propia y del texto de los interrogatorios a los que fue sometido. Del sumario recién publicado y de fragmentos de un interrogatorio de fines del año 1597 resulta una nómina de diez censuras dirigidas a Bruno, en base a algunos de sus libros que los inquisidores habían logrado procurarse; pero nos falta la nómina exacta y completa de las ocho proposiciones heréticas que, a raíz de una propuesta de Bellarmino, él mismo y Tragagliolo extrajeron de los constitutos procesales y de las obras, sometidas a una censura cuidada y minuciosa, para intimar a Bruno su abjuración expresa y terminante.

Solamente podemos recoger, mediante un análisis de los documentos publicados por Carusi y Gentile, la indicación probable de cuatro de esas herejías imputadas a Bruno; cuya determinación tiene importancia particular por resultar que no se le imputaban únicamente heterodoxias teológicas,[27] sino también filosóficas.[28] Las cuatro herejías, indicadas por incidencia en uno que otro de los documentos de Gentile, son en efecto dos teológicas y dos filosóficas.

De las dos primeras, una –el repudio del dogma de la transubstanciación– se encuentra mencionada en el borrador de la sentencia (de fecha 8 de febrero de 1600); otra se halla en la sumaria del 24 de agosto de 1599, y es la herejía novaciana: acaso, de acuerdo con lo que supusimos yo, Mercati y Guzzo, la referente al dogma de la trinidad, afirmando la prioridad ideal y real del Padre y la subordinación del Hijo, quien, por proceder de un acto de voluntad del Padre, debía tenerlo preexistente; o bien, según supone Firpo, la otra, del cisma de los intransigentes quienes negaban a los cristianos *lapsi* la remisión de los pecados, herejía que Bellarmino habría vislumbrado en las justificaciones aducidas por Bruno con respecto a su larga abstención de la confesión sacramental. De las dos filosóficas, una –la doctrina de la pluralidad de los mundos– se encuentra mencionada en la sumaria del 24 de marzo de 1597; y la otra –la teoría del alma presente en el cuerpo así como el piloto en

---

[27] Tal como sostuvo, en el año 1886, el padre R. de Martinis.
[28] Aun cuando implicaran consecuencias teológicas por las que especialmente se convierten en capítulos de imputación.

el barco—[29] en la misma sumaria del 24 de agosto de 1599 que habla de la herejía novaciana.

Ignoramos si entre las restantes cuatro proposiciones heréticas hubiese otras de contenido netamente filosófico; sin embargo, las dos mencionadas eran de importancia capital en la filosofía de Bruno; especialmente la pluralidad de los mundos, que mientras podía preocupar a sus jueces por implicar aún problemas teológicos (como el de la encarnación a realizarse en cada uno de los mundos innumerables), significaba para él las doctrinas filosóficas de la infinitud y unidad universal y de la correspondencia entre potencia y acto divinos, cuya concepción había exaltado como la filosofía que "satisface al espíritu, enaltece el intelecto y lleva al hombre a la verdadera beatitud que puede tener como hombre".[30]

Lo cual explica la sensación inmediata, tenida por él, de una diferencia sustancial entre el tribunal romano y el véneto, a cuyas exhortaciones de retractarse había accedido. El tribunal véneto le exigía únicamente una retractación sobre el terreno de la fe religiosa, a la cual podía someterse en virtud de su convicción y afirmación constante de la misión práctica (moral y social) de la religión. En cambio, el tribunal romano le pedía además un repudio de su misma filosofía, por considerarla condenada por toda la tradición católica, y sobre este terreno él no podía retractarse sin renegar de todo lo que había tomado más a pecho.

Sin embargo, ya parecía resultar de una alusión, contenida en la sentencia, a un interrogatorio del 15 de febrero de 1599, que Bruno, después de siete años de resistencia, habría

---

[29] Teoría expresada en *De umbris idearum* (Opera, II, 1, 42), *Lampas triginta statuarum* (ibíd. III, 242 sig., 251) *Spaccio* (*epist. explicatoria*, II, 9), *De la causa* (I, 176).

[30] *Epístola proemial* del diálogo *De l'infinito universo*, p. 273, ed. Gentile. En su valioso libro *Il pensiero di G. Bruno nel suo svolgimento storico* (Firenze, 1940), A. Corsano, a pesar de oponerse a la hipótesis de Berti y Gentile relativa a imputaciones filosóficas que se hubiesen hecho a Bruno (como la doctrina copernicana o la reivindicación de la libertad de pensamiento), admitió que pudiese hallarse entre las herejías que se le imputaban la argumentación con que Bruno atacó al voluntarismo teológico, característico de los Jesuitas, acusándolo de cierto modo como gnosticismo (v. pág. 300 y sig.).

tenido alguna vacilación, declarándose dispuesto a abjurar las ocho proposiciones y cualquier otra; y además, por lo que se decía en la sumaria recordada del 24 de agosto de 1599, podía sospecharse que en una escritura de fecha 15 (¿o 5?) de abril del mismo año hubiese revocado algo y explicado en parte los puntos de la herejía novaciana y del alma-piloto en el cuerpo. Y esto ahora se halla confirmado por el *Sommario del processo*, que muestra varias manifestaciones de docilidad y sometimiento de Bruno frente a las intimaciones que se le hacían a fin de que reconociera y abjurara sus "errores". Pero es característico el hecho de que sus retractaciones verbales son acompañadas o seguidas por la presentación de memoriales que las invalidan o destruyen, intentando demostrar la legitimidad de sus ideas filosóficas y la posibilidad de conciliarlas con la revelación religiosa. "Se manifiesta en su comportamiento (anota Firpo) una voluntad firme de no dejarse sofocar, un ansia de hacerse comprender", una convicción de su derecho de discutir de igual a igual con los teólogos, para persuadirlos de que se equivocan; hasta que la "parábola dolorosa desde la esperanza hasta el asombro y la desesperación" se cumple, al reconocer el fracaso de su propio esfuerzo. Bruno entonces se vuelve inflexible en una actitud decidida; objeta a sus jueces que las acusaciones se fundamentan en proposiciones separadas torpemente del contexto y que él no debe ni quiere enmendarse, pues no tiene ni sabe sobre qué debería enmendarse.

El 20 de enero de 1600 se abre sin leerlo el último memorial redactado por Bruno en defensa propia, y el Papa manda emitir el fallo, el cual, pronunciado el día 8 de febrero, declara a Bruno apóstata, herético impenitente, pertinaz y obstinado, lo expulsa del seno de la Iglesia y lo entrega a la curia seglar; lo cual significaba para él personalmente la misma cosa que la sentencia ordenaba para todos sus escritos, es decir, la condena a ser quemado. Al oír el fallo, el condenado declara altivamente a sus jueces: "tenéis acaso más miedo vosotros en pronunciar la sentencia contra mí, que yo en recibirla" *(majori forsan cum timore sententiam in me fertis quam ego accipiam)*. Y a partir de este momento su actitud no se doblega hasta el extremo instante de exhalar el último aliento en la hoguera de Campo de Flores, en la mañana del 17 de febrero de 1600.

Una vez había aplicado a la previsión de su destino fatal los versos de su poeta preferido –su compatriota Tansillo– que lo comparaban con el destino de Ícaro:

> Ch'i cadrò morto a terra ben m'accorgo;
> Ma qual vita pareggia al morir mio?

("Me doy cuenta muy bien de que caeré en tierra muerto; pero ¿cuál vida puede igualar a esta muerte mía?", Cfr. *De gli eroici furori*, II, pág. 342.)

En el momento de subir a la hoguera, confirmaba su honda persuasión de deber sacrificar su propia vida a la firme aseveración de sus convicciones filosóficas, exhortando a un discípulo, testigo de su muerte, a "seguir sus huellas gloriosas y huir de los prejuicios y los errores".

II
La libertad filosófica y la relación entre religión y filosofía

"Heraldo y mártir de la nueva y libre filosofía", ha sido llamado Bruno por Bertrando Spaventa;[31] y, por cierto, entre los filósofos del Renacimiento, que, sin embargo, en su mayoría lucharon constante y vigorosamente en favor de la libertad filosófica contra el tradicional principio de autoridad, no hay otro que pueda merecer semejante denominación en grado más alto. La investigación intrépida de la verdad, libre de todo prejuicio, constituye para él una misión a la que se entrega todo, a pesar de tener y expresar muy a menudo la conciencia de los peligros que arrostra por ella y el destino oscuro que lo espera en acecho.

---

[31] B. Spaventa, *Lezioni di filosofia* –Napoli, 1862–, publicadas nuevamente por Gentile (Bari, ed. Laterza) bajo el título: *La filosofia italiana nelle sue relazioni con la filosofia europea*.

En los proemios del *Despacho de la bestia triunfadora* y *Del infinito universo* se declara perfectamente consciente de que será por parte del mundo "odiado, reprochado, perseguido y asesinado";[32] pero ni todo esto, ni el cansancio de la lucha constante, bastan para convencerlo a retirarse de un camino tan difícil y penoso, porque el amor de la sabiduría verdadera y el anhelo de la verdadera contemplación siempre lo impulsan a seguir en su trabajo fatigoso, afligido y atormentado.[33] Por lo tanto, a pesar de no poder esperar un éxito feliz de su estudio y trabajo, sino más bien motivos de disgusto que le aconsejarían callar antes que hablar, él, mirando en el ojo de la verdad eterna, tanto más se esfuerza por hender la corriente adversa del río impetuoso cuanto más ve acrecentada la vehemencia de ella por su recorrido turbio, hondo y precipitado.[34]

Sigue, por ende, empeñado en una lucha encarnizada hasta el extremo contra la ignorancia, el prejuicio, el dogma y la intolerancia. "Nunca debe valer como argumento la autoridad de cualquier hombre, por excelente e ilustre que sea... Es sumamente injusto plegar el propio sentimiento a una reverencia sumisa hacia otros; es digno de mercenarios o esclavos y contrario a la dignidad de la libertad humana sujetarse y someterse; es suma estupidez creer por costumbre inveterada; es cosa irracional conformarse con una opinión a causa del número de los que la tienen... Hay que buscar, en cambio, siempre una razón verdadera y necesaria... y escuchar la voz de la naturaleza".[35]

[32] *Epístola dedicatoria* del *Despacho* (ed. Gentile, II, 5) : "orsù, orsù! questo, come cittadino e domestico del mondo... perchè ama troppo il mondo veggiamo come debba essere odiato, biasimato, perseguitato e spento da quello".
[33] *Epístola proemial* del *Dé l'infinito universo* (ed. Gentile, I, 262: "indi accade che non ritrao, como lasso, il piede de l'arduo camino... ma per amor della vera sapienza e studio della vera contemplazione m'affatico, mi crucio, mi tormento".
[34] *Epíst. dedic.* del *Despacho* (II, 4): "Tanto manca ch'io debba sperar lieto successo del mio studio e lavoro, che piú tosto ho da aspettar materia di discontentezza, e da stimar molto meglior il silenzio ch'il parlare. Ma se fo conto de l'occhio de l'eterna veritate... accade ch'io tanto piú mi forze a fendere il corso de l'impetuoso torrente, quanto gli veggio maggior vigore aggionto dal turbido, profondo e clivoso varco".

Bruno se adelanta de esta manera –y acaso contribuye a inspirarla– a la exigencia expresada después por Bacon de purificar la mente de las ideas preconcebidas *(idola mentis)*, que convierten en una prevención arbitraria *(anticipatio)* la comprensión fiel *(interpretatio)* de la naturaleza, que debería lograrse mediante la conformidad con las condiciones objetivas *(ex analogia universi)* y no con las subjetivas *(ex analogia hominis)*. Asevera, en efecto, Bruno enérgicamente que la naturaleza debe ser ley para la razón humana y no ésta para aquélla.[36] Pero agrega una exigencia complementaria, reivindicando la franca manifestación de todo pensamiento libre como condición necesaria para la conquista de la verdad; lo cual está en oposición directa con la regla de prudencia acomodante, por la que Bacon considerará necesario conformarse con las oportunidades y no volverse duro y resistente contra el medio ambiente.[37] Declara en cambio Bruno que no puede lograrse un conocimiento genuino de la naturaleza ni una conquista de la verdad si no hay libertad para todos en el ejercicio y la manifestación del pensamiento: "si alguna razón, por nueva que sea, nos estimula o impulsa por su fuerza interior, sea lícito a cualquiera pensar filosóficamente en filosofía con plena libertad, y hacer manifiesta su opinión".[38]

Por lo tanto, Bruno considera necesario luchar contra el enemigo mortal de la libertad espiritual, es decir, contra el es-

---

[35] "Nulla viri, quantumlibet excellentis et illustris, authoritas pro argumento valeat... Iniquum pro alieno obsequio sentire, mercenarium servile et contra humanae libertatis dignitatem addici atque submitti, stupidissimum pro consuetudine credere, irrationale pro opinantium multitudine adstipulari... Ratio tum vera, tum necessaria requiratur... Vociferantem naturam exaudimus..." (Dedicatoria *Ad divum Rodulphum II imperatorem* de la obra *Articuli 160 adversus mathematicos.*)

[36] "Natura sit rationi lex, non naturae ratio" (*De immenso et innumerabilibus*, VII, 14°, 13).

[37] "Ut animus reddatur occasionibus et opportunitatibus obsequens, neque ullo modo erga res durus aut obnixus" (Bacon, *De dignit. et augm. scient.:* ver los libros VII y VIII).

[38] "Si qua vel nova ratio nos excitet atque cogat, cuicumque liceat philosophice in philosophia libere opinari suamque promere sententiam" (*Forma epistolae ad Rectorem Universitatis Parisiensis*, antepuesta al *Acrotismus camoerancensis*, en *Opera latina*, I, 1, 57).

píritu de intolerancia y sectarismo, cuyo representante máximo Bruno indica –recordando sus experiencias de Ginebra– en la reforma protestante, aseveradora de la justificación por medio de la fe y no de las obras, que significa desvalorización y desprecio de toda caridad, misericordia y justicia, sustituidas por la obligación de aceptar el credo de ellos so pena de condenación eterna; lo cual "lleva consigo, en cualquier lugar se introduzca, el cuchillo de la división y el fuego de la dispersión, quitando el hijo al padre, el prójimo a su prójimo"; pisotea la ley de amor proclamada por el padre de todas las gentes y convierte al hombre en el enemigo peor para el hombre.[39]

La tarea de la religión para Bruno –quien por esta razón da su preferencia sobre las demás iglesias al catolicismo, que reconoce y afirma el valor de las obras y el libre albedrío– es sobre todo de carácter moral. La revelación divina, expresada en las Sagradas Escrituras, no quiere, según su parecer, dar enseñanzas teóricas "como si fuera filosofía",[40] sino fundamentar y orientar las normas éticas para todos aquellos –que son la gran mayoría– que necesitan un mando y una sanción externos para seguir la ley moral y operar el bien. Lo cual implica una doble exigencia simultánea: primero, que la religión deba entenderse como principio de unión y vinculación de amor; segundo, que los sabios deban prácticamente mantenerse adherentes a la Iglesia del país donde viven, justamente por tener ellos más honda conciencia del perjuicio que llevan consigo las discordias y los cismas.[41]

---

[39] Cfr. *Spaccio della bestia trionfante*, II, 87-91 en la ed. Gentile: "Veda se apportano altri frutti che di togliere le conversazioni, dissipar le concordie, dissolvere le unioni... mettere scisma tra popoli e popoli, gente e gente, compagni e compagni, fratelli e fratelli... Portano, ovunque entrano, il coltello della divisione e il fuoco della dispersione, togliendo il figlio al padre, il prossimo al prossimo", etcétera.
[40] *Cena delle ceneri*, en ed. Gentile, I, 86.
[41] Por esta doctrina precisamente Bruno quería reingresar en el catolicismo al volver a Italia, y declarábase, en el proceso Véneto, listo a someterse en materia teológica para no dar escándalo ni ejemplo de discusión religiosa.

Sin embargo, esta exigencia moral no debía, según su pensamiento, afectar en lo más mínimo a la libertad filosófica, cuyo terreno (teorético) quería distinguir del terreno (éticopráctico) de la religión. Por eso (dice), si "los verdaderos filósofos, civiles y bien acostumbrados, han siempre favorecido las religiones... por otro lado los teólogos, cuya doctrina no era inferior a su religiosidad, jamás han querido perjudicar la libertad de los filósofos".[42]

Semejante exigencia de un respeto recíproco podía sin embargo fundamentarse únicamente sobre una de las dos condiciones opuestas siguientes: o una solidaridad y cooperación entre la fe y la razón, al encontrarse operando ambas sobre un terreno común; o bien una distinción y separación total de los terrenos de pertenencia de cada una, de manera que ellas nunca pudieran enfrentarse y chocar. Bruno por un lado se inclina hacia la segunda solución a raíz de la teoría (puesta en evidencia en el pensamiento bruniano por Gentile)[43] de la inconmensurabilidad recíproca entre verdad revelada y verdad racional; por cuya afirmación la separación entre las dos no significa una coexistencia de ambas en las mismas conciencias, que se convertiría en escisión y lucha interior, sino una división entre capas sociales y clases de hombres. De un lado estarían "los pueblos incultos, que necesitan ser gobernados", siendo incapaces de autonomía; del otro "los filósofos que saben gobernarse a sí mismos y gobernar a los demás"[44] y tienen respeto a la religión por conocer la necesidad y misión práctica de ella en el campo ético-social.

Sin embargo, Bruno tiene, por otro lado, conciencia de una religiosidad profunda de la filosofía, en tanto que ésta es anhelo y búsqueda de la infinita verdad eterna y divina, o sea

---

[42] *De l'infinito universo* (ed. Gentile, I, 295): "gli veri, civili e bene accostumati filosofi sempre hanno faurito le religioni... Gli non meno dotti che religiosi teologi giammai han pregiudicato alla libertà dei filosofi".

[43] Ver G. Gentile, *Giord. Bruno e il pensiero del rinascimento;* Firenze, ed. Vallecchi.

[44] Cfr. *De l'infinito universo* (I, 295): "i rozzi popoli che denno esser governati... gli contemplativi, che sanno governar sè e altri".

"amor intelectual de Dios" (*amor dei intellectualis*), tal como había afirmado ya León Hebreo en sus *Diálogos de amor* y volverá a afirmar Spinoza en su *Ethica*. De tal manera, la relación entre religión y filosofía se convierte en una relación entre dos formas de religiosidad: por un lado está "la contemplación que se levanta más arriba de la naturaleza, por virtud de una luz sobrenatural y no natural", que es la de la revelación; y por el otro están "las filosofías y contemplaciones naturales, que no buscan la divinidad fuera del mundo infinito y las infinitas cosas, sino dentro de éstas y aquél".[45]

Pero por este camino la relación entre las dos no puede llegar a ser ni de simple coexistencia distinta y separada (y por lo tanto pacífica), ni mucho menos de cooperación armónica, sino únicamente de competencia y lucha. La doble verdad, por consiguiente –y parecen haberlo intuido así con claridad los jueces romanos–, se vuelve conflicto entre dos verdades: la de fe y la de razón. Y Bruno, encontrándose en el medio de semejante conflicto, que caracteriza a su época y se desarrolla en su misma conciencia, declara por cierto que la verdad sobremundana o sobrenatural es "la más alta contemplación" entre las dos; pero en realidad, al ver en ella únicamente un abandono y entrega espiritual "a las revelaciones de los dioses y sus vicarios", que se convierte en renuncia y prohibición del libre ejercicio del pensamiento y la investigación filosófica, hace de ella una sátira amarga en la *Cábala del caballo pegáseo* y en *El asno cilénico*, presentándola como "santa ignorancia" que condena la "curiosidad impía" de la investigación, prefiriendo cerrar los ojos, reprobar cualquier pensamiento humano y renegar de todo sentimiento natural.[46]

---

[45] Cfr. *De la causa* (I, 232): "il conoscere questa unità (del mondo) è lo scopo e termine di tutte le filosofie e contemplazioni naturali; lasciando ne'suoi termini la piú alta contemplazione, che ascende sopra la natura, la quale a chi non crede è impossibile e nulla... perchè se vi monta per lume sopranaturale, non naturale. Questo non hanno quelli che... non cercano la divinità fuor de l'infinito mondo e le infinite cose, ma dentro questo e in quelle".

[46] Cfr. *Cabala del cavallo pegaseo*, II, 248.

Para él, al fin y al cabo, semejante fe, que quiere introducir una escisión entre la naturaleza y Dios, repudiando todo lo que es "natural y por consecuencia divino",[47] representa una forma inferior de religión; mientras su filosofía, que al proclamar la infinidad del universo "magnifica la excelencia de Dios y manifiesta la magnitud de su imperio",[48] "no solamente contiene la verdad, sino incluso favorece la religión más que cualquier otra especie de filosofía",[49]

"Por medio de la cual contemplación tendremos el camino hacia la verdadera moralidad por convertirnos en verdaderos contempladores de la historia de la naturaleza, la que está escrita en el propio interior de nosotros, y nos haremos ejecutores ordenados de las leyes divinas, que están grabadas en el centro de nuestro corazón."[50] La teoría de la doble verdad coexistente de manera armónica cae, por lo tanto, al levantarse la inmanencia contra la trascendencia de lo divino; y por eso, cuando en Roma cambia el carácter del proceso, y Bruno no puede mantener su filosofía cediendo sobre el terreno religioso, tal como había hecho en Venecia, sino que se encuentra obligado por la firme intransigencia de sus jueces a darse cuenta netamente de la inconciliabilidad y antítesis entre trascendencia e inmanencia, Bruno (observa Gentile), precisado a elegir entre las dos, marca su elección con el sacrificio de su vida, afirmando su nueva religiosidad contra la tradicional.

Sin embargo, por estar todavía enredado en la contradicción característica de todo el Renacimiento, él mismo no veía

---

[47] Cfr. *Spaccio della bestia trionfante*, II, 6.
[48] *De l'infinito universo*, I, 275.
[49] *Cena de le Ceneri*, I, 91: "quando bene arràn considerato, trovaran che questa filosofia non solo contiene la verità, ma ancor favorisce la religione più che qualsivoglia altra sorte di filosofia".
[50] *De l'infinito universo*, I, 273: "Dalla qual contemplazione... aremo la via a la vera moralità... perchè doveneremo veri contemplatori dell'istoria de la natura, la quale è scritta in noi medesimi, e regolati executori delle divine leggi, che nel centro del nostro core son iscolpite."
[51] Cfr. *Cabala del cavallo pegaseo*, II, 248: "chiusero gli occhi..., riprovaro qualsivoglia uman pensiero, riniegaro ogni sentimento naturale; e, infine, si tennero asini".

con claridad todo el desarrollo lógico de su afirmación de un "pensamiento y sentimiento *naturales* humanos",[51] que están en oposición directa con la "santa ignorancia". Por cierto que seguía aseverando repetidas veces, en los diálogos italianos y en las obras latinas igualmente,[52] que la naturaleza misma y la necesidad exigían una división de la humanidad en dos planos, es decir, una oposición entre el pueblo, condenado a una ignorancia de asno, y los pocos elegidos para la sabiduría. Frente a los raros hombres heroicos y divinos, cuya visión inteligente lo intuye y penetra todo, la muchedumbre del vulgo queda limitada a un papel servil de actividad instrumental obediente en tanto ciega, tal como la mano que no puede tener ojos porque no ha sido hecha por la naturaleza para ver.[53]

Sin embargo —cosa que intuyó parcialmente Spaventa—, semejante antítesis tenía sus propios fundamentos minados por la más honda y básica doctrina bruniana de la inmanencia de Dios en la totalidad del universo y en cada uno de los seres. Ésta, en efecto, significa que todos los hombres, tal como la naturaleza universal, tienen inherente en su propia interioridad una necesidad incoercible de infinitud. Así, por su afirmación de la presencia interior de lo divino, que estimula, enciende y mueve a todo espíritu, Bruno se encuentra llevado a reconocer la universalidad de la potencia y aspiración cognoscitiva que, como tal, tiende a realizarse en todos con un progreso continuo infinito.

"Un amor que no da tregua estimula la potencia de concebir lo que la tradición heredada no conoce ni abarca todavía".[54] Toda facultad cognoscitiva, en cuanto posibilidad, exige

---

[52] Ver *Cena de la ceneri, De l'infinito universo, Spaccio della bestia trionfante, Cabala del cavallo pegaseo, Degli eroici furori, Acrotismus camoeracensis, De immenso et innumerabilibus*.

[53] Cfr. *Cena de le ceneri*, I, 88: "parlare con i termini de la verità dove non bisogna, è volere che il volgo e la sciocca moltitudine, dalla quale si richiede la prattica, abbia il particular intendimento; sarebbe come volere che la mano abbia l'occhio, la quale non è stata fatta dalla natura per vedere, ma per oprare e consentire alla vista".

[54] *De immenso et innumerabilibus*, I, 13:
"importunus amor stimulat vim concipiendi
quod neque cognoscar neque complectatur avitum".

su propia realización y tiende, por lo tanto, a asir y poseer sus objetos en una medida cada vez mayor: "en la sensibilidad y en el intelecto hay un apetito e impulso hacia lo sensible e inteligible en general", "un acicate que estimula siempre a avanzar más allá de lo que posee",[55] la verdad infinita que está por doquier sin ser circunscrita en ninguna parte ("en ningún lugar presente, de ninguno ausente"),[56] estimula y atrae hacia sí el esfuerzo de todos los hombres. "Por varios grados y escalones diversos todos aspiran, intentan, tratan y se esfuerzan en llegar ascendiendo".[57]

Ahora bien, para Bruno esto no significa sólo un esfuerzo universal que podría también quedar impotente en la mayoría de los hombres. En el diálogo *De los heroicos furores*, hay por cierto uno de los interlocutores (Cicada) quien dice: "pero entre los hombres, no todos pueden llegar a lo que pueden alcanzar uno o dos", pero el otro (Tansillo) contesta con el reconocimiento del valor que tiene el esfuerzo por sí mismo: "basta que todos corran; ya es gran cosa que cada cual haga lo que pueda".[58] Y el diálogo *Del infinito universo* va mucho más allá, cuando hace decir por Albertino a Filoteo, representante y maestro de la sabiduría y verdad divina: "ten la seguridad de que al fin todos verán... Cada cual, al fin, es instruido por el magisterio interior del espíritu, porque los bienes de la mente no los conseguimos sino de nuestra misma mente. Y debido a que en las almas de todos existe una cierta natural santidad, que, sentada en el alto tribunal del intelecto, juzga acerca del bien y el mal, de la luz y las

---

[55] Cfr. *Degli eroici furori*, II, 356: "Nel senso e l'intelletto è un appetito e appulso al sensibile (e intelligibile) in generale; perchè l'intelletto vuol intender tutto il vero..., la potenza sensitiva vuol informarsi di tutto il sensibile." *Ibíd.*, II, 352; "onde procede quel sprone ch'il stimola sempre oltre quel che possiede?"

[56] *Spaccio della bestia trionfante*, II, 81: "in nullo luogo presente, da nullo luogo absente".

[57] *Spacio*, II, 80: "lo l'intendo, Sofia; e comprendo che tu sei quella... alla quale per varii gradi e scale diverse tutti aspirano, tentano, studiano e si forzano salendo pervenire".

[58] *Degli eroici furori*, II, 342: "*Cicada*: Ma degli uomini non tutti possono giongere a quello, dove può arrivar uno o doi. –*Tansillo*: Basta che tutti corrano; assai è ch'ognun faccia il suo possibile".

tinieblas, sucederá que del pensamiento de cada cual surgirán, en tu causa, muy fieles e íntegros testigos y defensores".[59]

"En tu causa", es decir, en el proceso de conquista y defensa de la verdad divina, la "natural santidad" o facultad natural interior, discriminadora del bien y del mal, de lo verdadero y de lo falso, que está "en las almas de todos", al final llevará a todos a ver y entender, por ser cada cual "instruido por el magisterio interior del espíritu"; que es tanto como decir por el mismo Dios inmanente en cada espíritu humano. De este Dios inmanente dice el diálogo *De los heroicos furores:* "Dios que con el remordimiento de cierta conciencia..., como con rígido martillo, azota al espíritu prevaricador";[60] es decir, que está presente y obra siempre en cada conciencia, como un despertador que excita y aguijonea al espíritu sin cesar, no permitiéndole dejar perezosa e inerte su potencialidad, sino obligándolo a volverse activo y realizar su progresivo desarrollo.

La idea de la inmanencia universal de lo divino tiende así hacia una coherente conclusión universalista acerca de la voluntad y capacidad humana de conocimiento. A raíz de tal inmanencia, en efecto (afirma Bruno en *De los heroicos furores),* "en todo tiempo, en toda edad y en cualquier situación que se

---

[59] *De l'infinito universo,* I, 412 sig.: "Assicùrati ch'alfine tutti vedranno... Dal domestico magistero dell'animo ciascuno al fine viene instrutto; perchè gli beni della mente non altronde, che dall'istessa mente nostra riportiamo. E perchè negli animi di tutti è una certa natural santità, che assisa nell'alto tribunal de l'intelletto essercita il giudicio del bene e del male, de la luce e tenebre, avverrà che dalle proprie cogitazioni di ciascuno sieno in tua causa suscitati fidelissimi e intieri testimoni e defensori."

[60] *Degli eroici furori,* II, 387 sig.: "il disordinato amore ha in sè il principio della sua pena, atteso che Dio è vicino, è nosco, è dentro di noi. Si trova in noi certa sacrata mente e intelligenza; cui subministra un proprio affetto, che ha il suo vendicatore, che col rimorso di certa sinderesi al meno, come con certo rigido martello, flagella il spirito prevaricante". Análogamente en *De l'infinito universo,* I, 413 dice Bruno que los que quieran, por pereza y en defensa de la ignorancia, obstinarse en su oposición a la sabiduría, experimentarán en su propio interior el tormento de un verdugo que no les deja descanso: "Se... vorranno neghittosamente, in defensione de la turbida ignoranza... perseverar ostinati adversarii tuoi, sentiranno in se stessi il boia e manigoldo tuo vendicatore; che, quanto più l'occoltaranno entro il profondo pensiero, tanto più le tormente".

encuentre, el hombre siempre aspira" a la conquista de la verdad, y por ella "suele negarse a hacer caso de cualquier fatiga, e intenta en cambio todo estudio, sin cuidarse del cuerpo ni dispensarle aprecio a la vida".[61]

III
Teoría del conocimiento

De esta manera, para Bruno, el conocimiento y amor de lo divino se desarrollan en todos los hombres como un conato interior que empuja la intrínseca potencia infinita hacia la propia realización. "La potencia sensitiva quiere informarse de toda la realidad sensible..., el intelecto quiere entender toda la verdad", porque en la primera "se halla todo lo visible", en la segunda "todo lo inteligible en aptitud", es decir, en potencia, que significa tendencia hacia el acto.[62] La presencia potencial, pues, constituye en el espíritu humano "aquel acicate que lo estimula a avanzar siempre más allá de lo que posee";[63] de manera que el progreso mismo nunca produce una satisfacción en la cual el espíritu pueda sosegarse, sino que suscita siempre nuevas insatisfacciones, nuevas necesidades que estimulan hacia un movimiento ulterior de conquista. "De la mayor aprehen-

[61] Cfr. *Degli eroici furori*, II, 440: "la verità, alla quale in ogni tempo, in ogni etade, e in qualsivoglia stato che si trove l'uomo, sempre aspira, e per cui suol spreggiar qualsivoglia fatica, tentar ogni studio, non far caso del corpo, ed aver in odio questa vita".

[62] *Degli eroici furori*, II, 356 sig.: "l'intelletto vuol intender tutto il vero. . ., la potenza sensitiva vuol informarsi di tutto il sensibile... Indi avviene che non meno desideriamo vedere le cose ignote e mai viste, che le cose conosciute e viste... Perchè se sono occolte quanto a l'essere particulare, non sono occolte quanto a l'esser generale; come in tutta la potenza visiva si trova tutto il visibile in attitudine, nella intellettiva tutto l'intelligibile... Ne l'attitudine è l'inclinazione a l'atto".

[63] *Degli eroici furori*, II, 352: "onde procede quel sprone, ch'il stimola sempre oltre quel che possiede?"

[64] *Degli eroici furori*, II, 396: "E per questo può aver detto quel savio Ebreo che chi aggionge scienza, aggionge dolore; perchè dalla maggior apprensione nasce maggior e più alto desio, e da questo seguita maggior dispetto e doglia per la privazione della cosa desiderata."

sión nace mayor y más intenso deseo";[64] "la potencia intelectiva jamás se apacigua, jamás se satisface en la comprensión ya lograda de una verdad, sino que siempre avanza más y más allá hacia la verdad incomprensible".[65]

Esta infinitud de conato (dice Bruno) no es vana, porque se desarrolla "alrededor del acto infinito",[66] dirigiéndose siempre hacia él y procediendo siempre de él mismo: la raíz, pues, de que brota todo conato, está constituida por la inmanencia de la Mente divina, que está presente toda en todos los seres, animándolos a todos, incluso a los que suelen llamarse inanimados. Una misma luz divina brilla, según Bruno, en todos los grados de la existencia cósmica, aun cuando se trasluce con distinta intensidad en cada uno de ellos. Desde la gota que se hace redonda para conservarse, y desde la paja que se contrae para evitar el fuego, hasta el puercoespín que en su defensa arroja sus púas con precisión certera, hasta la hormiga que cuando guarda los granos que quiere conservar para su alimento, los castra para impedir que germinen, hasta el hombre, en fin, que en su desarrollo y actividad despliega los distintos grados de su facultad cognoscitiva, siempre obra y se manifiesta la misma inteligencia universal, que mueve y gobierna todas las cosas.[67]

Así, por encima de las distinciones de los grados de la actividad espiritual y cognoscitiva, se afirma su unidad como desarrollo progresivo procedente de una única y misma potencia. La identidad fundamental del instinto (atribuido aun a los se-

---

[65] *Degli eroici furori*, II, 421: "La potenza intellettiva mai si quieta, mai s'appaga in verità compresa, se non sempre oltre e oltre procede alla verità incomprensibile. Così la volontà, che seguita l'apprensione, veggiamo che mai s'appaga per cosa finita."

[66] *Degli eroici furori*, II, 394: "sarrebe vana, si fusse circa atto finito, dove l'infinita potenza sarrebe privativa; ma non già circa l'atto infinito, dove l'infinita potenza è positiva perfezione".

[67] Cfr. *Summa terminorum metaphysicorum,* sectio II de la segunda parte: *Intellectus seu idea.* Todas las pruebas de sensibilidad, conocimiento e inteligencia que pueden reconocerse en todas las cosas, animadas e inanimadas, fundamentan allí la enunciación del principio general de la inteligencia presente como fuerza divina en todos los seres: "intelligentia ergo est divina quædam vis, insita rebus omnibus cum actu cognitionis, qua omnia intelligunt, sentiunt et quomodocumque cognoscunt".

res inorgánicos), de la sensibilidad y del entendimiento aparece constantemente afirmada en la sucesión de las obras de Bruno: desde el *Sigillus sigillorum* de 1583 hasta la *Summa terminorum metaphysicorum* y el *De inmenso et innumerabilibus* de 1589-90. La sensibilidad (dice) se identifica con el mismo entendimiento, no es sino un grado o una participación de la inteligencia universal difundida en todo el universo.[68]

En lugar de la antítesis eleato-platónica entre sensibilidad y entendimiento, se afirma con Bruno su identidad de naturaleza, y por lo tanto los distintos grados que Bruno continúa diferenciando con los neoplatónicos se unifican –como ya destacó Felipe Tocco–[69] en una continuidad de desarrollo que se despliega a partir de la sensibilidad. Una anticipación de la teoría de la continuidad de Leibniz se afirma clara y explícitamente en Bruno. La sensibilidad (dice) en sí misma no hace otra cosa que sentir; en la imaginación percibe más profundamente que es ella la que siente; en la razón percibe que ejerce la propia actividad imaginativa; en el entendimiento se da cuenta de que desarrolla una actividad raciocinadora; en la mente divina, en fin, observa la propia inteligencia.[70]

De esta manera, pues, bajo las fórmulas neoplatónicas, que Bruno repite, se oculta en su doctrina, desde sus primeras obras hasta las últimas, un significado muy distinto del que tales fórmulas tenían: es decir, se afirma un significado conforme a la teoría de la inmanencia. Siempre es la misma potencia cognoscitiva la que actúa en el sujeto, así como siempre es la misma verdad universal la que se ofrece al conocimiento: "en el objeto sensible, como en un espejo, en la razón, a manera de argumen-

---

[68] Cfr. *Sigillus sigillorum*, § 32: "Si in sensu sit participatio intellectus, sensus erit intellectus ipse." *Summa terminorum metaphysicorum*, II parte, sección II: "haec est sensus quaedam participatio et universalis intelligentiae per universum propagatae effectus".

[69] F. Tocco, *Le opere latine di G. Bruno*, etc.; Firenze, 1889. Véanse los capítulos sobre el *Sigillus sigillorum* y sobre *Teorica della cognizione*.

[70] Cfr. *Sigillus sigillorum*, § 32: "sensus in se sentit tantum; in imaginatione persentit etiam se sentire..., in ratione imaginari se percipit..., in intellectu animadvertit se argumentari..., in divina mente intelligentiam suam tuetur".

tación y de discurso; en el intelecto, a manera de principio y conclusión; en la mente, como en su misma y viviente forma".[71]

Son todos grados de un único camino ascensional, en que al subir del inferior al superior "elevándonos al perfecto conocimiento, vamos complicando la multiplicidad",[72] es decir, pasamos gradualmente de la multiplicidad desarrollada en despliegue y distinción de los seres particulares (*explicatio*) a su unificación y contracción en relaciones sintéticas y en identidades sustanciales (*complicatio*). Para comprender, hace falta siempre simplificar y unificar los objetos, múltiples y distintos, de nuestra percepción e inteligencia; pero en el grado más alto (la Mente) la unificación no se cumple sólo en el objeto del conocimiento, frente al cual el sujeto permanecería distinto y opuesto, sino que se cumple en la misma relación del sujeto con el objeto, que se convierte en relación de mismidad e identidad.

Llegamos así, en el más alto grado cognoscitivo de la mente, a la unión intelectual del sujeto con el objeto infinito (Dios), que se cumple en el éxtasis neoplatónico, preparado y realizado gradualmente en la serie de concentraciones espirituales que están descriptas en el *Sigillus sigillorum*. El grado supremo es una especie de arrebato, en que la mente que persigue el objeto infinito de la intuición queda absorbida; de cazadora se convierte en presa, tal como el Acteón del mito

---

[71] *De l'infinito universo*, I, 281: "Onde la verità è... nell'oggetto sensibile, come in un specchio; nella raggione, per modo di argumentazione e discorso; nell'intelletto, per modo di principio o di conclusione; nella mente, in propria e viva forma."

[72] *De la causa*, I, 250: "Cossì dunque, montando noi alla perfetta cognizione, andiamo *complicando* la moltitudine: como descendendosi alla produzione delle cose si va *esplicando* la unità. Il descenso è da uno ente ad infiniti individui e specie innumerabili; lo ascenso è da questi a quello." La terminología usada por Bruno, al llamar *explicación* al descenso de la unidad a la multiplicidad y *complicación* al ascenso inverso, procede del cardenal Cusano, quien decía por eso *(De docta ignorantia*, II, 3) que "Dios es el que *complica* en sí todas las cosas, en cuanto que todas están en él, y es el que *explica* de sí mismo todas las cosas, en cuanto que él mismo está en todas". Idéntica es la relación entre la unidad total del universo y la multiplicidad infinita de las cosas particulares: la unidad *complica* la multiplicidad por tenerla en sí y la *explica* de sí misma por estar presente en cada cosa particular; presente, por cierto, en forma reducida o *contracta*.

griego; y esto (dice Bruno) es el "fin último y final de esta caza... por el cual el cazador se torna en presa".[73]

Pero aquí Bruno no se entrega a la conclusión mística de los neoplatónicos, así como podría sugerir la idea del éxtasis contemplativo, que en Plotino, como ya en Filón Alejandrino, significaba no solamente anulación de toda distinción entre sujeto y objeto, sino también supresión de todo efectivo conocimiento, en un aniquilamiento espiritual de sí mismo y de toda actividad contempladora (que en tanto activa sería siempre una autoafirmación del sujeto frente a su objeto). Cierto es que Bruno habla a veces de "rapto platónico" y de la "muerte de beso" de los cabalistas, en que el alma puede llegar a dejar el cuerpo y quedar absorbida y como anonadada en Dios.[74] Pero, en realidad, declara que el alma en lugar de aniquilarse en esta unión suya con el objeto infinito, la alcanza "avanzando hasta la profundidad de la mente..., a lo más íntimo de sí misma considerando que Dios está cerca, con ella misma y dentro de ella, aun más de lo que ella misma pueda estarlo".[75]

En un objeto, pues, que es lo más esencialmente íntimo que existe en el sujeto, no puede este último encontrar su pro-

---

[73] *Degli eroici furori*, II, 43: "perchè il fine ultimo e finale di questa venazione è de venire allo acquisto di quella fugace e selvaggia preda, per cui il predator dovegna preda, il cacciator doventi caccia; perchè in tutte le altre specie di venaggione, che si fa de cose particolari, il cacciatore viene a cattivare a sè l'altre cose, assorbendo quelle con la bocca de l'intelligenza propria; ma in quella divina e universale viene talmente ad apprendere che resta necessariamente ancora compreso, assorbito, unito".

[74] Cfr. *Degli eroici furori*, II, págs. 417-420, donde Bruno recuerda también, por lo tocante a esta contemplación suprema, lo expresado en su libro *De los treinta sellos*, es decir, en el § 42 de *Sigillus sigillorum*, publicado como apéndice de la *Explicatio triginta sigillorum*.

[75] *Degli eroici furori*, II, 413: "Come intendi che la mente aspira alto? verbigrazia con guardar alle stelle?... –Non certo, ma procedendo al profondo della mente, per cui non fia mistiero massime aprir gli occhi al cielo... ma venir al piú intimo di sè, considerando che Dio è vicino, con sè, e dentro di sè più ch'egli medesimo esser non possa; come quello ch'è anima de le anime, vita de le vite, essenza de le essenze". Cfr. *Cena de le ceneri*, I, 24: "abbiamo dottrina di non cercar la divinità rimossa da noi, se l'abbiamo appresso, anzi di dentro, più che noi medesimi siamo dentro a noi".

pia anulación, sino, al contrario, la más fuerte afirmación de sí mismo y de su propia actividad. Esto trae consigo una triple consecuencia: una exaltación del valor del sujeto, que era, en cambio, humillado y negado en el autoaniquilamiento del éxtasis místico; una afirmación de su actividad opuesta a la pasividad del arrebatamiento estático de Filón o de Plotino, y una reivindicación de su carácter racional, en contraste directo con el carácter irracional del misticismo neoplatónico.

En efecto, la suprema contemplación de que habla Bruno debe ser promovida "por un estímulo interno y fervor natural", en el cual (dice) los sentidos aguzados por el amor a la verdad, por el fuego del deseo y el soplo de la intención, juntos con la luz racional encendida por el fósforo de la facultad cogitativa,[76] llegan a mostrar toda la sagrada "excelencia de su propia humanidad". Y esta afirmación de la actividad interior del sujeto se opone explícitamente a la pasiva recepción del espíritu divino descrita por Filón, en la cual (dice Bruno) el hombre que, sin saberlo, sirve de receptáculo de la divinidad, es "como el asno que lleva los sacramentos".[77] Y en tercer lugar, la contemplación bru-

[76] *Degli eroici furori*, II, 332 y sig.: "Per essere avvezzi o abili alla contemplazione, e per aver innato uno spirito lucido e intellettuale, da uno interno stimolo e fervor naturale, suscitato da l'amor della divinitate..., dal fuoco del desio e soffio dell'intenzione, acuiscono gli sensi: e nel solfro della cogitativa facultade accendono il lume razionale, con cui veggono più che ordinariamente."

[77] Cfr. *Degli eroici furori*, II, 332 y sig.: "Altri per esser fatti stanza de'dei o spiriti divini, dicono ed operano cose mirabile, senza che di quelle essi o altri intendano la raggione... Altri, per essere avvezzi o abili alla contemplazione... (sigue el pasaje citado en la nota antecedente; y luego continúa): e questi non vegnono, al fine, a parlar ed operar come vasi e instrumenti, ma come principali artefici ed efficienti... Gli primi hanno più dignità, potestà ed efficacia in sè, perchè hanno la divinità; gli secondi son essi più degni, più potenti ed efficaci, e son divini. Gli primi son degni come l'asino che porta li sacramenti; gli secondi come una cosa sacra... Negli secondi si considera e vede l'eccellenza della propia umanitade."

La participación en la divinidad preferida por Bruno es, por lo tanto, la activa, que se alcanza por virtud propia del hombre que procede de la interioridad inmanente, y no por un acto de gracia divina que desciende de arriba. Además, Bruno se diferencia también de Pico de la Mirándola en cuanto que afirma que la unidad con Dios (en la que consisten el conocimiento y la felicidad supremos) se alcanza en la interioridad del espíritu, mientras que, según Pico, se alcanza fuera de nosotros en Dios mismo, que se conoce y nos conoce por sí mismo y no

niana se diferencia del éxtasis místico además por *ser* "un ímpetu *racional*", que vive "del contacto *intelectual*" con Dios objeto, por el cual se vuelve divino el sujeto contemplante.[78]

Pero con estos caracteres se está fuera de la trascendencia y se entra de lleno en una teoría de inmanencia. Al Dios trascendente sobre la naturaleza se substituye, como objeto del acto contemplativo, el Dios inmanente en la naturaleza misma y en el universo. El "Dios objeto" con el cual alcanzamos el contacto intelectual, no puede ser ya "la luz absoluta, que no solamente no puede comprenderse, sino tampoco pensarse como objeto; sino su sombra, su Diana, el mundo, el universo, la naturaleza que está en las cosas. Porque de la mónada que es la divinidad procede esa mónada que es la naturaleza comprensible, en la cual influye el sol y esplendor de la naturaleza superior".[79]

Por esto, en lugar de la neoplatónica identidad absoluta del Uno, a la cual convienen sólo el silencio o la teología negativa, el pensamiento contemplante de Bruno refleja concretamente la coincidencia de los contrarios y la multitud de los medios con

---

por nuestro medio. "Haec est vero foelicitas, ut unus cum Deo spiritus simus, ut apud Deum non apud nos Deum possideamus, cognoscentes sicut et cogniti simus. Ille enim nos non per nos sed per seipsum cognovit: ita et nos cognoscemus illum per ipsum et non per nos." (Esta pues es la felicidad, que seamos un único espíritu con Dios, que alcancemos la posesión de Dios en Dios y no en nosotros, y seamos así cognoscentes y conocidos. Aquél pues, nos conoce por sí mismo y no por nosotros; de esta manera nosotros también lo conocemos por sí mismo y no por nosotros.)

[78] *Degli eroici furori*, II, 333: "Non è un raptamento sotto le leggi d'un fato indegno; ma un impeto razionale che siegue l'apprension intellectuale del buono e bello che conosce... Di sorte che della nobiltà e luce di quello viene ad accendersi... Doviene un dio dal contatto intellettuale di quel nume oggetto..."

[79] *Degli eroici furori*, II, 443 y sig.: "Questa verità (del Dios trascendente) è cercata come cosa inaccessibile, come oggetto inobiettabile, non sol che incomprensibibile. Però a nessun pare possibile di vedere il sole, l'universale Apolline... ; ma sì bene la sua ombra, la sua Diana, il mondo, l'universo, la natura che è nelle cose... Di sorte che... vede l'Anfitrite... che è la monade, vera essenza de l'essere de tutti; e se non la vede in sua essenza... la vede nella sua genitura, che gli è simile... ; perchè dalla monade che è la divinitate, procede questa monade, che è la natura, l'universo, il mondo... Questa è la Diana... che è la natura comprensibile, in ei influisce il sole e il splendor della natura superiore".

que aquella "naturaleza desciende a la producción de las cosas y el intelecto asciende al conocimiento de las mismas".[80] La infinitud divina no puede ser abarcada y comprendida por un único acto mental; puesto que no puede "nuestra potencia intelectiva aprehender el infinito, sino en proceso discursivo" o tránsito infinito de una idea a otra,[81] en lugar de la absoluta quietud del éxtasis místico neoplatónico, tenemos "el infinito perseguimiento, que tiene razón de cierto movimiento metafísico".[82]

Movimiento y conato infinito, pues, por el cual la contemplación es infinita búsqueda del "infinito objeto de la mente", y no quietud beata de posesión, en que cesa toda actividad del espíritu, en el éxtasis místico que Bruno vuelve a llamar con los cabalistas "muerte de beso". Pero esta condición de movimiento y esfuerzo infinitos no es para Bruno una característica que diferencie la limitación mental humana de la infinitud espiritual divina, sino una participación del alma humana en la misma condición divina: "puesto que la felicidad de los dioses está descrita como producida por el beber y no por haber bebido el néctar... Tienen la saciedad como un movimiento y aprehensión, y no como en quietud y comprensión; no están hartos sin apetito, ni tienen apetito sin estar, en cierto modo, hartos".[83]

---

[80] *De la causa*, I, 247 y sig.: "una e medesima scala, per la quale la natura descende alla produzion de le cose, e l'intelletto ascende alla cognizion di quelle".
Para el desarrollo de estas ideas véase todo el pasaje de págs. 284 a 256.
[81] *Degli eroici furori*, II, 341: "per questo, che l'obietto è infinito, in atto simplicissimo, e la nostra potenza intellettiva non può apprendere l'infinito, se non in discorso o in certa maniera di discorso"...
[82] *Degli eroici furori*, II, 353: "atteso che non è cosa naturale nè conveniente, che l'infinito sia compreso, nè esso può donarsi finito, per ciò che non sarrebe infinito; ma è conveniente e naturale che l'infinito, per essere infinito, sia infinitamente perseguitato, in quel modo di persecuzione, il quale non ha raggion di moto fisico, ma di certo moto metafisico".
[83] *Degli eroici furori*, II, 453-455: "essendo infinito l'oggetto de la mente..., non può essere la volontade appagata di finito bene... Si porge come per studio infinito, il quale sempre ha e sempre cerca: atteso che la felicità de'dei è descritta per il bevere, non per l'aver bevuto il nettare, per gustare, non per aver gustato l'ambrosia... Indi hanno, la sazietà come in moto e apprensione, non come in quiete e comprensione; non son satolli senza appetito, nè sono appetenti senza essere in certa maniera satolli".

La realidad humana tal como la divina se muestran así en una continua actividad; la posesión es siempre conquista o creación incesante; la existencia se identifica con el movimiento laborioso, el conocimiento con la investigación y actividad del pensamiento, que pasa de uno a otro objeto sin descanso, para establecer relaciones y vínculos entre las infinitas ideas, en un proceso infinito.

IV
Dios y el universo: infinitud y animación de la naturaleza

Todo esto confirma lo que hemos dicho ya antes: es decir, que en las fórmulas neoplatónicas Bruno trasfunde un espíritu muy distinto al que tenían antiguamente. Sin duda, refirma Bruno la trinidad neoplatónica de *Mens* (Padre), *Intellectus* (Hijo) y *Anima Universalis* (Espíritu); pero la distinción entre las tres hipóstasis se tambalea cuando en *Lampas triginta statuarum* y en *Summa terminorum metaphysicorum* las tres se hacen, todas de igual manera, íntimas con las cosas, y cuando en *De la causa* (I, pág. 173), el intelecto aparece presentado como la primera y principal facultad del alma del mundo, y cuando en varias otras obras la *Mens super omnia* o providencia superceleste o Dios trascendente, que Bruno, sin embargo, continúa afirmando católicamente, pierde su realidad efectiva o su trascendencia.

A veces, en efecto, Bruno la reduce a una especie de *caput mortuum*, que "el verdadero filósofo" deja al "fiel teólogo", y a veces, en cambio, tiende a convertirla a ella misma en realidad intrínseca a la naturaleza: Dios, "más íntimo en los efectos de la naturaleza que la naturaleza misma; de manera que si él no es la naturaleza misma, por cierto es la naturaleza de la naturaleza; y el alma del alma del mundo, si no es el alma misma".[84]

---

[84] *Cfr. Spaccio de la bestia trionfante*, II, 179: "Talmente dunque quel Dio, come absoluto, non ha che far con noi; ma per quanto si comunica alli effetti della natura, ed è più intimo a quelli, che la natura istessa, di maniera che, se lui non

Y tal como Dios tiende a ser identificado por Bruno con la naturaleza y a ser hecho inmanente a ella, así recíprocamente la naturaleza tiende a ser considerada una misma con Dios o su manifestación viviente.

"Vel nihil est natura, vel est divina potestas materiam exagitans" (la naturaleza o bien no es nada, o bien es la potencia divina que mueve la materia); "natura insita rebus... vigens est entis principium... Mens, Deus, Ens" (la naturaleza intrínseca a las cosas es el principio vital del ente, es la Mente, Dios, el Ser). De manera que, en conclusión, para Bruno "hoc est unum ubique totum, Deus naturaque universalis" (sólo esto existe y está todo en todas partes: Dios y la naturaleza universal).[85] Y análogamente está escrito en *Spaccio della bestia trionfante:* "la naturaleza no es otra cosa que Dios en las cosas".[86]

De estos principios se desprenden consecuencias metafísicas importantes: la animación universal, la unidad de la naturaleza, su infinitud. La doctrina de la infinitud del universo ha sido desarrollada por Bruno especialmente en la *Cena delle ceneri*, en el *De l'infinito universo et mondi* y en el poema latino *De immenso et innumerabilibus*. Exalta Bruno esa concepción en toda su osadía, con palabras e imágenes que recuerdan a veces a Lucrecio y su apología de Epicuro. La teoría de la infinitud del universo (dice) es un desafío a las amenazas que la superstición solía imaginar en el ciclo encerrado por la esfera externa de las estrellas fijas; esta teoría rompe aquella bóveda celeste como si fuera un escenario pintado, procediendo luego al descubrimiento de otros mundos infinitos, más allá del nuestro.

è la natura istessa, certo è la natura de la natura; ed è l'anima de l'anima del mondo, se non è l'anima istessa". Cfr. otras expresiones de los mismos conceptos en *Cena de le ceneri, De la causa, Degli eroici furori, Acrotismus camoeracensis,* etc. Y en el mismo *Spaccio,* unas páginas antes de la cita anterior (II, 174 sig.) está escrito: "la qual natura (come devi sapere) non é altro che Dio nelle cose. – Dunque, *natura est deus in rebus...* Onde Iddio tutto... è in tutte le cose".

[85] Las citas latinas proceden del *De immenso et innumerabilibus* (en *Opera latine conscripta,* edición nacional, Napoli-Firenze, vol. I, parte 1ª, pág. 307; parte 2ª, págs. 193 y 312).

[86] *Spaccio, della bestia trionfante,* II, 174: "Sai che gli animali e piante son vivi effetti di natura; la qual natura (come devi sapere) non è altro che Dio nelle cose."

La existencia (reconocida por él) de predecesores en el mismo Renacimiento no desmerece, para Bruno, su propia gloria por esta teoría. Ni Copérnico, en efecto, que, sin embargo, había sacado a la Tierra de su posición de centro inmóvil del mundo, ni Marcelo Palingenio en su poema *Zodiacus Vitae*, a pesar de haber negado que un mundo finito pudiera ser digno del infinito poder creador de Dios, se habían atrevido a derrumbar totalmente el armazón de la cosmología aristotélica. Sólo la visión luminosa del Nolano –dice la *Cena delle Ceneri*–, que resulta deslumbrante para los topos y los buhos obstinados que quieren permanecer en la ceguedad y las tinieblas, llega a disolver todo aquel armazón artificioso y falso: las esferas cristalinas; el centro y la periferia absolutos; los lugares naturales de los cuatro elementos y la división de estos últimos en pesados (que tienden hacia el centro) y livianos (que tienden hacia la periferia); la oposición entre el cielo, dominio de la eternidad inmutable y perfecta del movimiento circular, y el mundo sublunar, asiento de los movimientos rectilíneos y de la imperfección y caducidad; el motor extrínseco, etcétera.

Tal como nuestro pensamiento procede de espacio en espacio, sin fin, así en la realidad se extiende un espacio infinito, en que el centro y la periferia, lo alto y lo bajo, y cualquier otra determinación, son todas y siempre relativas. Lo rellena total e igualmente una infinita materia, movida toda por la misma infinita causa intrínseca –el alma universal– que forma y hace rotar mundos innumerables. "Así nos hallamos llevados a descubrir el efecto infinito de la infinita causa, el verdadero y viviente vestigio del infinito vigor; y nuestra doctrina es no buscar fuera y lejos de nosotros a la divinidad, puesto que ella está cerca, mejor dicho, dentro de nosotros, más aún de lo que nosotros mismos estamos dentro de nosotros".[87]

La divinidad que está dentro de nosotros, así como dentro de todo otro ser, en nuestro mundo igual que en todos los

---

[87] *Cena de le ceneri*, I, 24: "Così siamo promossi a scuoprire l'infinito effetto dell'infinita causa, il vero e vivo vestigio de l'infinito vigore; e abbiamo dottrina di non cercar la divinità rimossa da noi, se l'abbiamo appresso, anzi di dentro, più che noi medesimi siamo dentro a noi."

demás, infinitos, que constituyen el infinito universo, es el alma universal, presente toda en el todo y en cualquier parte de él (tota in toto et in qualibet totius parte). Por esta omnipresencia suya cada cosa es espejo del universo y eco de la voz que resuena por doquier. La sentencia antigua de Anaxágoras ("en cada cosa están todas", o sea: *quodlibet in quolibet),* vuelve a repetirse por Bruno, pero en un sentido que se anticipa a Leibniz, refiriéndose a la presencia del alma universal (no de las partículas infinitesimales de los infinitos elementos, como en Anaxágoras), que significa presencia del universo mismo en cada ser particular, microcosmos que refleja en sí el macrocosmos. "En cualquier cosa, por pequeña que sea y separada de lo demás, puedes intuir un mundo, o por lo menos la imagen de un mundo",[88] "en cada hombre, en cada individuo se contempla un mundo, un universo".[89]

Este concepto vuelve a afirmarse en *De la causa*, en *Lampas triginta statuarum*, en *Summa terminorum metaphysicorum*, en *De monade numero et figura*, en *De vinculis in genere*, etcétera. De él procede la consecuencia de que el conocimiento de la naturaleza nos es posible porque, siendo nosotros parte (es decir espejo) de ella, y estando en nosotros presente, en la totalidad de su esencia, aquella misma alma universal que vivifica el todo y cada otra parte de él, podemos en nosotros mismos estudiar y descubrir la naturaleza universal.

Y otra consecuencia más se deriva, es decir, que por la unidad del alma universal, presente donde quiera como principio de vida, movimiento y conocimiento, un vínculo universal de amor liga y unifica todas las cosas; y aquí para Bruno está la raíz y justificación especulativa de aquellas creencias mágicas, tan difundidas y comunes entre los pensadores del Renacimiento y objeto de toda una serie de obras brunianas (*De ma-*

---

[88] Cfr. *Sigillus sigillorum*, II, 3: "in quacumque re, etiam exigua et abscissa, mundum, nedum mundi simulacrum valeas intueri". El acercamiento arbitrario de esta teoría neoplatónica a la de Anaxágoras se encuentra en este lugar del *Sigillus* y, además, en *De la causa*, I, 182.

[89] *Spaccio della bestia trionfante*, II, 12: "in ogn'uomo, in ciascun individuo si contempla un mondo, un universo".

gia, Theses de magia, De magia mathematica, De rerum principiis, Medicina lulliana, con que se relacionan en parte también *De vinculis in genere* y *De sigillis Hermetis et Ptolomaei*), según las cuales podemos obrar sobre todas las cosas por medio de todas y cada una de ellas.

Pero una tercera consecuencia se desprende aún de la teoría del alma universal; esto es, que todos los seres, a pesar de su infinita multiplicidad y diversidad, se juntan en una única especie suprema, y que, viceversa, cada especie particular puede por sí sola representar a todas.[90] Es decir toda forma que se presenta en las cosas no es nada más que la presencia en ellas del alma universal; y por esto a la teoría aristotélica de la multiplicidad de las formas desunidas, se sustituye en Bruno la afirmación de la unidad en un único principio formal, "acto verdadero y verdadera forma de todas las cosas".[91]

V
El monismo bruniano: lo uno y lo múltiple, y la coincidencia de los contrarios

"Me parece escuchar algo muy nuevo", dice uno de los interlocutores del diálogo *De la causa*,[92] al escuchar la afirmación de este preludio del monismo bruniano, cuyo desarrollo se cumple en gran parte en este diálogo.

---

[90] *De monade, numero et figura*, I, versos 146-205.
[91] *De la causa*, I, pág. 183: "se dunque il spirito, la anima, la vita si ritrova in tutte le cose, e, secondo certi gradi, empie tutta la materia, viene certamente ad essere il vero atto e la vera forma di tutte le cose".
[92] *De la causa*, I, pág. 179. "Mi par udir cosa molto nova: volete forse che non solo la forma de l'universo, ma tutte quante le forme di cose naturali siano anima? –Si." Semejante reducción de todas las formas de las cosas al alma universal ha sido para Bruno (como hemos recordado en la reconstrucción de su vida y evolución espiritual) la intuición que lo llevó de manera decisiva a la superación del materialismo, reductor de las formas a puros *accidentes* de la materia, convertida por él en única sustancia. No hay que asombrarse, por lo tanto, de la importancia que Bruno atribuye a esta teoría "muy novedosa", que le sirvió de introducción a su monismo.

Sin duda, la unidad de la forma (constituida por el alma universal, fuente única de todas las formas) viene a encontrarse frente a la unidad de la materia (que es el receptáculo de tales formas); y así el monismo se halla frente a un dualismo sustancial: "dos géneros de sustancia, uno (la forma)... acto sustancialísimo, en que está la potencia activa de todo; ...el otro (la materia) potencia y sujeto, en que no es menor la potencia pasiva de todo".[93] Pero esta dualidad se convierte en seguida en una unidad superior: "la una no existe de ninguna manera sin la otra... porque cada una de las dos potencias implica la otra; quiero decir que ella al ser hecha real, hace real necesariamente a la otra", por no poder existir una potencia pasiva sino en relación a la potencia activa correspondiente, y recíprocamente. De manera que no solamente no puede romperse su mutuo vínculo, sino que, al contrario, su doble realidad inseparable es "bajo todo aspecto una cosa única y absolutamente la misma".[94]

Ahora bien, esto trae consigo, desde luego, consecuencias graves no sólo para la metafísica en sí misma, sino también para sus relaciones con la teología. Pues si la potencia pasiva es total y absolutamente una misma cosa con la potencia activa, no puede ya haber potencia activa pura, separada, trascendente. Con lo cual la potencia pasiva, de acuerdo con la concepción y afirmación explícita de Bruno, se insinúa aún en el "primer principio sobrenatural",[95] y de esta manera la distinción entre Dios y naturaleza se tambalea.

---

[93] *De la causa*, I, págs. 197 y sig.: "è necessario conoscere nella natura doi geni di sustanza, l'uno che è forma e l'altro che è materia; perchè è necessario che sia un atto sustanzialissimo, nel quale è la potenza attiva di tutto; e ancora una potenza e un soggetto nel quale non sia minor potenza passiva di tutto".

[94] *De la causa*, I, pág. 211: "E questa (potenza passiva) si fattamente risponde alla potenza attiva, che l'una non è senza l'altra in modo alcuno; onde, sempre è stata la potenzia di fare, di produrre, di creare, sempre è stata la potenzia di esser fatto, produtto e creato; perchè l'una potenza implica l'altra; voglio dir, con esser posta, li pone necessariamente l'altra. La qual potenza passiva... anzi al fine si trova che è tutt'uno e a fatto la medesima cosa con la potenza attiva".

[95] Sigue, en efecto, el pasaje citado en la nota anterior: "La qual potenza (passiva), perchè... al fine si trova che è tutt'uno e a fatto la medesima cosa con la potenza attiva, *non è filosofo, nè teologo, che dubiti di attribuirla al primo principio sopranaturale.*"

Por cierto, Bruno titubea en aceptar tal consecuencia de sus premisas. Para mantener la distinción entre Dios y naturaleza, él se apoya en la antítesis ya recordada entre *complicatio* y *explicatio*, establecida por el cardenal Cusano. La identidad de potencia y acto, expresada por el Cusano mediante la palabra de su creación: *possest* (unidad e identidad de *posse* y *est*: poder y es, que corresponde en parte a la de potencia pasiva y activa, afirmada por Bruno), existe, según el mismo Cusano, tanto en Dios como en el universo; pero en Dios está "como *complicada*, unida y una", y en el universo "de un modo *explicado*, disperso y múltiple".[96] Pero se puede fácilmente advertir que esta justificación no tiene validez.

Por una parte, en efecto, Dios no podría ser ya (tal como Bruno lo define), potencia de todas las potencias, acto de *todos* los actos,[97] si tuviera que ser sólo potencia y acto de la *complicatio* o unidad sintética e indiferenciada, y no también de la *explicatio* o multiplicidad desplegada y distinta. Y por otra parte, el universo no podría, sin convertirse en Dios, tener en sí mismo (tal como Bruno se la atribuye) la misma identidad *complicada* de potencia y acto, es decir, "un primer principio que se entienda como uno mismo, y no ya haciendo distinción entre principio material y principio formal".[98]

Este primer principio es la unidad de la *omniforme sustancia*,[99] en cuyo concepto Bruno es un precursor de Spino-

[96] Cfr. *De la causa*, I, 211: "Ogni potenza dunque e atto, che nel principio è come complicato, unito e uno, nelle altre cose è esplicato, disperso e moltiplicato."

[97] Cfr. *De la causa*, I, 215: "La potestà assoluta... è quel che è ogni cosa e quel che può essere ogni cosa: potenza di tutte le potenze, atto di tutti gli atti, vita di tutte le vite, anima di tutte le anime, essere di tutto d'essere."

[98] Cfr. *De la causa*, I, 216: "viene ad avere una potenza, la quale non è assoluta dall'atto, una anima non assoluta dall'animato, non dico il composto, ma il semplice: onde cossì de l'universo sia un primo principio che *medesimo se intenda, non più distintamente materiale e formale*". Sin embargo, Bruno sostiene la perfecta ortodoxia teológica de su teoría: "è impossibile... che si trove teologo che mi possa imputar impietà per quel che dico e intendo della coincidenza della potenza e atto, prendendo assolutamente l'uno e l'altro termino" (lugar citado de *De la causa*).

[99] Cfr. *Epístola proemial* a *De la causa*, I, 136: "da questo possiamo ben inferire *una essere la omniforme sustanza,* uno essere il vero ed ente che secondo in-

za. Se delinea claramente ya con Bruno el concepto de sustancia-causa universal, que se identifica (tal como luego en Spinoza) con Dios.

Ya hemos hablado de la superación, afirmada por Bruno, de la dualidad de los dos géneros opuestos de sustancia –la una, potencia pasiva, que puede llamarse también *potencia* a secas, o *materia;* la otra, potencia activa, que puede llamarse aún *acto* o *forma*– en la unidad más alta en que vienen a implicarse recíprocamente y a identificarse. De esta manera, explica Bruno en *De la causa*, aun la distinción de los "dos géneros de sustancia" –la espiritual y la corpórea– "se reduce a un único ser y a una sola raíz... Por lo cual no será cosa difícil ni molesta aceptar, al fin, que *el todo, según la sustancia, es uno,* así como tal vez lo entendió Parménides".[100]

Por cierto, el monismo de Parménides y los eleatas respondía a problemas muy distintos de los planteados por Bruno, en cuyo sistema la unidad de la sustancia no se opone de ninguna manera al proceso continuo del devenir infinito, como el Ser del eleatismo, sino al contrario, quiere explicarlo en su generación incesante y en su orden universal.

La *sustancia* de Bruno, en efecto, es la naturaleza generadora universal: sustancia-causa como la de Spinoza; y por eso Bruno afirma la divina unidad de la naturaleza. En la naturaleza o sustancia universal está superada la oposición de materia y espíritu; la sustancia puede aún llamarse materia, pero en un sentido más profundo del que tiene la palabra en el dualismo tradicional mencionado; en un sentido que marca una superación dialéctica de la oposición de materialismo y espiritualismo. Es decir, en el sentido en que la materia se

---

numerabili circostanze e individui appare, mostrandosi in tanti e sì diversi suppositi".

[100] *De la causa*, 1, 217: "Onde non fia difficile e grave di accettar al fine che *il tutto, secondo la sustanza, è uno, come forse intese Parmenide.*" A esta afirmación, que Bruno hace expresar a Teófilo, sigue el comentario de Dicson (otro interlocutor del diálogo): "volete dunque che, benchè descendendo per questa scala di natura, sia doppia sustanza (altra spirituale, altra corporale), che insomma l'una e l'altra se riduca ad uno essere o una radice".

identifica con el alma, unificándose con ella en el concepto de potencia activa, que es "cosa indistinta" y "razón común" de todas las realidades.[101]

Esta razón común se torna corpórea cuando asume el atributo particular o "razón propia de las dimensiones y extensiones";[102] pero al hacer esto, "no viene a recibir las dimensiones como de fuera, sino a mandarlas y hacerlas brotar como de su seno" propio,[103] porque en sí misma, es decir, antes de asumir explícitamente tales determinaciones, el no tener ninguna determinación (en acto) sólo significa tenerlas todas (en potencia).[104] En otras palabras, la materia es la *complicatio* generadora de la *explicatio* sucesiva, es la sustancia-causa, que en el desarrollo activo de sus posibilidades "explica (es decir, despliega) lo que tiene implicado"; y por lo tanto "debe ser llamada cosa *divina* y óptima paridora, genera-

---

[101] *De la causa*, I, págs. 224 y sigs.: "Che cosa ne impedisce, disse Avicebron, che... prima che conosciamo la *materia*, che è contratta ad essere sotto le forme corporali, vegnamo a conoscere una *potenza*, la quale sia distinguibile per la forma di natura corporea e de incorporea?... La raggione medesima non può fare, che avanti qualsivoglia cosa distinguibile, non presuppona *una cosa indistinta*... Bisogna dunque, che sia una cosa, che risponde alla *raggione comune* de l'uno e l'altro soggetto... Plotino ancora dice nel libro de la materia *(Enedas*, II, 4, 4), che se nel mondo intelligibile è moltitudine e pluralità di specie, è necessario che vi sia qualcosa comune, oltre la proprietà e differenza di ciascuna di quelle; quello che è comune, tien luogo di materia, quello che è proprio e fa distinzione, tien luogo di forma."

[102] *De la causa*, I, 227: "Secondo la propria raggione, è differente la materia di cose corporali dalla de cose incorporee... La medesima materia... o è fatta ed è per mezzo de le dimensioni e estensione del suggetto..., e questo si chiama sustanza corporale...; o è fatta... ed è senza quelle dimensioni, estensioni e qualità; e questo si dice sustanza incorporea."

[103] *De la causa*, I, 230: "non viene a ricevere le dimensioni come di fuora, ma a mandarle e cacciarle come dal seno."

[104] *De la causa*, I, 228 y sigs.: a pesar de la diferencia que se determina entre materia corpórea y naturaleza incorpórea, "l'una e l'altra è una medesima, e... tutta la differenza dipende dalla contrazione a l'essere corporea e non essere corporea... Quella materia, per esser attualmente tutto quel che può essere, ha tutte le misure, tutte le specie di figure e di dimensioni; e perchè le ave tutte, non ne ha nessuna... Conviene a quello ch'è tutto, ch'escluda ogni particolare... L'atto, per esser tutto, bisogna che non sia qualcosa... Con l'essere absoluta, è sopra tutte e le comprende tutte".

dora y madre de cosas naturales, más bien, la *Naturaleza toda en sustancia*.[105]

Estamos, de la manera más evidente, en el umbral del spinozismo, en la identificación de la naturaleza con Dios *(natura sive Deus)* a través del concepto de la sustancia-causa.[106] El Dios trascendente, sustraído a la capacidad cognoscitiva humana ("sumo principio, excluido de nuestra consideración"), queda abandonado por Bruno al "fiel teólogo"; mientras "el verdadero filósofo" –opuesto por él al teólogo en cuanto, en lugar de apoyarse en la fe, raíz de la teología, se apoya en la razón indagadora de las verdades filosóficas– mira únicamente el "universo uno, infinito, inmóvil", que "es talmente forma, que no es forma; es talmente materia, que no es materia; es talmente alma, que no es alma; es todo, indiferentemente; y por lo tanto es uno: el universo es uno".[107]

La conclusión monista está con esto afirmada; pero, justamente con esto, surge en seguida frente al monismo el problema de la pluralidad y de su continuo cambio. Bruno, por la preocupación de afirmar la unidad inmutable y eterna de la sustancia, parece empujado en este punto, tal como ya Parménides y el eleatismo, hacia una devaluación de la multiplicidad y el cambio. "Todo (dice) lo que engendra diferencia y número, es puro accidente... Por permanecer la sustancia siempre la misma... todo rostro, toda cara, toda otra cosa particular es va-

---

[105] *De la causa*, I, pág. 234: "Quella dunque, che esplica lo che tiene implicato, deve essere chiamata cosa divina o ottima parente genetrice e madre di cose naturali, anzi la natura tutta in sustanza."

[106] La propia fórmula spinoziana, "natura sive Deus", se encuentra anticipada por Bruno en *Spaccio della bestio trionfante:* "natura est deus in rebus" y en otros lugares. (Véanse las notas al comienzo del capítulo anterior.)

[107] Cfr. *De la causa*, I, 239 y sig.: "E'dunque l'universo uno, infinito, immobile. Una, dico, è la possibilità assoluta, uno l'atto, una la forma o anima, una la materia o corpo, una la cosa, uno lo ente, uno il massimo e ottimo; il quale non deve posser essere compreso; e perció infinibile e interminabile, e per tanto infinito e interminato, e per consequenza immobile... E' termine di sorte, che non è termine; è talmente forma, che non è forma; è talmente materia, che non è materia; è talmente anima, che non è anima: perchè è il tutto indifferentemente, e però è uno, l'universo è uno."

nidad y se parece a la nada; más bien es nada todo lo que está fuera de ese Uno".[108]

Pero, por otra parte, lo que aquí se afirma ser vanidad y nada, se convierte en la realidad misma de la sustancia. La sustancia, sin duda, es unidad, pero concreta, real, activa. Y la unidad concreta, como decía Bruno ya desde su escrito *De umbris idearum* del año 1582, no es el abstracto lógico puro, sino el "totum et unum", la unidad que es totalidad, o sea que encierra en sí y ordena la pluralidad infinita.[109] La unidad verdadera es lo que Bruno llama, con el Cusano, *complicatio;* pero ésta es una potencia infinita de desarrollo y distinción de lo múltiple, que no puede permanecer siendo pura potencia sin realizarse; y le faltaría justamente la realización –es decir, permanecería siendo el abstracto lógico irreal del que hablaba el *De umbris idearum–* si no se desplegara en la multiplicidad.

Es preciso, pues, que se desarrolle en la pluralidad, empezando por el primer paso: el tránsito de la unidad a la dualidad. Es decir, ante todo, la infinitud de la sustancia una debe desdoblarse en infinita potencia activa o infinita potencia pasiva: "hay que reconocer en la naturaleza (dice Bruno) dos géneros de sustancia, uno que es forma (alma), otro que es materia".[110] Pero de esta dualidad inicial se pasa en seguida, por medio de la materia (cuerpo), que de por sí es división y distinción de lugares y partes, a la multiplicidad infinita: es necesario (dice Bruno en otro pasaje) "que en distintas partes de la materia todas las formas tengan existencia actual" simultá-

---

108 *De la causa,* I, 243: "Tutto lo che fa differenza e numero, è puro accidente, e pura figura, è pura complessione. Ogni produzione, di qualsivoglia sorte che la sia è una alterazione, rimanendo la sustanza sempre medesima; perchè non è che una... Questa unità e sola e stabile e sempre rimane; questo uno è eterno; ogni volto, ogni faccia, ogni altra cosa è vanità, è come nulla, anzi è nulla tutto lo che è fuor di questo uno."

109 Ver el pasaje de *De umbris idearum* a págs. 44-47 del tomo II de *Opera latine conscripta.*

110 *De la causa,* I, pág. 197: "è necessario conoscere nella natura doi geni di sustanza, l'uno che è forma e l'altro che è materia".

nea;[111] y además (agrega en otros lugares) que en cada parte singular de esta pluralidad infinita todas las formas se realicen sucesivamente.[112]

Cada una, pues de estas partes no tiene una realidad propia, separada de la unidad de la sustancia infinita, sino que es presencia de la "sustancia en la parte", y, por lo tanto, tiene inmanente en sí misma el alma universal o "esencia del universo", que estando presente toda en todas las cosas, tiene siempre complicadas en su unidad todas las formas;[113] y la *complicatio* exige siempre la *explicatio*, tanto en la totalidad del universo donde el despliegue de todas las formas se realiza simultáneamente, como en la particularidad de cada cosa o parte, donde puede realizarse sólo sucesivamente.

Por lo tanto, en cualquier cosa particular "está en la voluntad de la naturaleza ordenadora del universo, que todas las formas cedan su lugar a todas las demás",[114] es decir, que se subsigan en las transformaciones sucesivas de cada ser particular, a lo largo del curso infinito del tiempo, todas las infinitas realizaciones posibles: "a fin de que en relación a todas las partes (la materia), se convierta en todo, si no en un mismo tiempo e instante de eternidad, por lo menos en tiempos distintos, en varios instantes de eternidad sucesiva".[115]

[111] *De la causa*, I, pág. 176: "il scopo e causa finale, la qual si propone l'efficente, è la perfezion dell'universo; la quale è che in diverse parti della materia tutte le forme abbiano attuale esistenza".

[112] Al afirmar esta doble exigencia de la unidad e infinitud de la sustancia, Bruno refleja la idea lucreciana de la *Summa vis infinitatis,* así como ponemos de relieve más adelante.

[113] *De la causa*, I, pág. 246: "per essere lo ente indivisibile e semplicissimo, perchè è infinito, e atto tutto in tutto, e tutto in ogni parte... non possiamo pensare in modo alcuno che... il sole sia parte della sustanza, essendo quella impartibile; ma sì bene è lecito dire... sustanza nella parte". *Ibíd.,* pág. 244-245: "ogni cosa, che prendemo ne l'universo... comprende in suo modo tutta l'anima del mondo..., la quale è tutta in qualsivoglia parte di quello... Così la essenza de l'universo è una nell'infinito, e in qualsivoglia cosa presa come membro di quello".

[114] *De la causa*, I, pág. 223: "è in volontà della natura, che ordina l'universo, che tutte le forme cedano a tutte".

[115] *Cena de le ceneri*, I, pág. 113: dovendo quella (la materia) secondo tutte le parti esser soggetto di tutte le forme, a fin che secondo tutte le parti, per quanto

De esta manera, vemos que la infinita multiplicidad y su movimiento incesante se deducen de la misma unidad inmutable de la sustancia, entendida como *complicatio* que exige la *explicatio*. Y he aquí a Leibniz anticipado, en la afirmación (tomada de los antiguos estoicos) del principio de los indiscernibles, por el cual, aun donde no alcanzamos a percibirlas, existen infinitas diferencias entre los seres infinitos de la misma especie, y no hay en el infinito universo dos pesos, dos longitudes, dos sonidos o dos movimientos iguales,[116] y en cada especie están representadas todas por medio de la diversidad entre los individuos.[117] Y aquí, además, se presenta la misma infinita variedad en la infinita sucesión del tiempo, por la que "nosotros mismos y nuestras cosas vamos y venimos, pasamos y volvemos, y no hay cosa nuestra que no se torne ajena, y no hay cosa ajena que no se torne nuestra..., y no hay cosa a la cual corresponda ser eterna, salvo la sustancia que es la materia, a la cual sin embargo corresponde no menos estar en cambio continuo".[118]

Ahora bien, este cambio, siendo un proceso de paso a través de formas infinitas, no puede desarrollarse sino en el curso infinito del tiempo; por lo tanto, nunca puede ser repetición de un ciclo acontecido ya cabalmente en el pasado y, menos aún, continuo retorno de ciclos cerrados y limitados, tal como habían pensado los pitagóricos y Platón y todos los demás antiguos aseveradores del ciclo cósmico que debía cumplirse en el llamado *gran año*. Bruno, según demostró Li-

è capace, si fia tutto, sia tutto, se non in un medesimo tempo e instante d'eternità, al meno in diversi tempi, in varii instanti d'eternità successiva, e vicissitudinalmente".
[116] Ver *De triplici minimo et mensura* (en *Opera latine conscripta*), pasaje en t. II, V°, pág. 48.
[117] Cfr. la introducción al *De monade, numero et figura*.
[118] *Cena de le ceneri*, I, pág. 114: "E questo l'esperienza d'ogni giorno nel dimostra... E noi medesimi e le cose nostre andiamo e vegnamo, passiamo e ritorniamo, e non è cosa nostra, che non si faccia aliena; e non è cosa aliena, che non si faccia nostra.. Cossì tutte cose nel suo geno hanno tutte vicissitudini... E non è cosa, alla quale naturalmente convenga esser eterna, eccetto che alla sustanza, che è la materia, a cui non meno conviene essere in continua mutazione."

mentani,[119] repudia la antigua teoría del gran año cósmico y del eterno retorno cíclico.

Pero la doctrina del infinito cambio incesante, si se la entiende como una *explicatio* progresiva de la *complicatio* eterna, es decir, como una realización, cada vez más desplegada, de una potencia intrínseca, tiende a sugerir la idea de un desarrollo progresivo que se cumple en la totalidad de la naturaleza y el alma universal. Y, en efecto, Bruno, en un lugar de su poema *De inmenso et innumerabilibus,* alude justamente a la idea de una introducción del desarrollo en Dios, "que siempre se esfuerza en alcanzar cosas *más grandes* y siempre en extender *más vastamente* sus grandes alas".[120] Pero otras veces, partiendo de la afirmación de la eterna identidad de la sustancia-causa universal, Bruno deduce de ella la consecuencia contraria a la mencionada, es decir la de la eterna identidad del universo infinito considerado en su totalidad, expresándola una vez en el segundo diálogo *De la causa*, y otras veces en varias obras latinas,[121] y en Wittenberg, al repetir en el álbum de Hans von Warnsdorff el lema de la antigua sabiduría, atribuido por él a Salomón y Pitágoras juntamente:

Quid est quod est? ipsum quod fuit.
Quid est quod fuit? ipsum quod est.
Nihil sub sole novum.

(¿Qué es lo que es ahora? Lo mismo que fue. ¿Qué es lo que fue? Lo mismo que es ahora. Nada nuevo bajo el sol).[122]

---

[119] Véase Ludovico Limentani, *La morale di Giord. Bruno,* Firenze (publicazioni della Facoltà di Filosofia e Lettere), cap. I, 18.

[120] Cfr. *Opera latine conscripta*, I, 2°, 294: "maiora capessere semper adtentans... semperque... ingentes expandere latius alas".

[121] *De la causa,* I, pág. 185. Además, véanse *De umbris idearum* (en *Opera latine conscripta*, II, 1°, 44), *Libri physicorum Aristotelis explanati* (ibíd., III, 341); *Constituto veneto* (en Berti, *Vita di G. B.*, pág. 402).

[122] El álbum donde Bruno escribió la cita de Salomón y Pitágoras, se conserva en la biblioteca de Stuttgart (cfr. Sigwart, *Kleine Schriften,* 2ª ed., tomo 1, pág. 293 y sig.). El pasaje textual de Salomón (*Ecclesiastés*, I, 9-10) decía: "¿Qué es lo que fue? Lo mismo que será. ¿Qué es lo que ha sido hecho? Lo mismo que se ha-

La oscilación entre las dos conclusiones opuestas, del progreso infinito y de la eterna identidad, está relacionada con dos puntos de vista contrarios: uno, ofrecido por la consideración de la actividad espiritual, que en la historia de la humanidad se muestra como incremento continuo y progresivo de cultura y capacidades mentales,[123] el otro, proporcionado por la reflexión sobre aquella infinita potencia universal, que ya Lucrecio había llamado *summa vis infinitatis* (poder supremo de la infinitud), y sobre sus consecuencias. Los antiguos atomistas (Metrodoro) y los epicúreos, pues, habían llegado a la conclusión de que, por la existencia constante de tal infinito poder de la infinitud, tienen que realizarse siempre efectos infinitos a raíz de la actividad de la causa infinita. Siempre, en la sucesión infinita de los tiempos; pero siempre igualmente en cada instante particular, considerado en la infinita extensión de los espacios; de manera que la misma infinidad de seres y fenómenos que se desarrollan a través del curso infinito del tiempo tiene que presentarse en cada momento en la infinita coexistencia de los lugares.

Eadem sunt semper (siempre existen las mismas cosas) cantaba, por eso, Lucrecio,[124] porque a las infinitas posibilidades deben corresponder siempre todas las infinitas realidades, como consecuencia de la presencia y acción constantes de la *summa vis infinitatis,* siempre igual.[125]

Ahora bien, esta última es, justamente, la razón por la que Bruno, contrariamente a su propia afirmación de un progreso espiritual infinito (humano y cósmico, o divino) sostiene más a menudo la eterna identidad universal. Es una consecuencia de su teoría de la identidad de la potencia infinita con

---

rá; y nada hay nuevo debajo del sol. ¿Hay algo del que pueda decirse: he aquí, esto es nuevo? Ya fue en los siglos que nos han precedido." Para Pitágoras, Bruno acaso se refería a Porfirio, *Vida de Pitágoras,* 19, que cita a Dicearco.

[123] Cfr. al respecto G. Gentile, *Veritas filia temporis,* en el libro: *G. Bruno e il pensiero del rinascimento,* Firenze, Vallecchi.

[124] *De rerum natura,* III, verso 495.

[125] Véanse sobre este punto las páginas 412 y sigs. de mi libro *L'infinito nel pensiero dei Greci,* cuya edición castellana, ampliada con nuevos capítulos, se publicó en ed. Imán, Buenos Aires.

el acto infinito, que ya el Cusano había expresado con su concepto del *possest*.

La potencia infinita, en efecto, tiene que traducirse infinitamente en acto, en el universo entero y en cada una de sus partes: en el primer caso tenemos la infinitud de los coexistentes, en el segundo la igual infinitud de los sucesivos. Dondequiera que sea hay la misma infinita potencia activa y la misma infinita potencia pasiva; dondequiera que sea, por la presencia del alma universal y por la indiferencia de la materia, está la infinita *complicatio* que tiene que desplegarse en la infinitud del tiempo no menos que en la del espacio. En tal *explicatio* ella se convierte, en cada instante y en cada punto, en una determinación; y ésta es ya para Bruno, como luego para Spinoza, una limitación o negación;[126] pero justamente por esto se verifica necesariamente en cada parte "cierta sucesión de un ser después del otro".[127] "*Necesariamente* el ser y la unidad se encuentran en todos los números, en todos los lugares, en todos los tiempos y átomos de tiempos, lugares y números, y el único principio del ser está en individuos que fueron, son y serán".[128]

La multiplicidad infinita, siendo intrínseca a la misma unidad de la sustancia, por ser *explicatio* (despliegue) necesaria de su *complicatio* (unidad sintética), procede igualmente del uno y del otro de los dos géneros de sustancia (materia y alma), que son: el uno (la materia), potencia infinita de recepción de las formas; el otro (el alma), potencia infinita de otorgamiento

---

[126] "*Omnis determinatio est negatio*", dirá Spinoza; pero ya Bruno decía que ninguna cosa "è altro da quello che è in atto" (algo distinto de lo que es actualmente), de manera que su determinación presente es negación de todas las demás, "non possendo essere insieme e a un tratto tante cose" *(De la causa,* I, pág. 213).

[127] *De la causa,* I, 212-214: "Laonde, non possendo essere insieme e a un tratto tante cose, perdeno l'uno essere per aver l'altro... Nelle cose naturali non veggiamo cosa alcuna, che sia altro da quel che è in atto"; en ellas "la potenza sempre è limitata ad un atto... e se pur guarda ad ogni forma e atto, questo è... con certa successione di uno essere dopo l'altro".

[128] *Spaccio de la bestia trionfante,* II, pág. 72 y sig.: "Come necessariamente lo essere e unità si trova in tutti numeri, in tutti luoghi, in tutti tempi e atomi di tempi, luoghi e numeri; e l'unico principio de l'essere è in infiniti individui, che furono, sono e saranno".

de las mismas. Por esto Bruno parece fluctuar continuamente entre varias soluciones, al determinar el origen del diferenciamiento, la multiplicidad, el cambio. Frente a la unidad del alma recurre a las divisiones y disposiciones distintas de la materia; frente a la indiferencia de la materia, en cambio, recurre al alma que la forja y gobierna, reconociendo a veces, en tercer lugar, que en todas las especies hay siempre la misma materia y la misma alma y que, por lo tanto, las diferencias provienen de la contrariedad originaria y principal, de materia y forma. Es decir, tal como está expresado en *Lampas triginta statuarum*, toda distinción que se presenta en acto implica la división, vale decir la extensión, que ya en *De la causa* Bruno había establecido como atributo de la materia, adelantándose a Descartes (cfr. *De la causa*, I, pág. 227 y sigs.).

Por lo tanto, el problema de la relación entre *complicatio* y *explicatio*, que constituye el problema de la misma concepción de la sustancia como unidad concreta, antes que como abstracción lógica, lleva a Bruno a profundizar aquella teoría de la división de la materia que en todas sus obras se presenta con una tendencia hacia un atomismo, limitado y obstaculizado al principio por la distinción tradicional de los elementos, pero al fin alcanzado de lleno con la superación de esa teoría de los elementos en el atomismo completo de los poemas latinos. Por lo tanto, este atomismo final no puede juzgarse, como pareciera a Tocco,[129] un abandono del monismo anterior de *De la causa*, sino, más bien, un desarrollo ulterior del problema planteado por éste.

Por cierto, la coincidencia de *complicatio* y *explicatio*, de unidad y multiplicidad, viene a plantear otro problema, que Bruno, aun enfrentándolo, no resuelve con coherencia decidida; a saber, el problema de la relación en que se encuentra la división de la materia con la unidad del alma universal. Considerada la materia como principio de la división y el alma inmanente como principio de la unidad universal, no

---

[129] Cfr. Tocco, *Le opere latine di G. Bruno,* ya citado. Ver en la *Conclusione* la distinción de las fases del pensamiento bruniano.

pueden entenderse claramente ciertas teorías que se encuentran en los diálogos italianos, así como en las obras latinas: 1) la teoría de las almas-demonios particulares, que son separables del cuerpo,[130] y por lo tanto, "de condición contraria" a la del alma universal, "eternamente unida con el mismo sujeto";[131] 2) la idea de que estas almas tienen establecidas, de acuerdo con sus méritos, las sucesivas trasmigraciones de un cuerpo a otro, y en el intervalo están atormentadas por el miedo del infierno;[132] 3) la afirmación de que en el curso de

[130] Cfr. *Cabala del cavallo pegaseo*, II, 251: "privo de l'ergàstulo corporeo, dovenni vagante spirto senza membra".

[131] Justamente F. Tocco *(Le opere latine di G. B.,* pág. 387 y sigs.; *Le opere inedite,* etc., pág. 65) puso de relieve las oscuridades y vacilaciones de Bruno en su teoría tocante a la relación entre el alma universal y las individuales; y Limentani *(La morale di G. B.,* pág. 27) observó que esta doctrina se presenta en Bruno como una de las controvertibles y difíciles de reconstruir unívoca y orgánicamente sobre los textos. Yo mismo, en otra ocasión *(La filosofía de G. B.,* 1912) tuve que insistir sobre este punto. La propia teoría bruniana, del alma presente en el cuerpo como el piloto en la nave, expresada repetidas veces (cfr. atrás la nota 29) y defendida contra Aristóteles *(De anima,* 413 a, 8 sig.), tiene cierta ambigüedad entre alma universal y particular. Sin embargo, *De la causa* (I, pág. 177) quiere diferenciarlas mutuamente: "è gran differenza dal modo con cui quella e questa governa. Quella (la universale), non come alligata, regge il mondo di tal sorte, che la medesma non leghi ciò che prende...; donando la vita e perfezione al corpo, non riporta da esso imperfezione alcuna; e però *eternamente è congionta al medesmo sogetto. Questa* (la individuale) poi e manifesto che *è di contraria condizione".* Relacionada con la teoría de la transmigración, la oposición expresada parece atribuir a las almas individuales una persistencia separada no solamente del cuerpo, sino también del alma universal; a pesar de que en la *Cabala del cavallo pegaseo* (II, 251 sig.) se encuentra afirmado, con la procedencia de todos los espíritus de uno solo, su retorno a él: "tutti gli spiriti sono dall'Anfitrite d'un spirito, ed a quello ritornan tutti". Lo cual, por otro lado, supone la divisibilidad del alma universal, que debe ser en cambio el principio de la unidad y estar por ende siempre toda en todo y en cualquier parte del todo.

[132] La teoría de la transmigración –llamada por Bruno correctamente *metamfisicosis* (transmutación de cuerpos) y no *metempsicosis* (cambio de almas), como suele decirse erróneamente– se encuentra afirmada repetidas veces en sus obras: Cfr. *Spaccio,* II, a págs. 11, 27; *Cabala,* II, págs. 253 y sigs.; *Degli eroici furori,* II, págs. 301, 345, 364, 423 y sigs.; *Opera latine conscripta,* I, 3°, pág. 143; y explicada además en el segundo Constituto veneto (2 de junio de 1592). En la *Cabala* trata aún de confirmarla por medio de textos de las Escrituras. La elección del cuerpo para cada vida afirma Bruno ser determinada por la justicia del destino ("disposto da-

cada vida estas almas –situadas en el centro orgánico (corazón) de donde obran por mediación de un espíritu o éter–[133] constituyen en cada ser un conato de conservación o "deseo de conservarse, que impulsa a toda cosa, como principio intrínseco,[134] y puede aun afirmarse como principio tan individual, que llega a convertirse (tal como luego en Campanella, y más aún en Hobbes) en un conato de expansión y poder.

---

lla fatal giustizia") de acuerdo con la conducta tenida en la vida anterior ("secondo che s'è maneggiato megliore o peggiormente nella prossima precedente condizione e sorte"): cfr. *Epistola explicat.* de *Spaccio* (II, 11); *Opera latine conger.*, I, 3°, pág. 143. Sin embargo, al terminar cada vida, el alma, según afirma Bruno, olvida por completo su existencia anterior ("il fato... interpone la bevanda del fiume Leteo": *Spaccio*, II, pág. 27); por la cual bebida queda el alma "inebriata... e imbibita de l'ondo de l'obblìo e confusione": *Degli eroici furori*, II, pág. 423 y sigs.: lo cual hizo afirmar a Tocco *(Le opere latine di G. B.*, pág. 391) que Bruno quería excluir toda idea de expiación o remuneración. Pero Bruno vinculaba de manera muy explícita el destino sucesivo con la vida antecedente, y hablaba de "justicia fatal". Véase también Limentani, *La morale di G. B.*, cap. I.

[133] Acerca de la situación del alma en el corazón y de su acción por medio de los espíritus vitales, cfr. *De monade*, cap. 2 *(Opera lat. conscr.*, I, 2°, pág. 347): "Unum in microcosmo centrum est cor, a quo per totum animal spiritus vitales egrediuntur, in quo arbor universae vitae figitur et radicatur, et ad cuius primitivam custodiam et conservationem referentur", En *De mínimo (Opera lat. conser.*, I, 2°, pág. 13) el espíritu que tiene su centro de difusión en el corazón es llamado "spiritus architector". (Cfr. también *De la causa*, I, pág. 174). En *De immenso*, VI, 14°, versos 17 y sig. este espíritu difundido por todo el cuerpo animal es llamado:
"aethereus fervor, pura aura, ignisque animalis
simplex, vitalis, nativus, spiritualis",
por lo cual se relaciona con el éter universal, cuya teoría se encuentra en *De l'infinito universo*, I, 407; *De inmenso*, II, 10°, versos 55 y sigs.; IV, 14° versos 1 y sigs.; *De mínimo*, I, 2°, p. 10.

[134] Por lo tocante a este "desio di conservarsi, il quale spinge ogni cosa come principio intrìnseco", cfr. *Spaccio*, II, pág. 27: "ognuno... studioso di conservarsi nel stato presente... Il porco non vuol morire, per non esser porco; il cavallo massime paventa di scavallare"; es decir, el miedo a la muerte en todo animal es instinto de conservación. Sin embargo, éste puede aun convertirse en obstáculo contra todo el impulso de perfeccionamiento; cfr. *Degli eroici furori*, II, 362: "la mente non può desiderare se non quanto gli è vicino... noto e familiare. Cossì il porco non può desiderare esser uomo, etcétera". Cfr. *Opera latine conser.*, I, 1°, pág. 203 y sigs.: "omnia particularia in praesenti forma perpetuari desiderant...: per naturae ergo dictamen vult esse semper, per eam vero ignorantiam, vult semper esse hoc quod est".

Pero, tal vez, en todas estas distinciones y oposiciones, que parecen sin duda difíciles de conciliar con la unidad del alma cósmica, Bruno no veía más que un caso de la *explicatio* de las formas distintas y contrarias, que están todas complicadas en la unidad del alma universal. Esta es unidad *complicada* que necesita *explicarse* en la multiplicidad de las almas individuales, así como la unidad *complicada* de la sustancia necesita *explicarse* en la dualidad de materia y alma y en la pluralidad infinita de los seres particulares. La sustancia, pues, tiene para Bruno una doble realidad: "es *complicadamente* una... y está en forma *explicada* en estos cuerpos sensibles y en la potencia y acto distintos que vemos en ellos. Pues..., lo que es engendrado y engendra (el alma)... y aquello con que se hace la generación (la materia) siempre están hechos de la misma sustancia".[135] La *natura naturans* (naturaleza generadora, una), coincide, pues, con la *natura naturata* (generada, múltiple) y la antítesis de *complicatio* y *explicatio* se convierte en coincidencia de contrarios.

La unidad verdadera, por lo tanto, no es la abstracta de Parménides, sino la concreta de Heráclito: "por lo cual no sonará mal a vuestros oídos la sentencia de Heráclito, quien dijo que todas las cosas son unidad, la cual por medio de la mutabilidad tiene en sí todas las cosas; y puesto que todas las formas están en ella, le corresponden, en consecuencia, todas las definiciones, y por lo tanto los enunciados contradictorios son igualmente verdaderos".[136]

Pero con esto se invierte la afirmación (que Bruno, sin

---

[135] *De la causa*, I, pág. 247: "L'uno ente summo, nel quale è indifferente l'atto dalla potenza... è *complicatamente* uno, immenso, infinito, che comprende tutto lo essere, ed è *esplicatamente* in questi corpi sensibili e in la distinta potenza e atto, che veggiamo in essi. Però volete che quello è generato e genera... e quello, di che si fa generazione, sempre sono di medesima sustanza". Vale decir: la misma y única sustancia está en la potencia activa (alma generada y generadora) y en la pasiva (materia de la generación), de manera que la *complicatio* de todo el ser uno en que potencia y acto coinciden identificándose y la *explicatio* de todos los seres múltiples en que potencia y acto se vuelven distintos, llegan a coincidir e identificarse en la unidad de la sustancia.

embargo, repite a continuación, siguiendo a los eleatas) de que la multiplicidad está sólo "en la superficie de la cosa"; ella, en cambio, resulta estar en lo más íntimo mismo de la realidad. La unidad se despliega (*explícase*) en el proceso que Bruno, con los neoplatónicos, llama de *descenso* en la producción de las cosas; y se *complica*, en cambio, en el proceso inverso, del *ascenso* de la mente humana a la perfecta cognición (sintética y unitaria); pero este doble camino inverso, hacia abajo y hacia arriba, resulta, tal como decía ya Heráclito, uno e idéntico.

Tanto la naturaleza universal como el intelecto humano, recorriendo en sentido contrario "una única y misma escala... proceden de la unidad a la unidad, pasando por la multitud de los medios".[137]

Y este tránsito no es como el círculo neoplatónico de descenso y ascenso, que permanece extrínseco a la unidad suprema, la cual es sólo el inicio de la procesión de los seres y el término de su conversión, sin participar del movimiento de descenso y ascensión de ellos, pues permanece en su eterna inmovilidad como el único valor. Al contrario, en Bruno el paso "por la multitud de los medios" es intrínseco a la misma unidad e idéntico con ella y participa plenamente de su realidad: "en la multitud está la unidad y en la unidad está la multitud...

---

[136] *De la causa*, I, pág. 247: "Per il che non vi sonerà mal ne l'orecchi la sentenza di Eraclito, che disse tutte le cose essere uno, il quale per la mutabilità ha in sè tutte le cose; e perchè tutte le forme sono in esso, conseguentemente tutte le diffinizioni gli convengono; e per tanto le contradittorie enunciazioni son vere". Sigue diciendo Bruno, en contraste parcial con lo antecedente (según observamos a continuación en el texto): "E quello che fa la moltitudine ne le cose, non è lo ente, non è la cosa, ma quel che appare, che si rappresenta al senso, ed è *nella superficie della cosa*".

[137] *De la causa*, I, págs. 247 y sig. "Prima dunque voglio che notiate essere *una e medesima scala*, per la quale la natura descende alla produzion di le cose, e l'intelletto ascende alla cognizion di quelle; e che l'uno e l'altra *da l'unitá procede all'unitá, passando per la moltitudine di mezzi*." Ibíd., pág. 250: "Cossi dunque, montando noi alla perfetta cognizione, andiamo *complicando* la moltitudine; como descendedesi alla produzione delle cose, si va *esplicando* la unitá. Il descenso è da uno ente ad infiniti individui e specie innumerabili, lo ascenso è da questi a quello".

El ente es multímodo y multiúnico... Lo divisible es indivisible, el átomo es inmenso y viceversa".[138]

Por eso, también lo mínimo se identifica con lo máximo y lo iguala en valor: "cualquier menudencia, por insignificante y despreciable que sea, en el orden del todo y universo resulta de la máxima importancia".[139] La unidad de esta manera, como la armonía oculta de Heráclito, superior a toda armonía manifiesta, resulta de los diversos y contrarios. "No hay armonía y concordia donde hay unidad, donde un ser quiere absorber todo el ser, sino donde hay orden y analogía de cosas distintas".[140]

Y de esto procede también el optimismo de la teodicea bruniana, que se anticipa a la de Leibniz. Este optimismo proviene de ver los contrarios coincidiendo en la unidad y las opo-

[138] *De la causa*, I, págs. 137 y sig.: "Si mostra come nella moltitudine è l'unità, e ne l'unità è la moltitudine; e como l'ente è un moltimodo e moltiunico, e in fine uno in sustanza e verità... L'uno, l'infinito, lo ente è quello che è in tutto, è per tutto, anzi è l'istesso *ubique;* e che cossì la infinita dimensione, per non essere magnitudine, coincide con l'individuo, come la infinita moltitudine, per non esser numero, coincide con la unità... il dividuo è individuo, l'atomo è immenso; e per il contrario". Por eso Bruno repite con Cusano *(de docta ignorantia,* I, 24) que a la sustancia única en que todas las cosas son una sola, ningún nombre puede resultar apropiado, porque todos los nombres le pertenecen: "pero la arimetica similitudine... è accomodata... per guidarne per mezzo de la moltitudine alla contemplazione e apprensione di quel principio indivisibile; che per essere unica e radical sustanza di tutte cose, non è possibile ch'abbia un certo e determinato nome... e però è stato detto da altri *punto,* da altri, *unità,* da altri *infinito,* etcétera". (*De la causa*, I, pág. 249).

[139] *Spaccio de la bestia trionfante*, II, pág. 74: "tutto dunque quantunque minimo, è sotto infinitamente grande providenza; ogni quantosivoglia vilissima minuzzaria in ordine del tutto e universo è importantissima; perchè le cose grandi son composte de picciole, e le picciole de le picciolissime, e queste de gl'individui e minimi".

[140] *Degli eroici furori*, II, pág. 359: "Non è armonia e concordia dove è unità, dove un essere vuol assorbir tutto l'essere; ma dove è ordine e analogia di cose diverse; dove ogni cosa serva la sua natura". Cfr. *Spaccio de la bestia trionfante*, II, 21 y sig., donde después de enumerar muchos ejemplos de condicionamiento recíproco de los contrarios, concluye: "in fine veggiamo tanta familiaritá di un contrario con l'altro, che uno più conviene con l'altro, che il simile con il simile. Cossì mi par vedere, perchè la giustizia non ha l'atto se non dove è l'errore, la concordia non s'effettua, se non dove è la contrarietate.

siciones concurriendo en la formación del orden y perfección del todo. Por eso "el mal... mirado desde el punto de vista de la eternidad, queda entendido como bien, o como guía que nos lleva hacia el mismo".[141]

"El sumo bien consiste en la unidad que complica el todo";[142] mas "si no hubiera el cambio, la variedad y la vicisitud, nada habría conveniente, nada bueno, nada agradable... De esto quiero concluir que el principio, el medio y el fin... de lo que vemos se efectúan de los contrarios, por los contrarios, en los contrarios, hacia los contrarios... Por lo cual... se ve que no realizó pequeño descubrimiento aquel filósofo (Cusano) que ha llegado a la razón de la coincidencia de los contrarios y no es un imbécil práctico aquel mago que sabe buscar dónde descansa semejante coincidencia".[143]

De la misma manera, "es profunda magia saber extraer lo contrario, después de haber hallado el punto de la unión";[144] por lo tanto la verdadera sabiduría teórica (filosofía) y la verdadera sabiduría práctica (magia) están igualmente en la capacidad de saber pasar de las oposiciones a su unidad y coincidencia, y de ésta, inversamente, a la distinción de los contrarios.

---

141 *Degli eroici furori*, II, pág. 335: "perchè questo male absolutamente ne l'occhio de l'eternità è compreso per bene, o per guida che ne conduce a quello."
142 *De la causa*, I, pág. 257: "Il sommo bene, il sommo appetibile, la somma perfezione, la somma beatitudine consiste nell'unità che complica il tutto."
143 *Spaccio de la bestia trionfante*, II, 21 y sig.: "Talché, se ne li corpi, materia, et ente non fusse la mutazione, varietade e vicissitudine, nulla sarrebe conveniente, nulla di buono, niente delettevole... Quello che da ció voglio inferire, è che il principio, il mezzo ed il fine, il nascimento, ne' contrarii, a' contrarii: e dove è la contrarietade, è l'azione e reazione, è il moto, è la diversità, è la moltitudine, è l'ordine, son gli gradi, è la successione, è la vicissitudine." "Però se fisica, matematica e moralmente se considera, vedesi che non ha trovato poco quel filosofo, che è dovenuto a la raggione della coincidenza de' contrari, e non è imbecille prattico quel mago che la sa cercare, dove ella consiste."
144 *De la causa*, I, 255 y sig.: "Profonda magia è saper trar il contrario, dopo aver trovato il punto de l'unione".

VI
La ética y el progreso de la humanidad

En esta forma, la relación entre la unidad y los contrarios no atañe tan sólo al problema teórico, sino también al de la práctica. El modo en que Bruno ha tratado este segundo problema,[145] en sus diálogos morales y en sus obras mágicas, no permite encontrar fácilmente el hilo de la unidad y continuidad entre diferencias y divergencias que se nos presentan. Por eso, uno de los mayores (cuando no, tal vez, el más destacado) entre los estudiosos de la obra de Bruno, Felice Tocco, creyó que las dificultades de la interpretación no podían superarse –para la ética así como para la gnoseología, la metafísica y la cosmología bruniana– sino por medio de la distinción de diferentes fases sucesivas en su pensamiento. Sin embargo, después de haber aceptado en un primer momento la solución de Tocco,[146] me he convencido luego de que una solución más satisfactoria hay que buscarla teniendo en cuenta la unidad fundamental del pensamiento de Bruno.

Aquí, en la comprensión de su ética, tenemos todavía que partir de un principio esencial de la filosofía del nolano, que es la inmanencia del alma universal. Ésta ata y enlaza mutuamente todas las cosas, determinando, entre ellas, las recíprocas atracciones y las correspondientes repulsiones complementarias, que Bruno estudia naturalísticamente en su *De vinculis in genere*, reduciéndolas todas a un afecto fundamental, el amor, nudo de los nudos, vínculo universal unificador. De este amor y arrebatamiento, el *De vinculis*, a la par que *De los heroicos furores*, distingue tres especies: el amor sensual o ferino, el activo moral o humano, y el intelectual contemplativo o divino.

Sin embargo, aun el ferino es natural, y por eso Bruno lo defiende –en *De vinculis*, como también en el *Despacho de la bes-*

---

[145] Ver particularmente sobre el tema: Limentani, *La morale di G. Bruno*, Firenze, Publicazioni della Facoltà di Filosofia e Lettere; A. Guzzo, *I dialoghi del Bruno;* Torino, 1932.
[146] En mi escrito citado: *La filosofia di G. B. e l'interpretazione di F. Tocco;* Firenze, 1912.

tia y en *De los heroicos furores*– contra los detractores (*i sicofanti*) que llaman mal lo que la naturaleza misma proclama un bien y santifica. Por lo tanto, no quiere que los afectos naturales sean condenados, sino disciplinados; y esto es, justamente, el objeto del *Despacho de la bestia triunfadora*, que traza el camino de la purgación moral y la ascensión desde la bestia al hombre; y por lo tanto no está (como a veces se ha creído) en antítesis con los *De los heroicos furores*, sino, al contrario, debe considerarse como una introducción a éstos, o, según la expresión textual de Bruno, un *preludio* que "es preciso anteponer" (è *espediente preponere*).

Pero de este preludio forman parte también los dos diálogos menores: La *Cábala del caballo pegáseo* y *El asno cilénico*. En efecto, la diferencia que Bruno establece entre las tres especies de amor antes señaladas –que representan, las tres, la misma necesidad y el mismo conato de infinito, despertado y estimulado en cada ser por la inmanencia del alma universal infinita– no es una diferencia de naturaleza, sino, esencialmente, tan sólo del grado de conocimiento representado por cada una.

El conato que la inmanencia del alma universal despierta en todo ser, es conato de amor y conocimiento juntos, ambos enlazados mutuamente en una reciprocidad indisoluble, de manera que, a medida que la conciencia se ilumina y se hace más profunda, se amplía y se eleva también la esfera de la acción, no menos que la del conocimiento. Por lo tanto, el anhelo de toda la ética bruniana está dirigido hacia esa plenitud de conciencia que a Bruno le parecía contrariada e impedida por la actitud espiritual que él llamaba *santa asinità* (santa ignorancia) y combatía de manera especial en la forma del calvinismo y de la justificación por medio de la fe.

Conciencia es para él la virtud activa, y conciencia es la contemplación verdadera: una conciencia que se ilumina y desarrolla en la actividad misma del obrar y del pensar, porque tanto la acción como el pensamiento, para dirigirse al propio objeto, alcanzarlo y comprenderlo, necesitan perseguirlo con inexhausta e incansable caza *(venazione)*.

Por este camino se llega a ver que el intelecto y las manos no son enemigos entre sí, sino cooperadores necesarios; la acción y la contemplación, en efecto, son dos formas de actividad, que arrancan, las dos, de una necesidad y de una insastifacción *(l'egestade)* y, desarrollándose en invenciones siempre nuevas y maravillosas, convierten al hombre en "dios de la tierra", capaz de "formar otras naturalezas, otros cursos, otros órdenes mediante su talento", más allá de los naturales y ordinarios.[147] Luego en el *Despacho de la bestia* se ensalzan la Fatiga, el Esmero y la Diligencia, con toda la cohorte de las divinidades afines,[148] así como en el *De monade* se glorifica el trabajo y en la *Cena de las cenizas* el valor del esfuerzo, y en todos *De los heroicos furores* es exaltado el infinito conato o caza *(venazione)* incesante, que constituye la verdadera y única forma de conquista, las verdaderas y únicas posesión y manera de goce reconocidas al espíritu.[149]

La virtud, de este modo, viene a ser colocada por Bruno en el amor y las obras útiles al consorcio humano *(convitto umano)*; pero para alcanzar el reconocimiento de sí misma, no solamente ella debe ser voluntad consciente,[150] sino, más aún, conciencia y voluntad de una norma de acción que pueda traducirse en una ley universal. "Ahora bien, ¿qué sucederá si todos van a obrar de esta manera?": así dice el *Despacho de la bestia*, con evidente presentimiento del universalismo teorizado más tarde por Kant; agregando además la consideración del

---

[147] *Spaccio de la bestia trionfante*, II, págs. 143 y sig.: "Or essendo tra essi (uomini)... nate la difficultadi, risorte le necessitadi, sono acuiti gl'ingegni, inventate le industrie, scoperte le arti; e sempre di giorno in giorno, per mezzo de l'egestade, dalla profundità de l'intelletto umano si eccitano nove e maravigliose invenzioni. Onde, sempre più e più per le sollecite e urgenti occupazioni allontanandosi dall'esser bestiale, più altamente s'aprossimano a l'esser divino". Véase también el otro pasaje citado más adelante, en la nota última. Por lo tocante a la recíproca unión y cooperación entre el obrar y el pensar humano, véase en el mismo lugar de *Spaccio*, pág. 143: "ha determinato la providenza che venga occupato ne l'azione per le mani e contemplazione per l'intelletto; de maniera che non contemple senza azione, e non opre senza contemplazione.

[148] Cfr. *Spaccio*, II, págs. 126-143.

[149] Todo lo cual significa la concepción del espíritu como actividad.

[150] Cfr. lo que dice *Spaccio*, II, pág. 144, acerca de la virtud de la continencia, que no es virtud mientras proceda únicamente de la falta o torpeza de sensibilidad, sino solamente cuando significa lucha y victoria en contra de los estímulos sensuales.

imperativo como mando universal y categórico no sometido a distinciones circunstanciales; obligatorio por sí mismo como deber ineludible no subordinado al logro de la reciprocidad por parte de las demás.[151]

La virtud, por lo tanto, debe ser conocimiento de las leyes divinas, y así viene a identificarse, en el sistema bruniano, con aquella contemplación de la naturaleza en su infinitud, que el *Del infinito universo* llama justamente "el camino verdadero a la verdadera moralidad".[152] Y por eso, en el *Despacho de la bestia*, Bruno da el primer lugar en el cielo moral a la Verdad,[153] que debe ser captada por la contemplación filosófica.[154]

Resulta de esta manera que para Bruno la escala del amor, que él vuelve a tomar de Platón y los neoplatónicos, es una escala de valores que, en sus mismas antítesis, coinciden todos en un valor esencial, es decir, la unidad universal del ser, que es el sumo bien. Ya el amor sensual es conato de unidad, que se refiere al ser particular corpóreo; conato de unidad más alto es el amor humano activo que se dirige al perfeccionamiento del consorcio humano; y más alto aún es el amor divino, que tie-

---

[151] *Spaccio de la bestia trionfante*, II, págs. 162 y sig.: "Vedete a che è ridotto il mondo, per esser messo in consuetudine e proverbio, che per regnare non si osserva fede... ¿Or che sarà se questo si mette in prattica da tutti? ¿A che verrà il mondo, se tutte le repubbliche, regni, dominii, fameglie e particolari diranno che si deve esser santo col santo, perverso col perverso? e si faranno iscusati d'esser scelerati, perchè hanno il scelerato per compagno o vicino?"

[152] Cfr. *Epístola proemial* al *De l'infinito universo*, I, pág. 273: "Dalla qual contemplazione, se vi sarremo attenti, avverrà che nullo strano accidente ne dismetta per doglia o timore, e nessuna fortuna per piacere o speranza ne estoglia: onde aremo *la via vera alla vera moralità*, saremo magnanimi... doveneremo veri contemplatori dell'istoria della natura, la quale è scritta in noi medesimi, e regolati executori delle divine leggi, che nel centro del nostro core son iscolpite.

[153] Cfr. *Spaccio*, II, pág. 76 y sig.: "Perchè nell'eminentissima sedia (Giove) ha voluto che sia la dea Veritade?... Perché questa è la unità che soprasiede al tutto, e la bontà che è preeminente ad ogni cosa; perchè uno è lo ente, buono e vero; medesimo è vero, ente e buono... Dunque la verità è avanti tutte le cose, è con tutte le cose, è dopo tutte le cose, è sopra tutto, con tutto, dopo tutto; ha raggione di principio, mezzo e fine."

[154] Cfr. *Spaccio*, II, pág. 198: "Dove l'inespugnabil muro de la filosofica contemplazion vera circonda, dove la quiete de la vita sta fortificata e posta in alto, dove è aperta la verità, etcétera."

ne por objeto la unidad universal. Pero los grados más altos no son la negación de los inferiores, así como la unidad no es anulación de la multiplicidad, pues la supera abarcándola en sí misma.[155]

Y por eso el grado sumo de la contemplación que, a veces, aparece en Bruno místicamente representado como una "muerte de beso",[156] resulta en cambio, en lo más profundo de su convencimiento, ser un "sentimiento de la divina e interior armonía", por el cual el hombre "concuerda sus pensamientos y movimientos con la simetría de la ley que está inmanente en todas las cosas".[157]

Ese contraste interior, que Bruno llama *il disquarto* (escisión, antagonismo interior) del alma heroica, dividida entre lo finito y lo infinito, lo particular y lo universal, lo corpóreo y lo espiritual, llega de esta manera a conciliarse en una armonía superior, que otorga su lugar a todo y lo abarca todo, en la "naturaleza que está en las cosas", Diana (luna) del universal Apolo (sol), luz resplandeciente "en la opacidad de la materia".[158]

Pero en tal conciliación de los opuestos, en la cual la Unidad concreta no tiene la multiplicidad fuera de sí, tal como la tenía la Unidad abstracta neoplatónica, sino que la tiene *complicada* en su misma intimidad, la contemplación del infinito no puede ser (como para Filón y el neoplatonismo) éxtasis inmóvil

---

[155] *Degli eroici furori*, II, pág. 406: "Dio, la divina bellezza e splendore riluce ed è in tutte le cose; però non mi pare errore d'admirarlo in tutte le cose, secondo il modo, che si comunica a quelle."

[156] *Degli eroici furori*, II, pág. 351: "Appresso descrive la morte de l'anima, che da'Cabalisti è chiamata morte di bacio, figurata nella Cantica di Salomone, dove l'amica dice:
Che mi bacie col bacio di sua bocca...".

[157] *Degli eroici furori*, II, pág. 334: "Ma è un calor acceso dal sole intelligenziale ne l'anima, e impeto divino, che gl'impronta l'ale; onde più e più avvicinandosi al sole intelligenziale... ha sentimento della divina e interna armonia, concorda gli suoi pensieri e gesti con la simmetria della legge insita in tutte le cose."

[158] *Degli eroici furori*, II, pág. 443: "a nessun pare possibile di vedere il sole, l'universale Apolline, e luce absoluta per specie suprema ed eccellentissima; ma sì bene la sua ombra, la sua Diana, il mondo, l'universo, la natura che è nelle cose, la luce che è nell'opacità della materia, cioè quella in quanto splende nelle tenebre."

y quietud de posesión, sino que debe ser infinito conato y caza *(venazione)* y movimiento metafísico; y, en cuanto tal, no está sólo en la cúspide de la escala ascensional, como antítesis a todos los grados inferiores, sino que está en todos los grados, como insatisfacción del límite alcanzado y esfuerzo de abarcar un horizonte más vasto y, por lo tanto, como ascenso continuo.

Por este carácter de la contemplación como esfuerzo incesante, aun cuando "no todos puedan llegar al punto que pueden alcanzar uno o dos", es decir, a la meta suprema, "basta que todos corran, ya es gran cosa que cada cual haga lo que pueda":[159] cada cual puede llegar, de acuerdo con sus posibilidades, a su meta particular.

Y así, en el curso de la historia de la humanidad Bruno ve realizarse el infinito progreso, que para él es un incremento continuo, cuantitativo y cualitativo al mismo tiempo, del espíritu humano. La industriosa labor a que este espíritu es impulsado incesantemente por su capacidad interior de desarrollo y por el aguijón de la necesidad juntos, crea –si el espíritu no se entrega a la inercia y la muerte, como ocurre en las épocas de estancamiento y retroceso– la formación del mundo de la cultura, la conquista de la verdad hija del tiempo, es decir, el proceso, casi divino, del progreso humano.[160]

El hombre vuelve a ser, para Bruno, lo que había sido en la antigüedad clásica para Aristóteles (protréptico) y para Panecio y Cicerón,[161] una especie de dios en la tierra, que tiene la capacidad de crear otra naturaleza superior (el mundo de la cultura) en la naturaleza de las cosas.[162] "Los dioses –así se lee en

---

[159] *Degli eroici furori*, II, pág. 342: "Ma degli uomini non tutti possono giongere a quello, dove può arrivar uno o doi. – Basta che tutti corrano; assai è ch'ognun faccia il suo possibile."

[160] Véase G. Gentile, *Veritas filia temporis* (en el libro citado: *G. Bruno e il pensiero del Rinascimento*) y mi estudio: *Una visione realistica del progresso*, en "Nuova rivista storica", Milano, 1930.

[161] Cfr. Cicerón, *De natura deorum*, II, 59.

[162] Cfr. Mondolfo, *En los orígenes de la filosofía de la cultura*, Buenos Aires, ed. Imán, 1942; págs. 102 y sigs. Ver también la última parte de mi libro: *El infinito en el pensamiento de la antigüedad clásica*, ed. Imán, 1953.

el *Despacho de la bestia triunfadora*– han otorgado al hombre el intelecto y las manos y lo han hecho semejante a ellos, dándole una facultad superior a los demás animales, que consiste en poder obrar no solamente según la naturaleza y lo habitual, sino aún más allá y fuera de las leyes de aquélla, a fin de que, formando y teniendo la posibilidad de formar otras naturalezas, otros cursos, otros órdenes, mediante su talento, con aquella libertad sin la cual no tendría dicha semejanza, lograra mantenerse dios de la tierra".[163]

Se anticipa, aquí, a Vico, y se sienta el fundamento y germen de toda la filosofía de la cultura. Por esta anticipación de la nueva intuición del hombre, así como por la vigorosa afirmación de la nueva concepción del universo infinito y de la unidad de la naturaleza y el ser universales, Bruno es verdaderamente el mayor representante de la filosofía del Renacimiento, que abre las puertas a la filosofía moderna.

---

[163] *Spaccio*, II, pág. 143: "E soggionse che gli dei aveano donato a l'uomo l'intelletto e le mani, e l'aveano fatto simile a loro, donandogli facultà sopra gli altri animali; la qual consiste non solo in poter operar secondo la natura ed ordinario, ma, ed oltre, fuor le leggi di quella; acciò, formando o possendo formar altre nature, altri corsi, altri ordini con l'ingegno, con quella libertade, senza la quale non arrebe detta similitudine, venesse a serbarsi dio de la terra."

Bibliografía

Una muy valiosa y diligente *Bibliografía delle opere di G. Bruno e degli scritti ad esso attinenti*, publicada por Virgilio Salvestrini, Pisa, 1926, ofrece al estudioso todas las indicaciones relativas a las obras de Bruno, las ediciones de cada una de ellas y la vasta literatura constituida por los estudios generales y parciales tocantes a la vida y el pensamiento del filósofo nolano hasta el año 1926. Remitimos, por lo tanto, a ese libro para las noticias más completas hasta la fecha mencionada, limitándonos a dar aquí la nómina y clasificación de las obras brunianas, éditas e inéditas, y la indicación de la edición crítica de ellas y de los estudios críticos modernos más importantes, anteriores y posteriores a la fecha de la *Bibliografía* de Salvestrini.

Las obras de Bruno que poseemos actualmente son las 38 siguientes (ordenadas cronológicamente): 1) *De umbris idearum*, 1582; 2) *Ars memoriae* (agregada a la antecedente), 1582; 3) *Cantus circaeus*, 1582; 4) *De compendiosa architectura et complemento artis Lullii*, 1582; 5) *Il candelaio* (comedia), 1582; 6) *Recens et completa ars reminiscendi*, 1583; 7) *Triginta sigillorum explicatio*, 1583; 8) *Sigillus sigillorum*, 1583; 9) *La cena de le ceneri*, 1584; 10) *De la causa, principio et uno*, 1584; 11) *De l'infinito universo et mondi*, 1584; 12) *Spaccio de la bestia trionfante*, 1584; 13) *Cabala del cavallo pegaseo*, 1585; 14) *L'asino cillenico*, 1585; 15) *Degli eroici furori*, 1585; 16) *Figuratio Aristotelici physici auditus*, 1586; 17) *Camoeracensis Acrotismus*, 1586; 18) *Dialogi duo de F. Mordentis salernitani prope divina adinventione*, 1586; 19) *De lampade combinatoria Lulliana*, 1587; 20) *De progressu et lampade venatoria logicorum*, 1587; 21) *Artificium perorandi*, 1587 (publicado póstumo, 1612); 22) *Animadversiones circa lampadem lullianam*, 1587; 23) *Libri physicorum Aristotelis explanati*, entre 1587 y 1588; 24) *Oratio valedictoria*, 1588; 25) *De specierum scrutinio et lampade combinatoria Raim. Lullii*, 1588; 26) *CLX articuli adversus huius tempestatis mathematicos atque philosophos*, 1588; 27) *Oratio consolatoria*, 1589; 28) *De magia et theses de magia*; 29) *De magia mathematica*; 30) *De principiis rerum, elementis et causis*; 31) *Medicina Lulliana*; 32) *De vinculis in genere*: los últimos 5 escritos de 1589 a 1591, quedaron inéditos hasta 1891, juntos con los números 23 y 33; 33) *Lampas triginta statuarum*, 1590 o 1591; 34) *Summa terminorum methaphysicorum*, 1591; 35) *De triplici minimo et mensura*, 1591; 36) *De monade, numero et figura*, 1591; 37) *De immenso et innumerabilibus*, 1591; 38) *De imaginum signorum et idearum compositione*, 1591.

Las ediciones críticas. modernas son a) para las obras latinas: J. Bruni Nolani, *Opera laitne conscripta*, publicis sumptibus edita, recensebant F. Fiorentino, V. Imbriani, C. M. Tallarigo, F. Tocco, H. Vitelli, Napoli-Florentia, 1879-1891: tomos 3 en 8 vols.; b) para las italianas: G. Bruno: *Opere italiane: I Dialoghi metafisici* con note di G. Gentile; II *Dialoghi morali*, con note di G. Gentile; III *Il Candelaio* (commedia), con introd. e note di V. Spampanato, Bari, 1907-1909 (2^a ed., 1926).

Incorrectas las dos ediciones anteriores de *Opere italiane*, cuidadas por A. Wagner (Leipzig, 1830, 2 tomos) y P. de Lagarde (Göttingen, 1888, 2 tomos); incompleta la de las obras latinas cuidada por A. F. Gfrörer (*J. Bruni Seripta quae latine confecit omnia*, Stuttgart, 1834-1836).

Las 38 obras mencionadas pueden distinguirse con Leonardo Olschki (*Giordano Bruno*, Bari, 1927), que perfecciona la clasificación anterior de Tocco (*Le opere latine di G. B.*) en las ocho clases siguientes:

1) Obras lulianas, es decir, tocantes al arte combinatoria: números 4, 19, 20, 21, 22, 25 y 33 del elenco antecedente..

2) Obras mnemotécnicas, relativas al arte de la memoria: números 1, 2, 3, 6, 7, 8 y 38 del elenco. Sin embargo, los temas de estas dos clases tienen una muy estrecha vinculación recíproca.

3) Obras didácticas, de exposición o crítica de doctrinas ajenas: números 16, 17, 18, 23, 26.

4) Obras mágicas, relativas a la utilización mágica de las fuerzas de la naturaleza: números 28, 29, 30, 31 y 32. La última, sin embargo, pertenece también a la clase sexta.

5) Obras de filosofía natural, que desarrollan la metafísica bruniana: números 9, 10, 11, 34, 35, 36 y 37.

6) Diálogos y escritos morales, que desarrollan la ética bruniana: números 12, 13, 14, 15 y 32 (este último ya mencionado en la clase cuarta).

7) Discursos académicos u ocasionales: números 24 y 27.

8) Comedia *Il Candelaio*: número 5, que hemos considerado, sin embargo, en su cruda sátira, vinculada con la lucha contra el pedantismo y la vileza, empeñada por Bruno sobre el terreno ético-filosófico.

Además de éstas, otras obras se han perdido (algunas, acaso, pueden existir todavía en el archivo secreto de la Inquisición en Roma, a

pesar de no haberlas aún encontrado ninguno de los raros investigadores admitidos a efectuar indagaciones al respecto). De estas obras perdidas algunas habían sido publicadas por Bruno, otras quedaron inéditas. La nómina que podemos reconstruir es la siguiente:
1) *L' Arca di Noè*, 1570 a 1571, probable obra mnemotécnica; 2) *Dei segni dei tempi*, 1577 a 78, acaso análoga a la antecedente; 3) *Sphaera*, entre 1578 y 1581, tratado de astronomía; 4) Folleto contra el teólogo La Faye en Ginebra, 1579; 5) *De anima*, entre 1579 y 1581; 6) *Clavis magna*, de los mismos años, de probable tema luliano; 7) *De 'predicamenti di Dio*, 1581 o 1582; 8) *Purgatorio dell'Inferno*, 1582 o 1583; 9) *De sigillis Hermetis et Ptolomaei*, probablemente mnemotécnico; 10) *Libretto di congiurazioni*, entre 1589 y 1591, acaso mágico, o astrológico, o luliano; 11) *Libro delle sette arti liberali e inventive*, entre 1589 y 1591. Se recuerdan, además un *Templum, Mnemosynes* (mnenotécnico) y un *De naturae gestibus* (¿mágico o filosófico?).

Traducción castellana de *De lo infinito universo y mundos*, de Constante y Alfredo Galletti, ed. Ercilla, Santiago de Chile, 1941, y *De la causa, principio y uno*, con prólogo de Ángel Vassallo; ed. Losada, Buenos Aires, 1941.

Los estudios críticos modernos más importantes, acerca de la vida, las obras y el pensamiento de Bruno, son los siguientes (en orden cronológico):

Christian Bartholmess, *Jordano Bruno*, París, Ladrange, 1846-1847 (2 tomos).
Moritz Carriere, *Die philosophische Weltanschauung der Reformationszeit*, 1847 (2ª ed. 1887).
F. J. Clemmens, *Jordano Bruno und Nicolaus von Cusa*; Bonn, 1847.
Francesco Fiorentino, *Il panteismo di G. Bruno*, Napoli, 1861; *Bernardino Telesio, ossia studii storici sull'idea della natura nel Risorgimento italiano*, 2 volumi, Napoli, 1872-1874; *Dialoghi morali di G. B.* en "Giornale Napoletano" N. S., fasc. 19; Introducción a la edición nacional de *J. Bruni N. Opera latine conscripta*, Napoli, 1879; *Il Risorgimento filosofico nel 400*, Napoli, 1885; *Studii e ritratti della Rinascenza*, Bari, 1911.
Bertrando Spaventa, *Saggi di Critica filosofica, politica e religiosa;* Napoli, 1867 (contiene sobre Bruno los ensayos: *La filosofia pratica; L'amore dell'eterno e del divino; Teoria della conoscenza; Concetto dell'infinità*);

Lezioni di filosofia; Napoli 1862 (nueva edición bajo el título: *La filosofia italiana in relazione con la filosofia europea*; Bari, 1926).

Domenico Berti, *Giordano Bruno da Nola, sua vita e sua dottrina*, 1868; nueva edición ampliada y con nuevos documentos, Torino, 1889.

Wernekke, *G. Bruno's Polemik gegen die Aristotelische Kosmologie*; Dresden, 1871.

Barach, *Philosophie des G. Bruno*, en "Philosoph. Monatshefte", 1877.

Hartung, *Grundlinien einer Ethik bei G. Bruno*; Leipzig, 1878.

Sigwart, *Die Lebensgeschichte G. Bruno's*, Tubingen, 1880; ampliado en *Kleine Schriften*; Freiburg, 1889.

R. Mariano, *G. Bruno: La vita e l'uomo*; Roma, 1881.

H. Brunnhofer, *G. Bruno's Weltanschauung und Verhängniss*; Leipzig, 1882; *G. Bruno's Lehre vom Kleisten*; Leipzig, 1890.

K. Lasswitz, *G. Bruno und die Atomistik* en "Vierteljahrsschrift für wissensch. Philosophie", 1884; *Geschichte der Atomistik*, 1890.

J. Frith, *Life of G. Bruno the Nolan*; London, 1887.

R. Schiattiarella, *La dottrina di G. Bruno;* Palermo, 1888; *I precursori di Bruno* en "Rivista di filos. scientifica", año 7°.

Felice Tocco, *G. Bruno*, conferenza, Firenze, 1886; *Le opere latine di G. Bruno esposte e confrontate con le italiane*; Firenze, 1889; *Le opere inedite di G. Bruno*; Napoli, 1891; *Le fonti più recenti della filosofia del Bruno*; Roma, Accad. Lincei, 1892.

A. Riehl, *G. Bruno, zur Erinnerung a. d.17 febr. 1600*; Leipzig, 1889 (2ª ed. 1900).

Kuehlenbeck, *Bruno, der Martyrer der Neuen Weltanschauung*; Leipzig, 1890.

E. Troilo, *La filosofia di G. Bruno*; Roma, 1897-1914 (2 tomos); *G. Bruno*, Roma, 1918; ver también E. Namer, más adelante.

H. Hoeffding, *Geschichte der Moderne Philosophie*, I; trad. inglesa 1900; trad. ital. 1913.

J. Lewis Mc Intyre, *Giordano Bruno*; London, 1903.

M. Adams, *Giordano Bruno*; London, 1905.

G. Gentile, *G. Bruno nella storia della cultura*; Palermo, 1907; *G. Bruno e il pensiero del rinascimento*; Firenze, 1920.

G. Grassi Bertazzi, *G. Bruno, il suo spirito e i suoi tempi*; Palermo, 1910.

R. Mondolfo, *La filosofia di G. Bruno e la interpret. di F. Tocco*, en "Cultura filosofica"; Firenze, 1912; *Per la biografia di G. Bruno*, Riv. d'Italia, 1913; *Giordano Bruno*, en "Enciclopedia Italiana".

G. De Ruggiero, *G. Bruno*; Roma, 1913.
W. Dilthey, *Weltanschauung u. Analyse des Menschen seit Renaissance und Reformation*, en "Gesamm. Schriften", II, 1914 (trad. italiana, Venezia, 1927).
Boulting, *G. Bruno*; London, 1916.
R. Charbonnell, *La pensé italienne au XVI siécle et le courant libertin*, París, 1919; *L'éthique de J. Bruno*; París, 1919.
A. Sarno, *La genesi degli eroici furori di G. B.*, en "Giorn. crit. filos. ital.", 1920.
V. Spampanato, *Vita di G. Bruno;* Messina, 1922.
Leonardo Olschki, *Bildung und Wissenschaft im Zeitalter der Renaissance*, Leipzig-Firenze, 1922; *Giordano Bruno*, en "Vierteljahrsschrift für Literaturwiss. u. Geistesgesch." 1924, y Bari, 1927.
L. Limentani, *La morale di G. Bruno*, Firenze, 1924; *G. Bruno a Oxford*, en "Civiltà moderna", Firenze, 1937.
E. Cassirer, *Individuum und Kosmos in der Philos. d. Renaissance*, Leipzig, 1927 (ed. ital., Venezia, 1927).
E. Namer, *Les aspects de Dieu dans la philosophie de J. Bruno*; Paris, 1927; el mismo y E. Troilo, *Il problema della materia en G. Bruno e l'interpretazione di F. Tocco*, en Bilychnis, 1927.
F. D'Amato, *G. Bruno*, en "Giorn. crit. della filos. ital.", 1930.
Orrei, *G. Bruno e la sua dottrina*; Milano, 1931.
A. Guzzo, *I dialoghi del Bruno;* Torino, 1932.
M. Saracista, *La filosofia di G. Bruno nei suoi motivi plotiniani*; Firenze, 1935.
Gentile e Spampanato, *Documenti della vita di G. Bruno*, Firenze, 1933.
A. Corsano, *Il pensiero di G. Bruno, nel suo svolgimento storico*, Firenze, 1940.
A. Mercati, *Il sommario del processo di G. Bruno*, Cittá del Vaticano, 1942.
L. Firpo, *Il processo di G. Bruno*, Ediz. Scient. Ital., Napoli, 1949.
G. Fraccari, *Giordano Bruno*, Milano, Bocca, 1951.

III

El pensamiento de Galileo y sus relaciones con la Antigüedad y el Renacimiento

En una carta del 2 de enero de 1638, anterior en cuatro años a la fecha de su muerte (8 de enero de 1642), Galileo Galilei comunicaba a su amigo Elia Diodati la lamentable noticia de su ceguera completa, que debía desde entonces impedirle toda realización ulterior de sus admirables indagaciones y observaciones de los hechos naturales. "Galileo, vuestro amigo, se ha vuelto ciego por completo, de manera que aquel cielo, aquel mundo, aquel universo que yo mediante mis observaciones maravillosas y claras demostraciones había ampliado por cien y mil veces más de lo comúnmente creído, se ha disminuido ahora y restringido para mí hasta el punto de no alcanzar nada más que mi persona".[1]

La gloria que el viejo contemplador del cielo, ahora vuelto impotente, se atribuía a sí mismo no era vana jactancia ni tampoco satisfacción senil, como en su libro sobre Galileo la consideró Henry Martin,[2] sino firme conciencia de la significación y trascendencia de sus descubrimientos celestes.

Galileo, perfeccionando un invento de G. B. Della Porta, G. Fracastor y otros italianos, aplicado en aquel entonces en Middelburg y en París con fines de curiosidad y de diversión, había creado para las observaciones celestes un instrumento de incomparable valor, el anteojo astronómico, que después, por

---

[1] *Carta a Elía Diodati*, 2 de enero de 1638.
[2] H. Martin, *Galilée, les droits de la science et la méthode des sciences physiques*; Paris, 1868.

sugestión de Federico Cesi, se llamó telescopio,[3] mediante el cual había visto y hecho ver –a los que no se negaban (como el peripatético Cremonini) a mirar en él por miedo de encontrar desmentidas las afirmaciones de Aristóteles– cosas que nadie había visto o imaginado antes que él: las montañas de la luna y las manchas del sol, los satélites de Júpiter y el anillo de Saturno,[4] las estrellas nuevas y las fases de Venus, la constitución de la Vía Láctea y de varias nebulosas, y otros fenómenos por cuya comunicación (hecha mediante su *Nuncius sidereus*) Juan Kepler, el otro gran astrónomo contemporáneo, le escribía con el entusiasmo del verdadero sabio que no conoce envidia en la colaboración desinteresada creada por la ciencia y promovedora de su progreso, las dos elocuentes palabras antaño dirigidas al Redentor: *Galilaee, vicisti* (Galileo, has vencido).

Su victoria, empero, no estribaba solamente en las "observaciones maravillosas", de las que él mismo se gloriaba, sino en la vinculación de éstas con las "claras demostraciones", a las que las asociaba justamente en su carta a Diodati. Observación y demostración eran los dos pernios y elementos inseparables de su método científico, de ese "método galileano" que ha sido el verdadero ejemplo y modelo de todo método experimental digno de su nombre. Las observaciones de las montañas de la luna, las estrellas nuevas, las fases de Venus y las manchas del Sol y de Júpiter no tenían su importancia esencial únicamente en sí mismas, sino también en su carácter de prueba y documentación de la unidad e igualdad entre la naturaleza celeste y

---

[3] El nombre de *Telescopio* se encuentra ya adoptado en 1627 en el título de la obra de Nicola Antonio Stelliola, *Il telescopio o ver Ispecillo celeste,* Napoli, 1627. G. B. Della Porta, en su carta a Galileo del 26 de setiembre de 1614, decía que él seguía trabajando con Fabio Colonna para construir un telescopio que llegara a mirar hasta el Empíreo, y le permitiera publicar algún día un *Nuncius Empireus* a semejanza del *Nuncius sidereus* de Galileo.

[4] Que en realidad Galileo no interpretó exactamente como un anillo, habiendo creído ver en Saturno un *planeta tergeminum,* es decir, compuesto de tres astros en contacto (dos extremos iguales y uno intermedio más grande). Véanse sus cartas: a Vinta, del 30 de julio de 1610; a Giuliano de'Medici, del 13 de noviembre de 1610, etc., en *Opere,* ed. nacional (1890-1907 en 20 tomos), tomo X, págs. 410, 474, etc.

la terrestre, que la tradición peripatética medieval, heredera del sistema aristotélico, había querido oponer entre sí como contrarias; el descubrimiento de la composición de Saturno y de los satélites de Júpiter no tenía su significación en los nuevos conocimientos que, sin embargo, agregaba a los anteriormente poseídos, sino más aún en su posible utilización con el fin de demostrar que un astro móvil podía ser al mismo tiempo centro de otros movimientos, y así también la tierra, centro de la revolución de la luna, podía tener su movimiento de rotación alrededor del sol, como había afirmado Copérnico, en lugar de la inmovilidad que le atribuía el sistema aristotélico-tolomeico, convirtiéndola en el centro de toda rotación celeste.

De esta manera, el invento del telescopio celeste mostraba (como observó Olschki)[5] tener un alcance más grande que el puro descubrimiento de hechos astronómicos. Ante los ojos del astrónomo, el telescopio abría un universo nuevo de proporciones inconmensurables, en la inmensidad del espacio poblado de un sinnúmero de sistemas astronómicos, en cuya infinitud se desvanecía como fantasma toda jerarquía de esferas y cuerpos celestes.

En el cielo, así como en el pequeño mundo sublunar, el fenómeno esencial parecía ser el del movimiento, pero concebido de manera muy distinta a la de Aristóteles, es decir, un movimiento regido por las leyes puramente cuantitativas de la mecánica: la interpretación cuantitativa, sometida al cálculo matemático, afirmaba su dominio en la nueva concepción de la naturaleza universal, donde no había sabido introducirla Bruno –a pesar de su esfuerzo por deducir las consecuencias filosóficas del heliocentrismo copernicano– a raíz de su incomprensión de los problemas matemáticos.[6]

---

[5] L. Olschki, *Galileo's Philosophy of Science*, en "The philosophical Review", 1943, págs. 349 y sigs.

[6] Acerca de estos puntos y de la irreductibilidad de la posición de Galileo a la filosofía de la naturaleza platónico-aristotélico- escolástica, véase el estudio citado de Olschki, y el anterior de G. de Ruggiero, *Galileo Galilei, nel 39 centenario dei Dialoghi sui massimi sistemi*, en "Archivio di storia della filosofia"; Roma, 1932.

En esto se ve la relación estrecha que en el pensamiento de Galileo une la observación astronómica con las investigaciones teóricas de su tratado *De motu gravium*, y vincula en general todo examen empírico de los hechos con la comprensión racional de ellos.

La vinculación establecida por Galileo entre observación y demostración, llamadas por él en su carta a la Gran Duquesa Madre[7] *le esperienze sensate e le dimostrazione necessarie* –es decir, las experiencias logradas mediante los sentidos y las demostraciones lógico-matemáticas de su necesidad–, era una vinculación recíproca, no unilateral: ni las experiencias sensibles de la observación podían valer científicamente sin la relativa demostración de su necesidad, ni la demostración lógica y matemática podía alcanzar su "absoluta certeza objetiva" igual a la de la naturaleza[8] sin apoyarse en la experiencia en su punto de partida y confirmarse con ella al llegar a su conclusión. Por esta reciprocidad de vinculación, Galileo se diferencia al mismo tiempo de Bacon y de Descartes, representantes el uno del empirismo inductivo y el otro del racionalismo deductivo,[9] superando a ambos por su

---

[7] *Carta a la Gran Duquesa Madre,* Madama Cristina de Lorena, en *Le opere,* de G. Galilei, ediz. nazionale; tomo V, págs. 309-348.

[8] Cfr. el *Dialogo sopra i due massimi sistemi del mondo* (tomo VII de la ed. nacional de *Le opere*) págs. 126 y 131. En este concepto de la vinculación recíproca entre la observación y la demostración queda superada y corregida la unilateralidad de ciertas afirmaciones galileanas, donde la experiencia sensible aparece reivindicada contra el razonamiento (unilateralidad –claro está– que reacciona contra la opuesta, tradicional de los escolásticos). Véase, por ejemplo, *Intorno a due nuove scienze* (*Opere,* VIII, pág. 105): sólo "donde falta la observación sensible hay que suplir con el discurso"; y más aún *Lettera a Liceti* del 15 de setiembre de 1641 (*Opere,* XVIII, pág. 249): "entre las maneras seguras de alcanzar la verdad está la de anteponer la experiencia a cualquier discurso... no siendo posible que una experiencia sensible sea contraria a lo verdadero". La experiencia sensible, común (particular y contingente) no era todavía para Galileo un conocimiento científico (universal y necesario); que podía, en cambio, ser logrado por el experimento, realizador de una deducción procedente de las *razones* o *causas*. "El conocimiento de un solo efecto adquirido por sus causas abre el intelecto a entender y tener seguridad de otros efectos, sin necesidad de recurrir a otras experiencias" (*Intorno a due nuove scienze,* en *Opere,* VIII, pág. 296). Esto implica justamente la unidad de observación y demostración.

[9] Naturalmente esta antítesis tradicional de *empirismo,* personificado por Bacon (con la mayoría de los filósofos ingleses) y *racionalismo,* personificado por Descartes

método experimental, que une la observación con la demostración, la experiencia con la necesidad racional. La deducción de la naturaleza, que Descartes efectúa a partir de la idea de la extensión y de las leyes fundamentales del movimiento, es toda una construcción *a priori*, en la que se abre a cada etapa, según el propio Descartes, una multiplicidad de posibilidades distintas, entre las que la única realizada efectivamente resulta contingente; manifestada por la experiencia, que tiene por ende únicamente una tarea de averiguación *post eventum*, pero no previsible *ante eventum* por falta de una necesidad causal unívoca.[10]

Galileo, en cambio, por su método experimental, quiere descubrir en el hecho observado una necesidad intrínseca por su vinculación con la causa que lo produce: "es causa (dice) aquella tal que, establecida, *siempre* se engendra el efecto, quitada, se lo quita".[11] Donde se afirma una necesidad expresada decididamente por la palabra *siempre*, muy distinta a la contingencia de la deducción cartesiana: y puede afirmarse en tanto

---

(con la filosofía continental hasta Leibniz), debe entenderse con muchas limitaciones y reservas, como puso de relieve en tres libros valiosos Adolfo Levi, *Il pensiero di Bacone* (Torino, 1925), *La filosofia di T. Hobbes* (Roma, 1929), y *Discorso sul metodo de Descartes* (Napoli, 1937, *Introduzione*).

[10] Ver en L. Liard, *Descartes*, París, 1903, el capítulo: *Du rôle de l'expérience dans la physique cartesienne*, y cfr. también *Principes*, IV, art. 204 y sig., y otros pasajes citados por el mismo Liard.

[11] La fórmula más completa (con la palabra *siempre*) se encuentra en un pasaje de la obra *Il saggiatore* (en *Opere*, VI. 262 y sigs.). Cfr. otras citas más en la obra de A. Pastore, *Il problema della causalità*, Torino, 1921, vol. I, pág. 120. En la jornada cuarta del *Diàlogo sopra i due massimi sistemi* (en *Opere*, VII, pág. 450) se agrega una aclaración importante, al afirmarse la exigencia de que, puestas las causas, los efectos deben seguir "no solamente *con facilidad*, sino *con necesidad*, de modo que sea imposible que sigan de otra manera". Hay que señalar, sin embargo, el hecho de que la afirmación galileana de estos conceptos tenía algún antecedente, como el de Occam, quien había determinado las condiciones que nos autorizan a reconocer la causa de un fenómeno, de la manera siguiente: "hoc tamen non est ponendum *sine necessitate*, puta nisi per experientiam posset convinci, ita seilicet quod ipso posito, alio destructo, sequitur effectus, vel quod ipso non posito quocumque alio posito, non sequitur effectus". Y también Leonardo (acaso influido por Occam), había insistido sobre "el elemento de la *necesidad*, freno y regla eterna".

la deducción nunca se aparta de la experiencia, sino que siempre se adhiere a ella.

Pero es una deducción o demostración necesaria; y por eso se diferencia también del empirismo inductivo de Bacon: la misma fórmula citada, de definición galileana de la causa, contiene mucho más que la simple anticipación de las *tabulae praesentiae* y *tabulae absentiae* de Bacon que en ella ha visto Gentile.[12] Bacon con sus tablas de presencia y de ausencia (así como más tarde Stuart Mill con sus métodos de *concordancia y diferencia),* mira únicamente en la comprobación de los hechos; y la comprobación tiene validez para los hechos observados, no necesariamente para los otros. La inducción baconiana (observó Masci)[13] queda todavía en los lindes de la inducción aristotélica, por simple enumeración, que nunca puede ser completa, y muestra su defecto justamente en la pretensión de pasar de los casos observados a los observables, de los realizados a los posibles, de una parte (por numerosa que sea) a la totalidad infinita. Ahora bien, Galileo había ya puesto de relieve que en esta forma de conocimiento *extensivo* y no *intensivo,* aun cuando tenemos la experiencia y comprensión de mil casos, no tenemos nada, "porque mil frente a la infinidad es como cero".[14] Por este camino no puede llegarse a la afirmación de una ley teórica, es decir, de una necesidad natural. Para alcanzar un conocimiento verdaderamente científico (piensa Galileo), hay que lograr la comprensión de la necesidad intrínseca de los fenómenos de la naturaleza, la cual puede sernos dada por el cálculo matemático en la astronomía, el método experimental en la física. Am-

---

12 G. Gentile, *Frammenti e lettere di Gal. Galilei*, Livorno, 1917, pág. 56, nota 1.

13 F. Masci, *Logica*, Napoli, pág. 312.

14 En el *Diálogo sopra i due massimi sistemi* (cfr. *Opere*, VII, págs. 126-131). Dice también Galilei: "Si la inducción debiera pasar por todos los casos particulares, resultaría tal cosa imposible o inútil: imposible, si los particulares fueran innumerables; y si fueran numerables, el considerarlos a todos tornaría inútil, más bien de ningún valor, el concluir por inducción. Pues si, por ejemplo, los hombres del mundo fueran solamente tres, el decir: puesto que Andrés corre, Jacob corre y Juan corre, entonces todos los hombres corren, sería una conclusión inútil y repetir dos veces la misma cosa." (*Risposta alle opposizioni contro al Trattato delle cose che stanno in su l'acqua,* en *Opere*, IV, pág. 701.)

bos –observa Pastore, a quien debemos el más penetrante y decidido análisis del método galileano– procesos lógico-deductivos, constituidos, uno por símbolos abstractos, otro por símbolos concretos,[15] que nos llevan del puro entendimiento *extensivo* (de la acumulación de observaciones y experiencias), al *intensivo* (de la comprensión cierta de su necesidad). Las operaciones extremas del método experimental galileano, dice Pastore, son la observación cuidadosa, llamada por él *esperienza sensata*, y la deducción o *dimostrazione necessaria:* se le planteaba por ende el problema de cómo establecer una continuidad entre una y otra, es decir, entre lo contingente y lo necesario. En la solución de este problema mediante el empleo de la hipótesis técnica como medio de investigación y de prueba, estriba la originalidad del método de Galileo y su mérito en la creación de la física moderna.

Copérnico, de acuerdo con la observación de G. Bruno,[16] había ya ofrecido el ejemplo del uso de la hipótesis matemática para la demostración física en astronomía; pero Galileo intuye la afinidad que existe entre el cálculo matemático usado por la astronomía y el experimento usado por la física, en tanto ambos se sirven de una hipótesis para llegar deductivamente al descubrimiento de hechos nuevos, demostrando de tal manera su necesidad natural. Pueden las hipótesis ser a veces verdaderas, a veces arbitrarias; pero la distinción entre las que sirven únicamente para "salvar las apariencias" y las que se utilizan en cambio para "investigar la verdadera constitución del universo"[17] resulta de su averiguación, efectuada mediante la producción misma de los hechos en el experimento, que realiza deductivamente la hipótesis. El momento decisivo del método experimental, pues, que constituye la operación intermedia entre la observación contingente y la demostración necesaria, está en la

---

[15] A. Pastore, *Il problema della causalità*, I, pág. 123.
[16] En su diálogo *La cena de le ceneri* (*Opere italiane*, ed. Gentile, Bari, vol. I, pág. 52), Bruno dice que Copérnico "realiza no solamente la tarea del matemático que introduce la hipótesis, sino también la del físico que demuestra el movimiento de la tierra".
[17] Cfr. *Opere*, V, pág. 192; Pastore, *Obra citada*; pág. 130.

concepción de un artificio natural, apto para la realización deductiva de la hipótesis teórica.

Analicemos el procedimiento por el cual Galileo, en oposición a las erróneas ideas de Aristóteles, llegó al descubrimiento y la demostración de las leyes de la caída de los cuerpos, fundamento de toda la mecánica. Las cuatro leyes de Galileo son las siguientes:

1) la velocidad de la caída de un cuerpo es independiente de su masa;

2) la velocidad de la caída de un cuerpo es independiente de su naturaleza;

3) la velocidad adquirida por un cuerpo que cae libremente, a partir del estado de reposo, es proporcional a los tiempos, y

4) los espacios recorridos son proporcionales a los cuadrados de los tiempos empleados en recorrerlos.

Para deducir esas leyes, Galileo debió en primer lugar idear sus hipótesis teóricas abstractas, en contraste con las opiniones peripatéticas dominantes en su tiempo. Superada la oposición peripatética entre cuerpos graves (que tienden hacia abajo) y ligeros (que tienden hacia arriba), por la reconocida gravedad de todos los cuerpos, había que eliminar la convicción aristotélica de que la velocidad de la caída de los cuerpos estaba vinculada con su naturaleza y su masa, y que un movimiento cualquiera no podía mantenerse si no seguía ejerciéndose la acción de la fuerza motora sobre el cuerpo móvil. Contra esta última idea, Galileo afirma el principio de la inercia (ya intuido por Leonardo), por el que cada cuerpo tiende a perseverar en su condición de reposo o de movimiento, si no interviene la acción perturbadora de una fuerza exterior.[18] Y demuestra ese

---

[18] Contra la teoría peripatética, según la cual el movimiento no puede mantenerse sino debido a la accion continuada de la fuerza motora sobre el cuerpo móvil, se había afirmado la más terminante oposición ya con Occam, quien refutaba mediante pruebas de experiencia las aseveraciones varias de los peripatéticos –que la causa del movimiento comunicado permanezca en el cuerpo motor; que éste lo comunique al aire circunstante; que la causa consista en una *virtus* inherente en el cuerpo móvil– y concluía que el movimiento persiste precisamente porque se ha iniciado, a consecuencia del impulso recibido. Lo cual ya era una

principio realizando experimentalmente la deducción de su hipótesis, de acuerdo a la cual un movimiento tiende a mantenerse indefinidamente a medida que lleguen a eliminarse las resistencias que se oponen a su continuación. Para la realización experimental de la hipótesis deductiva, había, pues, que eliminar toda influencia perturbadora del movimiento y disminuir hasta lo posible las resistencias de roce, derivables ya sea del cuerpo móvil, sea del medio a través del que se efectúa su movimiento; por eso Galileo usó superficies horizontales, a fin de que el impulso comunicado inicialmente al móvil no padeciera alteración por la gravedad (como habría ocurrido sobre superficies inclinadas), arrojando sobre ellas bolitas esféricas, alisadas lo más perfectamente posible, igual que las superficies, a fin de reducir a lo mínimo la acción del roce.

Otro experimento realizador de una hipótesis deductiva, es el ideado y efectuado por él para la refutación de la teoría peripatética que vinculaba la velocidad de la caída de los cuerpos con su masa. Se trata del muy conocido experimento, que una tradición dice haber sido efectuado por Galileo desde la cima de la torre inclinada de Pisa, dejando caer simultáneamente dos pesas diferentes, por ej. una de una libra, otra de diez, para mostrar que ambas tocaban el suelo en el mismo instante. El relato de ese experimento, dejado por su discípulo Vicente Viviani, cuya veracidad algunos historiadores modernos quisieron poner en duda, tiene plena conformidad con la explicación del propio Galileo en sus *Apostillas a las ejercitaciones filosóficas de Rocco, filósofo peripatético*.[19] Sin embargo, seme-

---

era una intuición de la ley de inercia (Cfr. Gilson, *La filosofía nel medioevo*, Firenze, 1932, págs. 288 y sigs., y P. Duhem, *Etudes sur Léonard de Vinci*, París, 1906-09), anterior a Leonardo y Galileo. Pero Galileo realiza un progreso esencial al convertir la intuición (hipotética) en demostración (necesaria) mediante la invención del "artificio" o "máquina", que emplea las "causas o razones" para producir su efecto en el experimento, y de este modo demuestra su necesidad.

[19] Verla citada en una nota sucesiva (37), página 135. Esta explicación basta por sí sola para desmentir a aquéllos, entre los historiadores y críticos modernos que, como A. Koyré, *Annales de l'Université*, París, 1937, han sostenido que Galileo no solamente no realizó, sino tan siquiera *imaginó* esa experiencia.

jante experimento no solamente había sido efectuado antes (sin que Galileo tuviera noticia) reiterada y cuidadosamente por Simón Stevinus[20] en Holanda, sino que había sido ya en la antigüedad ideado por un platónico comentarista de Aristóteles, Juan Filóponos, como lo han puesto de relieve en nuestros días Wohlwill[21] y W. A. Heidel.[22]

Aunque ni Galileo ni Stevinus tuvieran conocimiento del relativo pasaje de Filóponos, ignorado también modernamente por Whewell en su *Historia de la ciencia inductiva*,[23] merecen ser referidas sus palabras para ilustrar la diferencia en el planteamiento del problema de parte de él y de Galileo.

"De acuerdo con Aristóteles, decía Filóponos, si el medio a través del cual se efectúa el movimiento es el mismo, pero los cuerpos móviles son diferentes en su peso, sus tiempos tendrían que proporcionarse a sus respectivos pesos... Pero esto resulta completamente falso, como puede mostrarse por la experiencia más claramente que por una demostración lógica. Pues si dejáis caer dos cuerpos de peso muy distinto al mismo tiempo y de la misma altura, observaréis que la rapidez del movimiento no resulta proporcional a su peso, sino que habrá solamente una diferencia mínima en el tiempo, de manera que si su diferencia de peso no es muy grande sino que un cuerpo es dos veces más pesado que el otro, los tiempos no tendrán diferencia perceptible."[24]

Filóponos, por lo tanto, no se había liberado aún radicalmente del prejuicio aristotélico, que Galileo en cambio rechaza

---

20 Cfr. Simon Stevinus, *Oeuvres*, II, 501.

21 Wohlwill, *Mitteilungen zur Geschichte der Medizin und der Naturwissenschaften*; Leipzig, 1905, tomo IV, pág. 241 (citado por Heidel: cfr. nota sig.).

22 W. H. Heidel, *The heroic age of science (The conceptions, ideals and methods of science among the ancient Greeks)* publ. por Carnegie Inst. of Washington, Baltimore, 1933; págs. 186 y sigs. (ed. castellana: *La edad heroica de la ciencia;* Buenos Aires, 1946, trad. de Augusta de Mondolfo, pág. 194 y sigs.).

23 W. Whewell, *History of the inductive sciences from the earliest to the present time*; 1ª ed., London, 1837.

24 Cfr. Philoponi *in physicorum libros quinque priores*, ed. Vitelli (en la colección: *Commentaria, in Aristotelem Graeca*, ed. Academia Borussica, Berlín), pág. 683, líneas 7 y sigs.

decididamente; y además, por lo que a la prueba se refiere, quería que la experiencia se sustituyera a la demostración lógica, como más clara y fácil para alcanzar, mientras para Galileo el experimento debe concebirse y efectuarse no en sustitución, sino en función de la demostración lógica, como realización concreta y práctica de la deducción, teórica, que al inspirarlo y dirigirlo lo convierte de simple realidad de hecho en prueba de una necesidad natural. Galileo supera la misma posición de Leonardo, su precursor más grande, quien, sin embargo, había afirmado la exigencia de asociar la razón demostrativa con la experiencia. "Mi propósito (había escrito Leonardo) es alegar primero la experiencia y después demostrar mediante la razón por qué semejante experiencia está necesitada para obrar de tal manera. Y ésta es la verdadera norma de acuerdo con la cual tienen que proceder los investigadores de los hechos naturales. Y a pesar de que la naturaleza comienza por la razón y termina en la experiencia, a nosotros nos es preciso recorrer camino contrario, es decir, comenzar por la experiencia y mediante ella investigar la razón."[25]

Como se ve, en este pasaje queda mantenida todavía por Leonardo la oposición entre lo primero para nosotros (πρότερον πρὸς ἡμᾶς) y lo primero por naturaleza (πρότερον τῇ φύσει) establecida por Aristóteles. Y no solamente en el sentido puesto de relieve por Cassirer[26] –es decir, que lo primero para nosotros es la experiencia, mientras la razón y los principios matemáticos son los primeros por naturaleza– sino también en otro sentido más importante. Esto es, que el camino del conocimiento humano parece, en el pasaje citado de Leonardo, *siempre* inverso al de la naturaleza, porque ésta produce la realidad y aquél sólo la aprehende, y en su aprehensión, por lo tanto, *debe* partir de la experiencia para alcanzar como última la razón, que es primera en la producción natural.

La oposición de los dos caminos respectivos procede,

---

[25] Cod. E, fol. 55. (Ed. Nazionale.)
[26] Ernst Cassirer, *Individuum und Kosmos in der Philosophie der Renaissance*; Leipzig, 1927. Véanse las págs. 244 y sig. en la edición italiana; Firenze, 1935.

pues, de la oposición entre las dos tareas, de la producción (natural) y de la aprehensión (humana): la primera debe partir de la razón o causa eficiente; la segunda, de una realidad existente, que debe ser captada antes de intentar el descubrimiento de su razón causal. Puesta la oposición de las tareas, las direcciones de los dos caminos quedan siempre contrarias, aun cuando los dos recorridos inversos, así como los caminos heraclíteos hacia arriba y hacia abajo, coincidan sobreponiéndose, según observa Cassirer.[27] En el pasaje referido ve Cassirer una "distinción y correspondiente unificación entre método *resolutivo* (analítico) y *compositivo* (sintético), realizada en un proceso cíclico"; pero, en efecto, la unificación y el proceso cíclico son realizados por Leonardo más bien en su acción práctica de experimentador que en la enunciación teórica. En la acción práctica Leonardo busca, mediante la experiencia, la "segunda creación", efectuada por la razón, y quiere tener el fenómeno "primero en la mente, y luego en las manos"; de este modo, después del camino analítico que lo lleva a la hipótesis explicativa, recorre también el mismo camino sintético propio de la naturaleza creadora; pero en la enunciación teórica da una formulación parcial e insiste más en la oposición entre los dos caminos de la producción natural y del conocimiento humano. Ahora bien, mientras se mantenga la idea tradicional del conocimiento científico de la naturaleza, que lo limita a una aprehensión de la realidad natural con sólo la obligación de reflejarla de una manera adecuada,[28] no puede eliminarse la antítesis de las dos direc-

---

27 *Obra citada*, pág. 270 de la ed. italiana.
28 Cfr. la definición de la verdad en Santo Tomás: *"Veritas intellectus est adaequatio intellectus et rei, secundum quod intellectus dicit esse quod est, vel non esse quod non est"* (la verdad intelectiva es una adecuación del intelecto a la cosa, por la cual el intelecto dice que es lo que es, o que no es lo que no es): *Contra Gent.*, I, 59. Para lograr la verdad de la ciencia, pues, el intelecto debe hacerse espejo fiel de la realidad existente. Esa definición, aceptada por Santo Tomás, era declarada por él de procedencia árabe; pero el autor a quien remite (Isaac, autor de un libro *De diffinitionibus*) era probablemente hebreo (el médico filósofo Abu Jacob Isaac, hijo de Soliman, muerto en el año 941).

ciones, de la producción real y de la captación mental. Para superar esa "diferencia de *dirección*" hay que considerar el pensamiento humano no ya como puro receptor, sino como realizador él mismo o creador de lo conocido.

Al atribuirle esta nueva tarea, se logra una asimilación más íntima de la ciencia humana con la naturaleza en lo tocante al carácter del resultado que ambas logran. Es decir, que de esta manera el resultado cognoscitivo alcanzado por la mente humana llega a tener el mismo carácter *necesario* que tiene la realidad producida por la naturaleza, porque la ciencia en la producción (o reproducción) del proceso real debe seguir el mismo camino seguido por la naturaleza. Debe seguirlo en la misma dirección y no en dirección inversa, vale decir, debe comenzar por la razón para terminar en la experiencia, tal como hace la naturaleza; y solamente así puede el conocimiento científico tener la misma necesidad del proceso natural.[29] Leonardo ha obedecido, sin duda, a tal exigencia en su actividad de experimentador; pero no ha llegado a darle una expresión teórica que presentase claramente el experimento no sólo como una verificación y confirmación de la hipótesis concebida, sino como el único camino que pueda llevar al conocimiento verdadero de la necesidad natural del fenómeno. Sólo al partir de esta segunda persuasión y exigencia, ya no se trata de elegir entre el camino analítico que llega a la hipótesis explicativa y el sintético que la confirma o desmiente por medio del experimento, sino que hay que recorrerlos ambos siempre: el analítico, primero, y el sintético luego, para alcanzar el conocimiento científico, con su carácter de necesidad. He ahí la novedad introducida por la concepción galileana del experimento en la ciencia.

Esta idea de la ciencia como producción, por la cual se anticipa implícitamente la intuición de Vico, de que conocemos de verdad sólo lo que hacemos *(verum et factum convertuntur inter se)*, no aparece alcanzada todavía por Leonardo de ma-

---

[29] Véase, por todo esto, el ensayo anterior sobre *Leonardo, teórico del arte y de la ciencia*.

nera clara y cierta, en lo tocante al conocimiento científico; de ahí sus vacilaciones, puestas de relieve por Cassirer.[30]

Sin embargo, la idea de la producción intelectual humana regida por leyes y razones necesarias aparece ya aplicada por Leonardo en el terreno de la creación artística, así como ha demostrado el mismo Cassirer con su penetrante análisis. En la teoría del arte, que es producción del hombre, tal como la naturaleza es creación de Dios, nace con Leonardo el nuevo concepto de necesidad natural, que ya con él, y luego más plenamente con Galileo, pasa al terreno del conocimiento científico. El propio Galileo, nota Cassirer,[31] puede en un pasaje de su *Dialogo sopra i due massimi sistemi del mondo*[32] remitirse a las creaciones artísticas de Miguel Ángel, Rafael y Ticiano como modelo para el conocimiento científico, justamente reproduciendo la intuición leonardiana relativa a la creación de la *forma* realizada por el arte, considerado "un órgano verdadero e indispensable para la aprehensión de la misma realidad".[33]

La fantasía artística para Leonardo no es subjetiva y arbitraria, sino *fantasía exacta*, que efectúa por cierto una segunda creación, pero con la misma necesidad que se presenta en la creación de la naturaleza, cuyo ejemplo y camino, por lo tanto, debe seguir el artista en su producción. "La fuerza creadora del artista (comenta Cassirer), su fantasía que crea *una segunda*

---

30 "Parece (dice Cassirer, obra cit., pág. 243) que en lo referente al verdadero fundamento metodológico del conocimiento de la naturaleza el pensamiento de Leonardo fluctúa entre dos determinaciones opuestas; pues considera como principio fundamental, ora la matemática, ora la experiencia." Ver las citas ofrecidas por Cassirer en las págs. 242-244 y 264-265, que ora declaran la sabiduría hija de la experiencia, ora afirman que no puede haber ciencia si no se pasa por la demostración matemática, y que puesto que en la naturaleza no hay efecto sin razón, al entenderse la razón ya no hace falta la experiencia. Leonardo no ha llegado todavía a la intuición plena y firme del experimento científico como unificación de matemática (razón) y experiencia, aun vislumbrándola en parte.

31 Obra cit., págs. 241 y 261. Sin embargo, lo había notado Dilthey: cfr. *L'analisi dell'uomo e l'intuizione della natura*, etc. (trad. ital. del tomo II de *Gesammelte Schriften*), II, pág. 127 y siguiente.

32 Al término de la primera jornada. Ver *Opere*, ediz. nazion., VII, pág. 129 y sig.

33 Cassirer, *obra cit.*, pág. 248.

naturaleza no consiste en excogitar las leyes eternas inmanentes en la naturaleza, no consiste en crearlas casi de la nada, sino en descubrirlas y mostrarlas".[34] Para descubrirlas, hay que intuirlas mediante el poder espontáneo del intelecto analizador, que ve las *razones* de las formas, distinguiendo lo *necesario* de lo *accidental*; para mostrarlas hay que aplicarlas en la propia creación de la forma artística, que debe realizarse de manera conforme a la necesidad natural intrínseca.

El genio del artista, que descubre la necesidad de la naturaleza, comunica por esta vía a su creación la verdad natural. La intuición intelectual de la necesidad *(o razón)* debe por lo tanto preceder a la realización sensible; debe ser como un *principio o* premisa de la deducción, que por medio de la efectuación de la obra de arte desemboca en la experiencia confirmadora.

Esta antecedencia de la *razón* con respecto a la experiencia, ha sido clara y distintamente concebida por Leonardo y aplicada sin vacilación en el campo de la creación artística, pero no siempre con igual seguridad y coherencia en el campo del conocimiento científico, donde la sabiduría queda simplemente definida por él como "hija de la experiencia" y el camino indicado a la mente humana aparece a veces trazado en dirección inversa al de la naturaleza, es decir, de la experiencia hacia la razón y no de ésta hacia aquélla.

De esta exigencia afirmada por Leonardo difiere por lo tanto la afirmada por Galileo a raíz de su clara concepción del experimento como producción activa y razonada de efectos, y no pura observación empírica de fenómenos que se nos ofrezcan espontáneamente. A la observación (claro está), el fenómeno producido por la naturaleza se presenta como un

---

[34] Obra cit., pág. 257. Las observaciones de Cassirer referentes a Leonardo tienen un paralelo interesante en las de W. A. Heidel (*The heroic age of science*, pág. 189 y sig.), relativas al *Canon* del escultor griego Policleto, que ponía de relieve las proporciones ideales del cuerpo humano, expresándolas en términos matemáticos e ilustrándolas en estatuas típicas. Heidel recuerda también los estudios de las proporciones ideales de los templos griegos, cuyas fórmulas repercuten en Vitruvio; la simetría dinámica de los vasos griegos, etc., que documentan la intervención del aspecto y factor científico en las artes.

conjunto que nos toca examinar y analizar para llegar a descubrir sus *razones* (camino de la experiencia a la razón, por vía analítica o resolutiva), pero en la producción experimental del fenómeno debemos tener ya en nuestra mente y (podemos decir) en nuestras manos las *razones* para emplearlas en la realización de la experiencia (camino de la razón a la experiencia, por vía sintética o compositiva).[35]

Claro que el experimento, con su proceso sintético, necesita ser precedido por la simple experiencia y el proceso analítico; pero este último logra únicamente la hipótesis explicativa, y sólo el experimento por su proceso deductivo puede alcanzar la certeza y necesidad del conocimiento científico. De todo eso se da cuenta perfectamente Galileo, y por eso la exigencia fundamental de su método difiere de la enunciada teóricamente por Leonardo, en tanto el experimento galileano está siempre precedido y dirigido por la razón deductiva, es decir, realiza en la producción de los hechos una necesidad an-

---

[35] El carácter de síntesis deductiva, que es el rango esencial del experimento galileano, ha sido por primera vez intuido y declarado por Kant en el prefacio de la 2ª ed. de su *Crítica de la razón pura,* donde proclama que el experimento galileano, y los sucesivos de Torricelli y Stahl, fueron una revelación luminosa para todos los investigadores de la naturaleza. "Ellos *entendieron que la razón ve únicamente lo que produce ella misma* según sus propios planos; y que ella, mediante los principios de sus juicios, siguiendo leyes inmutables, debe abrirse camino y obligar a la naturaleza a contestar sus preguntas; y no dejarse guiar por ella (por así decirlo) mediante sus riendas; pues de otra manera nuestras observaciones no llegarían a una *ley necesaria,* que la razón busca y necesita. Se precisa pues que la razón se presente a la naturaleza teniendo en una mano los principios, que sólo pueden dar autoridad de ley a los fenómenos acordes entre ellos, y en la otra mano el experimento imaginado por ella de acuerdo con estos principios, a fin de hacerse instruir por la naturaleza misma; pero no como un alumno que escucha lo que al maestro le guste decir, sino como un juez que desde su asiento obliga a los testigos a contestar las preguntas que les dirige. La física es así deudora de tan feliz revolución, que se ha realizado en su método, solamente a esta idea de buscar en la naturaleza sin fantasear acerca de ella, lo que tiene que aprender de ella –y acerca de lo cual nada podría saber por sí misma– de acuerdo con lo que la razón misma pone en ella. De tal manera la física pudo antes que cualquier otra disciplina colocarse en el camino seguro de una ciencia, después de haber sido desde tantos siglos nada más que un mero ir a tientas."

teriormente deducida por vía racional.³⁶ De acuerdo con su declaración explícita, su experimento relativo a la igual velocidad de la caída de cuerpos diferentes por su peso ha sido, antes de su realización concreta (cuyo ejemplo había encontrado en la caída simultánea de piedras de granizo grandes y pequeñas), deducido racionalmente de un axioma que nadie podía poner en duda: el de que cada cuerpo en su caída tiene su velocidad natural, alterable únicamente por una acción perturbadora. Ésta no puede ser ejecutada por la agregación de otros cuerpos iguales, que al caer en el mismo instante, de la misma altura, caen manifiestamente con igual velocidad; de manera que el compuesto más pesado no tendrá velocidad de caída diferente a sus partes separadas.³⁷

---

³⁶ E. Mach, *La mécanique. Exposé historique et critique de son développement*, París, 1925, pág. 131, muestra no haber visto con claridad este punto al escribir: "Galileo no intentó crear una *teoría* de la caída de los cuerpos. Muy al contrario, observa el *fenómeno* de la caída y lo estudia sin idea preconcebida. En esta búsqueda, *adaptando* gradualmente su pensamiento a los fenómenos y prosiguiéndolos en todas sus consecuencias lógicas, arribó a una concepción que probablemente para él mismo, bastante menos que para sus sucesores, tuvo el carácter de una ley particular nueva."
    Se advierte en este período cierta vacilación entre dos interpretaciones contrarias del procedimiento galileano, presentado, por un lado, como pura *adaptación* de las concepciones a la *observación* del fenómeno, efectuada sin ninguna idea preconcebida, y, por el otro, como deducción de las consecuencias lógicas para llegar a la ley. Pero en seguida Mach contradice de manera más terminante la afirmación anterior de un puro empirismo libre de toda idea preconcebida, agregando a continuación: "Galileo sigue en todas sus *deducciones* un principio de gran fecundidad científica, que podría llamarse justamente *el principio de la continuidad*, etc." Las vacilaciones de Mach sobre este punto proceden de no haber distinguido los dos momentos sucesivos: el de la observación atenta del fenómeno que lleva por vía analítica a la hipótesis relativa a la causa, y el de la deducción que parte de la causa para realizar por vía sintética el experimento con la producción necesaria del efecto.

³⁷ En su relato (*Postille alle esercitazioni filosofiche di Rocco filosofo peripatètico*, en el tomo VII de *Opere*) Galileo empieza, sin embargo, por expresarse en un sentido contrario al lema de Leonardo (*Codice Atlantico*, fo. 147, verso): "ningún efecto se realiza en la naturaleza sin razón; entiende la razón y no te hará falta la experiencia", al escribir que "donde llega la experiencia no se necesita la razón." Pero agrega –y la agregación equivale a un trastrocamiento de la afirmación anterior que va a producir también la razón "porque fui persuadido por la razón antes de

Este carácter deductivo y necesario del experimento galileano es justamente el que Pastore ha puesto de relieve refiriéndose a la demostración del movimiento uniformemente acelerado. "Fundándose en numerosas y cuidadosas observaciones empíricas (dice Pastore), Galileo consideró a la gravedad como una fuerza continua, que comunica al cuerpo que cae en cada infinitésimo de tiempo un infinitésimo de movimiento que perdura en los tiempos sucesivos. Claro que la adición de estas particulares velocidades nos da la ley de la velocidad, de donde puede deducirse la ley de los espacios. Esta fue la primera fase de la operación, es decir, la ideación de la hipótesis.[38] Des-

---

ser garantizado por los sentidos. Yo establecí un *axioma* que no pudiera ser puesto en duda por nadie, es decir, que cualquier cuerpo grave, al caer, tiene en su movimiento una velocidad limitada y prefijada por la naturaleza, de manera que no se puede aumentarla ni disminuirla sin hacer violencia para demorar o apresurar dicho movimiento natural. Establecido este razonamiento, imaginé mentalmente dos cuerpos iguales por magnitud y peso, por ejemplo, dos ladrillos que cayeran de una misma altura al mismo instante. No puede dudarse de que éstos bajarán con velocidad igual (la destinada por la naturaleza), que no puede ser acrecentada por otro móvil si no se mueve con velocidad mayor. Pero si imaginamos que los ladrillos al bajar se unan y junten entre ellos, ¿cuál de los dos puede aumentar el ímpetu y duplicar la velocidad al otro, puesto que ésta no puede ser acrecentada por un móvil sobrevenido, si no se mueve con velocidad mayor? Se precisa, entonces, acordar que el compuesto por dos ladrillos no altera su velocidad anterior". Claro que aquí tenemos el antecedente racional de la experiencia de la torre de Pisa, que, por lo tanto, no es "la experiencia que al llegar hace innecesaria la razón", sino, al contrario, la realización experimental de una deducción racional anterior procedente del axioma previamente establecido. De modo que Galileo no solamente trastrueca su afirmación antecedente (de una experiencia que no necesita la razón) sino que corrige además el lema de Leonardo, mostrando que, entendida la razón, hay que realizar la experiencia de acuerdo con aquélla, para convertir el dato empírico (que por sí mismo podría aparecer contingente) en hecho necesario, objeto de una verdadera conocimiento científico.

[38] También esta ideación de la hipótesis tenía un antecedente en la escuela de Occam, con Juan Buridano y Nicolás de Oresme. Buridano parte de la idea de que el impulso *(impetus)*, comunicado por el motor al móvil, tiene que explicar no sólo el comienzo, sino también la continuación del movimiento, una vez que empezó, pues no puede ser anulado sino por las resistencias que encuentra (principio de inercia); luego aplica esta idea a la caída de los cuerpos graves, y llega a la conclusión de que ésta, por la acción continua de la gravedad que se adiciona constantemente al movimiento anterior, debe realizarse con un movimiento progresivamente acelerado. Luego, Nicolás de Oresme –siguiendo este camino y apli-

pués vino la segunda, es decir, el artificio natural. El artificio natural realizado por Galileo fue el plano inclinado, con la esfera que cae en tiempos y espacios medidos que pueden variarse a voluntad... La experiencia directa realizada en seguida sobre ese modelo, confirmó plenamente, es decir, de manera física concreta, la hipótesis lógica abstracta, y permitió la determinación exacta de las leyes relativas a la caída de los cuerpos, citada más arriba".[39] Justamente Kant celebró este experimento como una "revelación luminosa", siéndole la física deudora de una feliz revolución de su método.[40]

En este caso, y en todos los otros, Galileo inserta siempre entre la observación contingente o experiencia sensible de los hechos y la deducción necesaria esos dos momentos: el de la ideación de la hipótesis lógica que constituye el modelo teórico (llamado por él hipótesis, teoría, conjetura, etc.) y el de la realización del modelo práctico o técnico (llamado por él ejemplo, experiencia, artificio, máquina, etc.). De este modo, Galileo pasa de los hechos a la idea de su conexión racional, y de ésta vuelve a los hechos, pero con la deducción de su necesidad. El método experimental no queda en los lindes de la deducción cartesiana, que al separarse de la observación de los hechos tiene que considerar contingente la realización de uno entre los muchos deducibles, sino que ofrece un conocimiento cierto, en el que la forma racional se adapta perfectamente con la materia de la experiencia. Hay en este método (como di-

---

cando la teoría de Alberto de Sajonia referente a la relación proporcional entre la velocidad del móvil en la caída y el espacio recorrido o el tiempo– llega a afirmar la ley por la cual el espacio recorrido por un cuerpo sometido a un movimiento que varía de modo uniforme, es proporcional al tiempo (Cfr. los estudios de P. Duhem sobre *Le système du monde* y sobre Leonardo, y E. Gilson, *loc. cit.*). Sin embargo, aun en este caso, la intuición anterior de la hipótesis no detrae nada al mérito esencial de Galileo, que consiste en haber superado la fase de la hipótesis, convirtiéndola en verdad necesaria, demostrada al idear el "artificio natural" (el plano inclinado), por cuyo medio se produce el mismo fenómeno al poner en acción sus causas o razones.

[39] A. Pastore, *Il problema della causalità*, citado, vol. I, págs. 130 y sigs.
[40] Cfr. *Prefacio* a la segunda edición de su *Crítica de la razón pura*, lugar citado ya en una nota anterior.

ce Pastore), una especie de silogismo, cuyo término mayor está constituido por la deducción, el menor por la observación, el medio por la hipótesis modelo, que se realiza en la máquina del experimento.[41]

Había, sin duda, antecedentes en la construcción de máquinas para la aplicación y demostración experimental: Leonardo y Benedetti habían dado el ejemplo en el Renacimiento, "así como Arquitas y Arquímedes en la antigüedad. Pero Arquímedes, nos dice Plutarco,[42] "no quiso escribir nada sobre esas artes mecánicas, que sirven tan sólo para satisfacer necesidades materiales de la vida, sino que dedicó todos sus esfuerzos a los estudios cuya sutileza y armonía no dependen de la necesidad. Estos estudios, pensaba, no pueden compararse con ningún otro; en ellos la materia está compenetrada en la demostración; ésta les da magnitud y belleza; aquélla, precisión y poder".

En cambio, Galileo vio que los modelos mecánicos podían servir a necesidades racionales de demostración, y por eso podían tener magnitud y belleza, no menos que precisión y poder, al otorgarnos la certeza del conocimiento científico. Su punto de vista podía, quizá, encontrar un antecedente en el ex-

---

[41] El método experimental de Galileo, al producir el fenómeno por medio de la máquina, satisface a la exigencia proclamada más tarde por Vico *(verum ipsum, factum)*, y la supera. Vico, en efecto, niega que tal condición pueda ser lograda por el hombre respecto a los hechos naturales; Galileo, en cambio, supera mediante su método experimental semejante dificultad, ya destacada por Ficino y Cardano, y crea así la ciencia física moderna. Cfr. más adelante el ensayo sobre *El método galileano y la teoría del conocimiento*.

[42] Plutarco, *Vidas paralelas, Marcelo*, 14, 20. Sin embargo, Plutarco atribuye a un inexistente menosprecio de Arquímedes hacia la mecánica, lo que era un efecto del comportamiento de los matemáticos de su época, inhibidos por el "blocage mental" (según la feliz expresión de P. M. Schuhl, *Essai sur la form. de la pensée grecque*, 1949, págs. 165 y sig.), establecido por el platonismo, respecto al reconocimiento de la importancia que tiene la mecánica para las investigaciones matemáticas. Por esto, matemáticos como Conón de Samos y Eratóstenes dejaban caer en el vacío las fecundas sugestiones del *Método sobre los teoremas mecánicos* de Arquímedes; y la indiferencia u hostilidad del ambiente científico de su tiempo debía desalentar al gran inventor, y alejarlo de la idea de redactar tratados sobre las artes mecánicas. Remito para el asunto a la parte IV, cap. 2 de mi libro: *La comprensión del sujeto humano en la cultura antigua*, ed. Imán, 1954.

perimento de Anaxágoras, de la vejiga inflada para demostrar la existencia y consistencia de lo invisible; mejor aún en la construcción pitagórica del monocordio a puente móvil que demostraba la correspondencia entre las diferencias de las notas musicales y las de la extensión de las cuerdas vibrantes, por la que las variedades de los sonidos se hacían geométricamente mensurables.

Pero, por lo que parece resultar de los testimonios antiguos, la construcción del instrumento pitagórico había sido el medio casual de descubrimiento de una ley no imaginada antes, en lugar de ser un consciente artificio de demostración de una hipótesis teórica anteriormente concebida, como en Galileo.

Y los pitagóricos, a pesar de la importancia fundamental que tenía para ellos el resultado de la reducción de los sonidos a números y de las armonías a proporciones matemáticas, daban tan escaso relieve al papel desempeñado en ese descubrimiento por el instrumento (en el que, sin embargo, estribaba la posibilidad y esencia misma de esa experiencia reveladora), que no se habían preocupado en lo más mínimo de dejar constancia y descripción del medio usado. Habían permitido así la formación de relatos y leyendas absurdos que oscurecían la conclusión teórica en lugar de iluminarla, como la leyenda que atribuía ese descubrimiento de las proporciones armónicas al haber Pitágoras observado la diferencia de sonidos producidos por martillos de diferente tamaño al golpear el yunque.

La indiferencia y el descuido de los antiguos con respecto a la descripción de los instrumentos de la técnica e investigación experimental han sido justamente puestos de relieve por W. A. Heidel,[43] comparándolos con la importancia reconocida a semejante descripción por la ciencia moderna, en que cada experimentador describe en su relato prolijamente los aparatos y métodos empleados, permitiendo a los demás juzgar la adecuación de los medios, repetir el experimento, introducir perfeccionamientos y cooperar de esta manera al adelanto de

---

[43] *The heroic age of science*, cit., págs. 155 y sigs. (en la trad. española de A. de Mondolfo, 165 y sigs.).

la ciencia. Por esta vía, en la ciencia moderna el refinamiento de la técnica ha cooperado intensamente en el progreso de los principios metodológicos, el planteo de los problemas y el logro de las soluciones.

Sin embargo, ese descuido de los antiguos no tiene su causa y explicación en el motivo de estética literaria, donde quiso encontrarlas Heidel, es decir, en la búsqueda de la brevedad expositiva, en cuyo obsequio los científicos griegos habrían presentado sus conclusiones sin el equipo de la prueba documental, así como los oradores forenses, aun presentando los testigos a la corte, no incluían en la propia oración el relato de los testimonios de ellos. El motivo verdadero del menosprecio de los antiguos hacia los medios de la investigación experimental es más hondo que una pura consideración de estética literaria, y consiste en una efectiva y sustancial incomprensión de la fecundidad teórica del experimento, considerado por ellos de pertenencia exclusiva de la esfera práctica; lo cual impedía entender la fecundidad científica de la creación y el perfeccionamiento de los instrumentos experimentales. La comprensión de esa fecundidad teórica exigía una inserción del experimento en el propio seno de la investigación racional, vale decir, el reconocimiento de un carácter deductivo intrínseco en él, que ha encontrado en Galileo su primera afirmación consciente.[44]

Por esta vía el experimento salía del puro terreno de la manualidad o ejecución material, para ingresar con derecho de ciudadanía en el propio campo de la investigación y construcción teórica. Heidel, que sin embargo ha visto con agudeza un motivo de la limitada capacidad de progreso de la física antigua en esa falta de consideración que los investigadores y experimentadores antiguos tenían para con los instrumentos y medios de sus propias experiencias –cuya comunicación a los

---

[44] Los naturalistas presocráticos, que mantuvieron su pensamiento teórico en estrecho contacto con las experiencias de la técnica, no podían llegar a un concepto del experimento como proceso deductivo, por la inmadurez de la doctrina lógica de su época.

demás habría sido fuente y acicate de reproducciones, perfeccionamientos y adelantos continuos–, no se ha dado cuenta de la verdadera causa de tal menosprecio, que encontramos en cambio indicada con claridad por Plutarco, en el pasaje citado, relativo a Arquímedes.

Los experimentos, en efecto, están siempre vinculados con los instrumentos: ahora bien, para los antiguos,[45] especialmente en la época de mayor madurez filosófica, desde Platón en adelante, la construcción de los instrumentos y todo lo tocante a la técnica pertenecía a la práctica de la vida y no a la teoría científica, y por eso quedaba en un plano inferior, indigno de la consideración de la ciencia. Intervenían en ese menosprecio la separación y oposición establecida entre teoría y práctica, entre vida contemplativa y utilitaria, por cuyo motivo, a partir de Platón y Aristóteles, el dominio de la ciencia quedaba reservado a la teoría desinteresada, única libre y digna de espíritus libres,[46] y quedaba cerrado en cambio a la práctica utilitaria, de naturaleza servil y digna sólo de espíritus serviles.[47]

---

[45] Con muy pocas excepciones como la de la introducción a la *Pneumática*, de Herón (*Heronis Alexandrini Opera*, ed. Schmidt, I, 9-28), recordada por Heidel (*The heroic age of science*, pág. 191 y sigs., y pág. 198 y sigs. en la ed. española), que de acuerdo con Diels (*Ueber das Physikalische System des Straton*, en "Sitzungsber. der Preuss. Akad. der Wissenschaften", 1893) la hace proceder de Estratón de Lampsaco, apodado *el físico*.

[46] Cfr. Aristóteles, *Metafísica*, I, 2, 982.

[47] Véanse Franz Boll, *Vita contemplativa*, Heidelberg, 1920; W. Jaeger, *Ueber Ursprung und Kreislauf des philosoph. Lebensideal*, Preuss. Akad. der Wissensch., 1928; R. Mondolfo, *Origen del ideal filosófico de la Vida*, en "Revista de estudios clásicos", Mendoza, 1944. Lo que decimos arriba acerca de la oposición entre teoría y práctica, se refiere especialmente a la época de Platón en adelante, y no excluye, sin embargo, la influencia estimuladora que había tenido la técnica en el desarrollo de las teorías de los antiguos filósofos naturalistas. Véase mi estudio: *Sugestiones de la técnica*, etc., en el libro *En los orígenes de la filosofía de la cultura*, ed. Imán, Buenos Aires, 1942. El menosprecio de la técnica y el trabajo, que se vuelve predominante a partir de Jenofonte y Platón, tiene causas sociales e históricas que han sido estudiadas por G. Glotz *(Le travail dans la Grèce ancienne)*, B. Farrington *(La ciencia griega* y *El cerebro y la mano*, etc.), P. M. Schuhl *(Machinisme et philosophie)*, etc. Remito para mayores noticias a mis escritos: *Trabajo manual y trabajo intelectual desde la antigüedad hasta el renacimiento* (en "Revista de hist. de las ideas", de la Univers. Nac. de Tucumán, 1950), y especialmente al cap. 2 de la parte IV de

Todo lo relativo a la técnica se consideraba de pertenencia del trabajo manual, contrario a la dignidad y libertad del espíritu; entre la inteligencia y la mano sólo se admitía (como se evidencia en la polémica de Aristóteles contra Anaxágoras, que había explicado la sabiduría humana con la posesión de la mano)[48] una relación unilateral de mando y ejecución. Para reconocer, por lo tanto, a la técnica su papel en la ciencia había que superar el menosprecio del trabajo manual y llegar al reconocimiento de la reciprocidad de acción entre mano e inteligencia.

Esta doble condición se presenta justamente en el Renacimiento, debido –según observó ya Dilthey[49]– a nuevas exigencias de la vida civil, que determinan un nuevo intenso desarrollo del trabajo industrial, y (agregamos) una nueva valuación de él, que se traduce en la reivindicación y exaltación del trabajo manual como deber del hombre y fundamento de sus derechos, que T. Moro en su *Utopía* y Campanella en su *Ciudad del sol* vuelven a tomar de la tradición hebreo-cristiana, y en la afirmación de la vinculación y acción recíproca entre actividad intelectual y manual, o sea entre teoría y práctica expresada por G. Bruno en su *Despacho de la bestia triunfadora*.[50]

---

mi libro: *La comprensión del sujeto humano en la cultura antigua,* donde me he preocupado particularmente de destacar la existencia de contrarias corrientes (de aprecio del trabajo y la técnica) a cuyo influjo no logran sustraerse ni siquiera Jenofonte, Platón y Aristóteles.

[48] Aristóteles, *De partibus animalium,* IV, 10, 686 y sig.

Sin embargo, como lo he destacado en el cap. citado de mi libro *La comprensión del sujeto humano,* etcétera, el propio Aristóteles se ve impulsado hacia una conclusión muy cercana de la de Anaxágoras, cuando en el primer capítulo de la *Metafísica* inserta la actividad técnica en el mismo proceso del conocimiento científico, por reconocer que nos lleva a la formación de conceptos generales (tipos, modelos, reglas).

[49] Cfr. Dilthey, *L'analisi dell'uomo e l'intuizione della natura dal Rinascimento al sec. XVIII* (trad. italiana del II tomo de las *Gesammelte Schriften*); Venezia, 1926, tomo II, págs. 15 y sigs.

[50] Para Campanella véase el último capítulo del ensayo siguiente; para Bruno, cfr. *Spaccio de la bestia trionfante,* ed. Gentile, II, pág. 143: "E per questo ha determinato la providenzia, che (l'uomo) vegna occupato ne l'azione per le mani, e contemplazione per l'intelletto; de maniera che non contemple senza azione, e non opre senza contemplazione."

El reconocimiento del valor moral e intelectual del trabajo manual permite y estimula una valorización nueva de la técnica, en esa "unión del trabajo con el espíritu de investigación" que Dilthey reconoce en la mecánica, convertida ya con Leonardo, Benedetti, Ubaldi, etc., en ciencia preferida de la época. No solamente ahora ya no se puede mantener contra la técnica el ostracismo del campo de la ciencia, donde se la debe en cambio admitir, como válida cooperadora y estimuladora de conquistas intelectuales, sino que en la propia actuación de ella debe reconocerse el papel del razonamiento, cuyos procesos deductivos otorgan un carácter de necesidad *teórica* a los resultados que aquélla logra.

La necesidad racional teórica se substituye así, en el experimento científico, a las necesidades prácticas de la vida material, que según Plutarco el propio Arquímedes consideraba características de las artes mecánicas y de toda técnica. El experimento se convierte con Galileo en momento intrínseco de la deducción teórica y puede por lo tanto asociar "la magnitud y belleza" con "la precisión y el poder", cuya unión Arquímedes (según Plutarco) consideraba privilegio de la pura teoría, desvinculada de todo arte mecánico.

Solamente por este cambio del punto de vista pudo el experimento –con todo el conjunto de instrumentos y artificios técnicos que necesita– adquirir su plenitud de derechos en la ciencia moderna, convirtiéndose en medio de descubrimiento y demostración de las leyes naturales. Éste, por lo tanto, ha sido el mérito de Galileo, ésta la novedad en cuya comparación no puede considerarse un antecedente antiguo ni la múltiple construcción de máquinas hecha por Arquímedes, ni mucho menos la construcción pitagórica del monocordio, a pesar de haber servido para sugerir la teoría matemática de la acústica.

De todas maneras, el antecedente pitagórico tenía una importancia esencial para el pensamiento de Galileo, pues la demostración de la necesidad causal de los hechos, que él quería alcanzar mediante el experimento, se fundaba en su sometimiento al cálculo y la medida matemática, lo cual daba por supuesta una concepción matemática, es decir, justamente pitagórica, de la naturaleza.

En esta dirección Galileo había sido encaminado desde niño por las enseñanzas de su padre, Vicente Galileo, músico eminente, discípulo de José Zarlino, el mayor teórico musical de su tiempo, con el que, más tarde, tuvo una disputa acerca de los sistemas de Pitágoras y Tolomeo, escribiendo sobre el asunto un *Discurso*.[51] Inspirándose en los fragmentos de Aristógenos pitagórico, traducidos en 1562, Vicente Galileo podía enseñar a su hijo que todo en la música y la armonía está regido por leyes matemáticas, lo que era quizás el camino principal por el que los pitagóricos habían llegado a su intuición matemática de la naturaleza. Cooperaba además en la misma dirección el antecedente platónico del *Timeo* (inspirado también por el pitagorismo), que convertía la distinción de los llamados *elementos* naturales en diferencias de formas geométricas, constituidas por los poliedros regulares, descomponibles en triángulos elementales. Ya durante la Edad Media esta orientación geometrizante se había reproducido, por influjo del neoplatonismo y de las *Perspectivas* árabes, con el *De luce seu de inchoatione formarum* de Roberto Grosseteste, obispo de Lincoln (siglo XIII), quien afirmaba: "utilitas considerationis linearum est maxima, quoniam impossibile est sciri naturalem philosophiam sine illis"; porque las formas geométricas "valent in toto universo et partibus eius absolute... Omnes enim causae effectuum naturalium habent dari per lineas, angulos et figuras". Y después de los autores medievales de *Perspectivas*, el Renacimiento había vuelto a afirmar una concepción matemática de la naturaleza con Cusano, Piero de la Francesca, Luca Pacioli, Leonardo. Análogamente, Galileo considera a la naturaleza como un libro que no todos saben leer por estar escrito en caracteres distintos a los de nuestro alfabeto: "y son los caracteres de semejante libro triángulos, cuadrados, círculos, esferas, conos, pirámides y otras figuras matemáticas, aptísimas para tal lectura".[52]

---

[51] *Discorso in torno alle opere di Giuseppe Zarlino* (1589), insertado luego en el *Dialogo sopra la musica antica e la moderna*, del mismo autor.
[52] *Opere*, ediz. nazionale, tomo XVIII, *Lettera* 4106.

Por esta convicción, Galileo, en un fragmento suyo, establecía como inspiración: "Para colocarse en el título del libro de todas sus obras: De aquí comprenderáse por ejemplos infinitos qué utilidad tienen las matemáticas para concluir acerca de las proposiciones naturales y cuán imposible resulta filosofar bien sin el auxilio de la geometría, de acuerdo con la verdad expresada por Platón".[53]

Y se declaraba también de acuerdo con Platón en "admirar al intelecto humano y estimarlo partícipe de divinidad solamente por el hecho de entender la naturaleza de los números,[54] y se proclamaba "en muchas opiniones filósofo-pitagórico"; expresando reiteradamente su admiración los pitagóricos, quienes (decía) "nunca han sido convencidos enteramente de falsedad sino sólo donde una iluminación más alta de la natural (la revelación) nos persuade de otra manera".[55]

Este matematicismo pitagórico-platónico en la investigación y comprensión de la naturaleza significaba, pues, no solamente atribuir una preeminencia a los caracteres cuantitativos de los fenómenos (objeto del estudio matemático) sobre los cualitativos (objeto de la inmediata percepción sensible), sino considerar a éstos reductibles a aquéllos como a su causa objetiva real. Es decir, implicaba una teoría del conocimiento parecida a la de Demócrito, que justamente consideraba realidad efectiva en la naturaleza solamente a los átomos y el vacío –que tienen únicamente determinaciones cuantitativas o aritmo-geométricas (magnitud, forma, situación, número, movimiento, etc.)– y reducía a pura impresión subjetiva todos los caracteres cualitativos de colores, olores, gustos, calor, frío, etc.

A esta teoría democrítea vuelve justamente Galileo, expresándola en su obra *Il Saggiatore,* a propósito de su afirmación de que el movimiento es causa de calor. Escribe Galileo: "Necesito hacer unas observaciones acerca de lo que llamamos calor, del que dudo que generalmente se tenga una idea muy ale-

---

[53] *Opere*, tomo VII, pág. 613 y sigs. Cfr. también VIII, 175.
[54] *Opere*, tomo VII, pág. 35.
[55] *Opere*, tomo VI, pág. 45.

jada de la verdad, al creerlo un accidente verdadero, una afección o cualidad que realmente está en la materia por la que sentimos calentarnos. Digo, pues, que, sin embargo, me siento necesitado, cuando concibo una materia o sustancia corpórea, a concebir al mismo tiempo que ella está terminada o figurada por esta figura o aquélla, es grande o pequeña en relación a otra, está en este lugar o en aquél, en este tiempo o aquél, se mueve o está en reposo, está en contacto o no con otro cuerpo, es una o pocas o muchas; ni puedo por ninguna imaginación separarla de esas condiciones. Pero que tenga que ser blanca o roja, amarga o dulce, sonora o muda, de buen o mal olor, no me siento forzado mentalmente a deber aprehenderla acompañada necesariamente por semejantes condiciones; más bien, si los sentidos no nos guiaran, acaso el razonamiento o la imaginación nunca llegarían a ellas. Por lo cual voy pensando que estos gustos, olores, colores, etc. por lo que se refiere al objeto[56] en que nos parecen estar, no son sino puros nombres, y están, en cambio, únicamente en el cuerpo sensitivo, de manera que, quitado el animal, ellos también quedan quitados y reducidos a la nada, si quisiéramos creerlos verdadera y realmente distintos a los otros primeros y reales accidentes, así como les hemos dado nombres particulares distintos a los de aquéllos... Que en los cuerpos exteriores, para excitar en nosotros gustos, olores y sonidos se precise otra cosa que magnitudes, fi-

[56] El texto italiano dice en realidad: "per la parte del *suggetto* nel qual ci par che riseggano"; pero sabido es que *suggetto* (sujeto) tenía antaño el sentido de "sostén de las cualidades y determinaciones", cuya idea se expresa ahora por la palabra objeto cuando se refiere a una realidad exterior al yo o sujeto consciente que la percibe. "Después de la publicación de la *Crítica de la razón pura* (escribe Renouvier, *Los dilemas de la metafísica pura*; pág. 13 de la ed. castellana, Buenos Aires, 1944) se ha introducido y generalizado la costumbre de afectar especialmente el nombre de *sujeto* a la conciencia del yo... Todos los sujetos diferentes de este yo se han convertido en *objetos* para el lenguaje." Lo cual pudo, por cierto, traer consigo algún inconveniente lamentado por Renouvier; pero su tentativa de "renovar una terminología más natural", llamando *sujeto* al ser real *por sí*, en tanto que posee atributos y funciones y sostiene relaciones, y *objeto* a la representación en tanto que sea dada a una conciencia, es decir, *para nosotros*, puede considerarse fracasada por completo.

guras, multitudes y movimientos tardos o rápidos, no lo creo, y pienso que, quitadas orejas, lenguas, narices quedan, sin embargo, figuras, números y movimientos, pero no olores, gustos, sonidos, los que fuera del animal viviente no creo que sean más que nombres".[57]

Igualmente dirá Descartes, en sus *Principios de filosofía:* "No nos apercibimos de ninguna manera de que todo lo que está en los objetos y que llamamos su luz, sus colores, olores, gustos, sonidos, calor o frío y sus otras cualidades que sentimos por el contacto... sean en ellos otra cosa sino las distintas figuras, situaciones, magnitudes y movimientos de sus partes, que están dispuestas de tal manera que pueden mover a nuestros nervios en todos los modos distintos que se precisan para excitar en nuestra alma los varios sentimientos excitados por ellas".[58] Por eso Descartes concluía que "todo el universo es una máquina donde todo se hace por figura y movimiento", y declaraba que "toda su física no era sino geometría y mecánica".[59]

El carácter de realidad objetiva que Galileo (y Descartes con él) atribuía a las determinaciones cuantitativas, llamadas por Galileo "primi e reali accidenti", estribaba, pues, en la necesidad racional que las une a toda idea de los cuerpos, impensables sin ellas, necesidad que falta en cambio para las determinaciones cualitativas. Por eso el conocimiento de los caracteres cuantitativos resulta verdadero para Galileo, pues es un conocimiento *necesario* y se desarrolla en todo el sistema de sus relaciones de manera necesaria bajo el dominio de la matemática; en cambio, el conocimiento de las cualidades sensibles, ofrecidas por la sola experiencia sensible en su contingencia y variabilidad, le resulta relativo y subjetivo. La diferencia entre los dos está vinculada, pues, a la distinción establecida por Galileo entre razón y sentido, mejor dicho, entre afirmación separada de los sentidos y su unión y sometimiento a la razón; en cambio, cuando Locke, por su empirismo, suprime esta distinción, quita el funda-

---

[57] *Opere,* tomo VI, pág. 347 y sigs.
[58] *Principes de philosophie,* livre IV, art. 198.
[59] *Principes de philosophie,* livre IV, art. 188. Cfr. *Lettres* VII, 121.

mento a su misma afirmación de que las cualidades primarias son inseparables de los cuerpos, y abre el camino a Berkeley para convertirlas en relativas y subjetivas como las secundarias.

La necesidad racional era para Galileo el carácter distintivo del conocimiento objetivo y el fundamento sólido de su certeza: una certeza que en la matemática puede, para él, igualar a la del conocimiento divino.[60] Si el entendimiento humano bajo el aspecto *extensivo* resulta casi nada en comparación con el divino, en cambio al considerarlo bajo el aspecto *intensivo* (dice Galileo), "el intelecto humano comprende unas proposiciones tan perfectamente y tiene tan absoluta certeza, cuanta puede tener la naturaleza misma; y esto ocurre en las ciencias matemáticas puras... de las que el intelecto divino sabe, sin embargo, infinitas proposiciones más, pues las sabe todas; pero de las pocas entendidas por el intelecto humano, creo que su conocimiento iguala a la certeza objetiva divina, porque llega a comprender la necesidad, por encima de la cual no parece poder existir seguridad mayor...".[61]

El tránsito del conocimiento empírico al científico se realiza, pues, para Galileo en el tránsito de la contingencia a la necesidad racional; en ésta se halla la certeza de su valer objetivo.

Pero la objetividad de nuestro conocimiento no llega a significar para Galileo lo que significa para Descartes, es decir, la comprensión de la esencia de las cosas, sino que siempre queda limitada en el campo de los fenómenos. Las esencias o sustancias o (como dirá Kant) las cosas en sí, pueden, según la opinión de Galileo, verlas Dios y los espíritus en el estado puro de bienaventuranza,[62] pero no los hombres, que ven únicamente los fenómenos.

---

[60] En esta consideración, la afirmación de la divinidad del intelecto humano encuentra en Galileo una aseveración más decidida y generalizada que en otros filósofos del Renacimiento: al privilegio atribuido por los místicos a los pocos elegidos que pueden llegar al arrobamiento del éxtasis se substituye (observa Olschki, *Galileo's Philosophy of Science*, pág. 361) una posibilidad abierta a todos los que someten su mente a los procesos y métodos del pensamiento científico.

[61] *Opere,* tomo VII, págs. 128 y sigs.

[62] *Opere,* tomo V, págs. 187 y sigs.

Descartes, en una carta al P. Mersenne, se lo ha reprochado a Galileo como una falta de profundización del problema: "él intenta examinar las materias físicas mediante razones matemáticas, y en eso estoy perfectamente de acuerdo con él y no encuentro otro medio de hallar la verdad. Pero su defecto está en... no detenerse nunca a explicar por completo su materia, lo cual muestra que no la ha examinado con orden, y que sin haber considerado a las causas primeras de la naturaleza, ha investigado únicamente las razones de unos efectos particulares, y así ha construido sin fundamentos".[63]

En cambio, Galileo no creía que las causas primeras y las esencias pudieran ser objeto de ciencia o conocimiento verdadero para los hombres, porque la ciencia de la naturaleza no puede formarse mediante hipótesis no sometibles a la verificación experimental, que pueda demostrar su necesidad. La vinculación establecida por él entre las "demostraciones necesarias" y las "experiencias sensibles" era, así como dijimos, una vinculación recíproca: como la experiencia no podía valer científicamente sin la demostración de su necesidad, así la demostración no podía tener su absoluta certeza objetiva sin la confirmación del experimento. Deducción y experiencia no podían separarse y aislarse mutuamente en la ciencia de la naturaleza, sino que debían proceder siempre juntas y unidas; de otra manera podían tenerse, sin duda, hipótesis aptas aún

---

[63] Ver las *Cartas al P. Mersenne*, del 8 de octubre y 15 de noviembre de 1638, y sobre ellas el juicio de P. Tannery, *Descartes physicien* en "Revue de métaphysique et de morale" de 1896. Justamente observa Olschki, *obra cit.*, pág. 359, que esta crítica demuestra que Descartes se había emancipado de las maneras de pensar tradicionales mucho menos que el científico italiano, quien se preocupaba más del aspecto *intensivo* del conocimiento que del *extensivo*. Por eso Galileo, mediante la noción de la materia inalterable y la aplicación del procedimiento matemático en la interpretación de los fenómenos naturales, se hizo fundador de "una ciencia experimental que reduce el pensamiento humano y la experiencia física a la evidencia necesaria de conclusiones matemáticas... Las pocas pero seguras proposiciones de su mecánica han sido el punto de partida para una nueva conquista intelectual del mundo" (*Ibíd.*, pág. 360).

[64] *Opere*, tomo V, pág. 192.

para "salvar de cualquier manera las apariencias",⁶⁴ pero no se podía "investigar la verdadera constitución del universo" cuyo conocimiento puede lograrse únicamente "rebus ipsis dictantibus", es decir, en una necesidad dictada y confirmada por los hechos.

Hipótesis, sin duda, que son puras hipótesis explicativas y nada más, se encuentran también en los escritos de Galileo, como por ejemplo sus ideas metafísicas del éter y la luz; pero Galileo tiene cuidado de presentarlas como puras hipótesis imposibles de verificar, que, por ende, no pueden convertirse en ciencia. "Yo, dice, considerándome inferior a todos y sometiéndome por lo tanto a todos los sabios, diría que me parece existir en la naturaleza una sustancia máximamente espiritual, sutil y veloz en sumo grado, que se difunde por todo el universo y penetra en todas partes sin obstáculo y calienta, vivifica y convierte en fecundas a todas las criaturas, etc."⁶⁵

Esta metafísica del éter, que parece identificarse no solamente con la luz y el calor, sino también con el espíritu divino –así como en el Evangelio de San Juan, en Dionisio Areopagítico y los neoplatónicos y antes en los órficos-pitagóricos, con la luz infinita invisible y su fuego supremo empíreo–, esta metafísica que había repercutido ya en Bernardino Telesio, Francisco Patrizzi, Giordano Bruno y Tomás Campanella, Galileo no la presenta como un conocimiento efectivo, sino como un anhelo destinado a quedar siempre insatisfecho. "Me habría ofrecido (dice) a permanecer en la cárcel a pan y agua toda mi vida si hubiera tenido la seguridad de alcanzar por mí mismo un conocimiento tan desesperado".⁶⁶

---

⁶⁵ *Opere,* tomo V, págs. 301 y sigs. La metafísica de la luz –sustancia corpórea sumamente sutil, que linda con lo incorpóreo, y se propaga de manera instantánea en toda dirección generando una esfera luminosa–, había tenido ya teóricos medievales, inspirados por tradiciones neoplatónicas (*Liber de causis, Theologia Aristotelis*) y árabes, como el citado *De luce* de Roberto Grosseteste y el anónimo *Liber de intelligentiis* (que Baeumker atribuye a Witelo): estos son intermediarios entre los neoplatónicos antiguos y los renacentistas.

⁶⁶ Citado por Fazio Alimayer, *Galileo Galilei,* págs. 72 y sigs.

En esta distinción entre hipótesis deductivas verificables por el cálculo matemático y el experimento, e hipótesis metafísicas que ningún cálculo o experimento pueden alcanzar, estriba para Galileo la diferencia entre la ciencia física con sus conocimientos necesarios y la filosofía que no puede lograr la necesidad de sus demostraciones. Sin duda, entre una y otra no hay tampoco en Galileo, ni podía haber, una separación absoluta. Ideas preconcebidas tienen también en su investigación científica una parte de fundamental importancia, a veces confirmada de manera adecuada por la observación experimental, como la idea de la unidad de la naturaleza universal, opuesta al dualismo platónico-aristotélico entre mundo celeste de la perfección eterna inmutable y mundo terrestre de la imperfección, el cambio y la mortalidad. La idea de la unidad de la naturaleza y del heliocentrismo era una vuelta a los presocráticos y particularmente a los pitagóricos, cuya sugestión indirecta ya había inspirado a Copérnico; pero podía encontrar confirmación no solamente en el cálculo astronómico usado también por Copérnico, sino además en las múltiples observaciones que Galileo podía alcanzar mediante su telescopio.

Sin embargo, en otros casos la confirmación del cálculo y de la observación vinculada con una deducción teórica no se podía lograr de manera adecuada; así en cuanto a la otra idea inspiradora de Galileo, la de la simplicidad de la naturaleza, que procede igualmente de Copérnico y se encuentra al mismo tiempo en Kepler, que la transmite a Leibniz, Kant joven, Herder y Goethe. "La naturaleza (escribe Galileo), por común consentimiento, no efectúa mediante la intervención de muchas cosas lo que puede efectuar mediante pocas",[67] "la naturaleza no multiplica sin necesidad las cosas y se sirve de los medios más fáciles y simples para producir sus efectos, y nada hace en vano";[68] "(Dios) tiene siempre en sus operaciones, los modos

---

[67] *Opere*, tomo VII, pág. 143.
[68] *Opere*, tomo VII, pág. 423. Cfr. también XI, *Lettera* 532.

más fáciles y simples, aunque en los más difíciles se revela mayormente su potencia".[69]

En estas y otras afirmaciones parecidas, Galileo habla del consentimiento común y de la aceptación por todos los filósofos, los que no son argumentos válidos de acuerdo con sus exigencias científicas y con toda su lucha contra el sistema tolemaico. Su idea de la simplicidad de la naturaleza tiene, sin embargo, una importancia y utilidad esenciales como canon y criterio de selección de las hipótesis deductivas, orientando a los investigadores hacia la preferencia para las más simples, que son las más aptas a la deducción necesaria realizable por vía matemática y verificable mediante el experimento. Pero en el fondo de su convicción, propia de una mente matemática acostumbrada a la resolución analítica de lo complejo en lo simple, hay también una idea teológica, aplicada a la naturaleza, por considerarla *divina,* de acuerdo con la orientación general del Renacimiento, que había encontrado su máxima expresión en Giordano Bruno.

De Bruno también y de los antiguos pitagóricos y atomistas vienen a Galileo sugestiones acerca de las concepciones de lo infinito y lo mínimo.

La idea de la infinitud del universo tiende a afirmarse en su pensamiento sobre todo en oposición a la idea aristotélica de su limitación, cuya confutación él efectúa acercándose en varios puntos a Bruno, como puso de relieve Tocco.[70] Sin embargo, a Galileo no le parece posible demostrar de una manera necesaria ni la infinidad ni la limitación; pero (dice) un razonamiento particular lo hace inclinar más hacia la primera que hacia la segunda, es decir, que no logrando el intelecto hu-

---

[69] *Opere,* tomo VII, pág. 565. También en esto había antecedentes medievales, representados por Roberto de Lincoln, quien afirmaba que "toda operación de la naturaleza se cumple de la manera más determinada, más ordenada, más breve y perfecta posible", y por Guillermo de Occam, aseverador del principio de economía en la producción de las realidades naturales.

[70] Véase F. Tocco, *Le opere latine di G. Bruno, esposte e confrontate con le italiane,* Firenze, 1889. Ver especialmente el prolijo análisis del poema *De immenso et innumerabilibus.*

mano concebir para el todo ni la finitud, allende la cual siempre piensa algo más, ni la infinitud, que no alcanza a abarcar, no puede explicarse esta incapacidad suya sino mediante la infinitud real del objeto pensado. Porque si fuera limitado efectivamente, el intelecto finito debería poder comprenderlo, mientras, siendo infinito, la incomprensión se explica por la ineptitud de un intelecto finito para comprender un objeto infinito.[71] Más decididamente, afirma Galileo la infinitud en relación a la divisibilidad de lo extenso y continuo, definido por Aristóteles como lo que puede dividirse en partes siempre divisibles. Galileo acepta esta proposición, pero observa, contra Aristóteles, que, para seguir dividiendo infinitamente un continuo finito, se necesita que el número de sus partes sea realmente infinito, lo que puede realizarse solamente si las partes mínimas son carentes de cuantidad, es decir, puntos matemáticos indivisibles. La infinita divisibilidad, por ende, le resulta condicionada por la existencia de los indivisibles, los puntos, matemáticos, inmateriales, lo cual representa una vuelta a ideas pitagóricas, transformadas por el monadismo de Bruno.[72]

De manera que en su oposición al sistema aristotélico-tolemaico, Galileo no se ha inspirado únicamente en la experiencia y observación directa de la naturaleza. Esta exigencia parecía expresarse en sus múltiples afirmaciones de que "es simplicidad ir buscando el sentido de las cosas de la naturaleza en los papeles de éste y de aquél más bien que en las obras de la naturaleza, que, siempre viva y obrando, está presente delante de nuestros ojos, verídica e inmutable en todas sus cosas".[73] Por lo tanto (agregaba Galileo) "la autoridad de los antiguos y modernos filósofos y matemáticos no tiene fuerza para

---

[71] *Opere*, tomo XVIII, *Lettera* 3922.

[72] Cfr. Galileo, *Opere*, tomo VII, págs. 682 y sigs.; Fazio Allmayer, *Obra citada*, págs. 90 y sigs. y págs. 150-154; Tocco, *Le opere latine di G. Bruno*, cit.: ver todo el análisis del poema *De minimo*, del que pueden desprenderse las numerosas afinidades de los razonamientos de Galileo con los de Bruno. Un muy agudo y penetrante análisis de la concepción galileana de infinito e infinitesimal puede verse en el estudio de A. Guzzo, *Galileo* en "Filosofía", Torino, 1953.

[73] *Opere*, tomo VIII, pág. 640.

establecer ciencia de ninguna conclusión natural, y lo más que pueda hacer es engendrar opinión e inclinación para creer ésta más bien que aquélla cosa".[74]

Pero esa generación de opiniones o inclinaciones intelectuales no carecía de importancia en el método galileano, que no se limitaba a las experiencias de los sentidos, sino que exigía también las demostraciones necesarias. El experimento debía realizar hipótesis deductivas, cuya concepción podía despertarse en el intelecto justamente a raíz de opiniones o inclinaciones intelectuales, es decir, de ideas preconcebidas, sugeridas a veces, sin duda, por la experiencia misma, pero a veces también (como hemos visto) por ideas de otros investigadores antecedentes, ya sea mediante su aceptación, sea mediante su crítica o rechazo.

Por eso el estudio de los antecesores no podía resultar vano, y lo demuestra el ejemplo mismo de Galileo, conforme al de Aristóteles, quien había escrito acerca de ese estudio: "de unos pudimos aceptar ciertas opiniones, otros han sido causa de que éstas se formaran en nosotros"[75] por vía de reflexión y crítica.

Lo que se precisaba era no convertir a los autores antecedentes en "autoridades", cuya palabra quitara al indagador el espíritu de crítica y verificación. La exigencia expresada por Galileo: "no quiero mostrarme ingrato hacia la naturaleza y Dios que me otorgaron sentidos y razón... con hacer la libertad de mi intelecto esclava de quien puede errar igual que yo",[76] era la misma afirmada por Aristóteles al declarar que toda reseña de las opiniones anteriores debe servir "no solamente para aceptar lo que tienen de verdadero, sino también para rechazar lo que contengan de falso".[77]

Por este camino y método justamente se produce el progreso de la ciencia, en cuyo desarrollo histórico cada época re-

---

[74] *Opere*, tomo V, pág. 197.
[75] *Metafísica*, libro II, cap. I.
[76] *Opere*, tomo VI, pág. 341.
[77] *De anima*, libro I, cap. 2. Ver Mondolfo, *Veritas filia temporis in Aristotele*, en *Scritti filosofici per le onor. nazion. a B. Varisco*, Firenze, 1924.

coge la herencia de las anteriores y la perfecciona al enmendarla y agregarle sus adquisiciones nuevas. En este sentido afirmaba Bruno que los modernos siempre son más viejos y tienen más larga edad que los antiguos, por añadir siempre experiencias a experiencias y madurez a madurez de juicio. Esta idea de Bruno y de todo el Renacimiento la acepta y repite Galileo en un fragmento significativo: "Decir que las opiniones más antiguas e inveteradas son las mejores no es probable, porque así como en un hombre particular parecen las últimas determinaciones ser las más prudentes, y con los años acrecentarse el juicio, así de la universalidad de los hombres parece razonable que las últimas determinaciones sean las más verdaderas".[78]

La humanidad así aparece a Galileo en la continuidad de su historia como un hombre que en la continuidad de su vida aprende sin cesar: lo cual anticipa el parangón de Pascal y Leibniz y hace a Galileo partícipe de la gran intuición histórica por la cual el Renacimiento afirma con clara conciencia la idea del progreso cultural humano y la trasmite en herencia fecunda al pensamiento moderno.

---

[78] *Opere*, tomo VIII (*Frammenti*), pág. 640. Cfr. en *Discorso delle comete* (*Opere*, VI, pág. 44): "Il tempo è padre della verità, madre de la nostra mente; la quale, se non si congiunge con lui, non la genera, ma in quella vece figliuoli spurii partorisce". Siguiendo el mismo orden de ideas afirmaba Galileo en su *Dialogo sopra i massimi sistemi* (*Opere*, tomo VII, pág. 62) que la ciencia sólo puede progresar; y en la *Lettera alla gran duchessa Cristina* (*Opere*, V, pág. 128) preguntaba: ¿quién quiere fijar límites para el pensamiento humano? Cfr. G. Gentile, *Veritas filia temporis*, en *G. Bruno e il pensiero del rinascimento*, Firenze, 1925; F. Saxl, en *Philosophy and History*, Essays presented to E. Cassirer, Oxford 1936, págs. 197 y sigs.; L. Olschki, *Galileo's Philosophy of Science*, pág. 362 y sig. Para afirmaciones de Santo Tomás que, inspirándose en Aristóteles, se adelantan a estas declaraciones de Galileo sobre el tiempo padre de la verdad, véase más adelante el ensayo sobre *La idea de cultura en el renacimiento italiano*.

Bibliografía

La edición fundamental de las obras de Galileo, a la que remiten nuestras citas y referencias y suelen remitir todos los estudios galileanos modernos, es la siguiente:
Le opere di Galileo Galilei, edizione nazionale, direttore A. Fávaro, Firenze, 1890-1907, volumi 20.

Para la bibliografía desde 1856 hasta 1895, véase:
A. Carli e A. Fávaro, *Bibliografía galileiana*; Roma, 1896.

Estudios histórico-críticos principales (en orden cronológico):
W. Whewell, *Astronomy and general physics considered with reference to natural theology*; London, 1819; *History of the inductive sciences*; London, 1847.
G. Libri, *Histoire des sciences mathématiques en Italie*; París, 1841.
R. Gaspar, *Galileo Galilei*; Stuttgart, 1854.
E. Puccinotti, *Sulla filosofia di Galileo*; Firenze, 1857.
M. Cantor, *Galileo Galilei*, en "Zeitschrift für Mathem. u. Physik"; Leipzig, 1864.
H. Martin, *Galilée, les droits de la science et la méthode des sciences physiques*; Paris, 1868.
F. S. De Dominicis, *Galileo e Kant, o l'esperienza e la critica nella filosofia moderna*; Bologna, 1874.
F. Fiorentino, *B. Telesio*, parte III: *L'idea della natura dal Telesio al Galilei*; Firenze, 1874.
K. Prantl, *Galileo und Kepler als logiker*; München, 1875.
G. Cantoni, *Metodo di Galileo nello studio delle leggi naturali* (Riv. di filos. scientif.); Milano, 1881.
A. Fávaro, *Galileo e lo studio di Bologna*; Atti Istituto Veneto, 1881; *G. Gal. e lo studio di Padova*; Firenze, 1883; *Scampoli galileani*; Atti Accad. Padova, 1886; *Miscellanea galileiana inedita*; Istituto Veneto, 1887; *Cronología galileiana*; Accademia Padova, 1892; *Regesto galileiano*; Firenze, 1907; *Galileo Galilei*; Modena, 1910.
A. Heller, *Geschichte der Physik*; Stuttgart, 1882, tomo I.
P. Natorp, *Galilei als Philosoph*, en "Philosoph. Monatshefte"; Heidelberg, 1882.

K. Lasswitz, *Galileo's Theorie der Materie*, en "Vierteljahrsschr. f. wissensch. Philos.", 1888-89; *Geschichte der Atomistik*; Hamburg-Leipzig, 1890 (Bd. II).

R. Caverni, *Storia del metodo sperimentale in Italia*; Firenze, 1891-95.

W. Dilthey, *Weltanschauung u. Analyse d. Menschen, etc.*, en "Archiv für Geschichte der Philos.", 1893: reproducido en el II tomo de *Gesammelte Schriften*, 1927; cfr. *L'analisi dell' uomo e l'intuizione della natura* (trad. italiana del tomo II mencionado); Venezia, 1935, tomo 2, págs. 1 y sigs.: *L'autonomia del pensiero, il razionalismo costruttivo*, etc.

Loewenheim, *Der Einfluss Demokrit's auf Galilei*, en "Archiv of. Gesch. d. Philos.", 1894.

V. Grimaldi, *La mente di G. Galilei*; Napoli, 1901.

A. Valdarnini, *Il metodo e la dottrina della conoscenza in Galileo*, en *Rivista italiana di filosofia*, XLI.

J. I. Fahie, *Galileo, his life and works*; London, 1903.

A. Paoli, *La scuola di Galileo nella storia della filosofia*; Pisa, 1903.

P. Duhem, *Essai sur la notion de théorie physique de Platon à Galilée*, en "Annales de philosophie chrétienne"; Paris, 1908.

A. Mueller, *G. Galilei und die Kopernik Weltsystem*; Freiburg, 1909.

G. Maugain, *Etude Sur l'évolution intellectuelle de l'Italie de 1657 à 1750*; Paris, 1909.

E. Wohlwill, *Galilei und sein Kampf für Kopernikanische Lehre*; Leipzig-Hamburg, 1910.

E. Fazio Allmayer, *Galileo Galilei*; Palermo, 1912.

G. Gentile, *Veritas filia temporis* (Miscellanea Renier); Torino, 1912, reproducido en *G. Bruno e il pensiero del rinascimento*; Firenze, 1925; *Frammenti e lettere di G. Galilei*; Livorno, 1925.

A. Pastore, *Il problema della causalità*; Torino, 1921, vol. I (cap. sobre Galileo).

R. Marcolongo, *Lo sviluppo della meccanica fino ai discepoli di Galileo*, 1917; *Galilei* en Enciclopedia Italiana.

E. Mach, *La mécanique, Exposé historique et critique de son developpement*; Paris, 1925.

Leonardo Olschki, *Geschichte der neusprachlichen wissenschaftlichen Litteratur*; Heidelberg, 1919 y sigs.: tomo III *Galilei und sein Zeit*; Halle, 1927; *Scientific personality of Galileo*, en "Bulletin of the History of Medicine", 1942; *Galileo's Philosophy of Science*, en "The philosophical Review", 1943.

Ernst Cassirer, *Individuum und Kosmos in d. Philos. d. Renaiss.*; Leipzig, 1927 (edición italiana, Firenze 1935); *Wahrheitsbegriff und Wahrheitsproblem bei Galilei*, en *Scientia*, 1937.

Volkringer, *Les étapes de la physique*; París, 1929.

A. Banfi, *Galileo Galilei*; Firenze, 1931.

G. De Ruggiero, *Galileo Galilei, nel 3° centenario dei Dial. sui Massimi sistemi*, en "Archivio di storia della filosofia", 1932.

C. Caboara, *Scienza e filosofia ai principi dell'età moderna*; Napoli, 1935.

F. Saxl, en *Philosophy and History,* Essays presented to E. Cassirer; Oxford, 1936.

A. Koyré, en "Annales de l'Université de París", 1937, págs. 411-453; *Etudes Galiléennes*; Paris, 1939 (en tres tomos).

A. Mieli, *Les "Discorsi e dimostrazioni matematiche" de G. Galilei et la formation de la dynamique moderne*, en "Archeion", 1938.

Einstein et Infeld, *L'évolution des idées en physique*; Paris, 1938.

Leo Spitzer, *Milieu and Ambiance* en "Philosophy and Phenomenological Research", 1942.

E. Zilsel, *The Genesis of the Concept of Physical Law*, en "The Philosophical Review", 1942.

Beppo Levi, *El postulado de Arquímedes – De Euclides a Galileo*, en "Mathematicae Notae"; Rosario, 1942.

Cortes Plá, *Galileo Galilei*, Buenos Aires 1942; *Trascendencia de la obra de Galilei y Newton*; Rosario, 1942.

José Gaos, *Galileo a los tres siglos*, en "Filosofía y Letras" de México, 1942-1943.

R. Mondolfo, *En el tercer centenario de Galileo*, Buenos Aires, "Sur", 1942-1943, y Public. Instit. de Humanidades, Córdoba, 1943.

Juan Turín, *Galileo atlántico y Kant copernicano*, Córdoba, 1944.

A. Guzzo, *Galileo*, "Filosofia", 1953, Torino.

IV

Tomás Campanella y su pensamiento

I
La fortuna histórica de Campanella

Hace pocos años, en ocasión del tercer centenario de la muerte de Tomás Campanella (1939), se ha vuelto a recordar una predicción que él, amante de la profecía, había expresado en una carta a Fernando de Médicis y que había sido evocada ya repetidas veces después de cumplirse los tres siglos de su nacimiento (1868). "El siglo futuro –decía Campanella– juzgará de nosotros, porque el presente siempre crucifica a sus bienhechores; pero después resucitamos, al tercer día o al tercer siglo."

Y en realidad, el tercer siglo ha representado una verdadera resurrección de la fama del filósofo de Stilo, largo tiempo cubierta por un velo de olvido. A pesar de algún panegírico o apología escrita por Gabriel Naudé, Tomás Cornelio y algún otro, en el mismo siglo XVII, después de la muerte de Campanella, se había ido apagando paulatinamente el interés que durante su vida había despertado sobre su persona y su obra. A la posteridad no se le había comunicado la admiración que Leibniz expresaba al comparar las teorías éticas de Campanella con las de Hobbes. "Compárese... a Hobbes con Campanella, y se verá a aquél arrastrarse por el suelo, y a éste elevarse y subir a las nubes por la altura del pensamiento, de los conceptos, de los propósitos, de todo lo que cabe en la humana naturaleza."[1]

---

[1] Recordado por Solmi (*La città del sole*, Modena, 1904, pág. LXIII). La cita deriva de Feller, *Otium*, Hannover, a través de Herder.

En cambio, se había imitado la actitud desdeñosa de Descartes, quizá preocupado, en el juicio malévolo expresado en su carta de 1638 a Huygens, por defender la originalidad de su teoría del conocimiento ante las posibles cuestiones de prioridad o imitación, en las comparaciones con Campanella. "Su lenguaje –decía Descartes– me ha quitado el ánimo de hablar con él antes de que hubiera acabado de escribir mi obra, por el miedo de que se me pegara algo de su estilo."

Posiblemente el estilo de Campanella tuvo alguna responsabilidad en la difusión extremadamente escasa de su obra y su memoria durante el siglo XVIII; pero en el mismo siglo XVII debió contenerla mucho más la condena por herejía de sus obras, que pesaba sobre su fama, si bien no llegó a sofocar entonces su recuerdo tan completamente como el de Bruno.

Solamente el siglo XIX, al aproximarse el tercer centenario, debía señalar la resurrección del nombre de Campanella con los de otros filósofos del Renacimiento italiano: el anhelo y esfuerzo de resurrección nacional que se despertaba en aquel entonces en Italia, empujaba a los espíritus hacia la reivindicación de las glorias pasadas y de las tradiciones culturales de la nación. Gioberti con su *Primato,* Mamiani con su *Del rinnovamento della filosofia antica Italiana,* señalaban a la admiración y al estudio de los italianos los nombres de sus grandes filósofos; Orelli, mediante la edición de las *Poesie filosofiche di T. Campanella,* quería mostrar a éste como "el precursor y «auxiliator» de Kepler, Galilei, Bacon, Descartes, Spinosa"; A. D'Ancona, al llevar a efecto la edición de sus *Obras,* precedida por un largo estudio sobre su vida y sus doctrinas, cooperaba a proyectar sobre él un interés más vivo, y daba ocasión y estímulo a los clásicos *Ensayos* de B. Spaventa, verdadera reivindicación histórica del carácter y del pensamiento de Campanella, y del puesto que le corresponde en la "circulación del pensamiento europeo" como precursor de la filosofía moderna.

Siguiendo las huellas de Spaventa, F. Fiorentino, en sus múltiples y profundas investigaciones sobre la filosofía del Renacimiento, proyectaba nuevas luces también sobre el pensamiento de Campanella. Y la reconstrucción histórica acertada de su vida y sus vicisitudes encontraba, después de alguna indagación de D. Berti, su decisiva y en muchas partes definitiva realización con Amábile, benemérito más que cualquier otro de los estudios campanellanos, por el descubrimiento, la reunión sistemática y el examen inteligente y profundizado de los documentos. Con anterioridad, desde el comienzo del siglo XIX, la utopía político-social de Campanella había llamado especialmente, y seguía llamando durante todo el siglo, la atención de los historiadores de las ideas políticas y de las teorías comunistas, y de muchos polemistas: Reybaud, Harrington, Sudre, Thonissen, Dareste, G. Ferrari, Mohl, Malon, Sigwart, Kleinwächter, Janet, Franck, Marlo, Bovio, Di Castro, Romano Catania, Lafargue, Kautzky, Kirchenheim, etc.; algunos, desviados del camino de una interpretación histórica imparcial por sus tendencias políticas, sea contrarias, sea favorables al socialismo y comunismo; otros, dirigidos por un verdadero espíritu crítico, que encuentra su más completa realización en el ensayo de B. Croce sobre el "comunismo" de T. Campanella (1895).

El siglo XX continúa esta actividad en la investigación acerca de la personalidad y la filosofía de Campanella, con los estudios histórico-críticos del Prof. Kvaçala de la Universidad rusa de Dorpat (Juriew), de E. Solmi, de G. Gentile, de Roger Charbonnel, L. Blanchet, C. Dentice d'Accadia, R. De Matteis, P. Treves, etc. En los últimos años se ha intensificado especialmente la publicación de obras del filósofo, ya sea conocidas –como las *Cartas* (ed. Spampanato, 1927) y las *Poesías* nuevamente editadas por M. Vinciguerra (1938), y por G. Gentile (1939)–, sea inéditas, como la *Apología pro scholis piis* (ed. Picanyol, 1932), los *Antivéneti* (ed. De Matteis, 1934), la *Mathemática* (ed. Amerio, 1934), la *Theologia* (ed. Amerio en 8 tomos, 1936 y sigs.), el *Reminiscentur* (ed. Amerio, 1939), el *Epílogo magno* o *Physiologia italiana* (ed. Ottaviano, 1940).

El descubrimiento y la publicación de estas obras han estimulado una tentativa de nueva interpretación y evaluación del pensamiento de Campanella y especialmente de sus doctrinas religiosas y políticas, que está desarrollando R. Amerio en varios ensayos, polemizando contra la mayoría de los historiadores e intérpretes anteriores. Éstos, desde Spaventa y Fiorentino en adelante, habían interpretado el pensamiento de Campanella en un sentido política y religiosamente heterodoxo, y se habían representado, desde Amábile hasta Blanchet y Dentice d'Accadia, su evolución como una adaptación progresiva de los ideales heterodoxos de reforma religiosa y político-social a las condiciones de su tiempo, pero sin renunciar a su contenido esencial: después del fracaso de su tentativa juvenil de reforma que debía cumplirse contra la Iglesia, Campanella se habría adaptado a la idea de intentar, mediante la Iglesia misma, la realización de su ideal, que, sin embargo, habría permanecido sustancialmente contrario a la ortodoxia católica. En cambio, le parece a Amerio que las obras de la edad madura *(Theología* y *Reminiscentur)* ahora publicadas, quieren llevarnos al reconocimiento de una evolución más compleja, al presentarnos, frente a la conversión juvenil del catolicismo al naturalismo y panteísmo, una conversión de la madurez hacia un catolicismo que anticipa las posiciones teóricas alcanzables, a través de un penoso trabajo de siglos, por la filosofía católica de nuestros días.

De esta manera, la resurrección de su fama, que Campanella había profetizado por el tercer siglo de su muerte, no consiste solamente en un renacimiento del interés y el estudio de su figura y su filosofía, sino también –y podemos decir, naturalmente– por una renovación de las polémicas acerca de la interpretación y evaluación de su obra y personalidad, que en su época habían asumido caracteres tan dramáticos. Solamente el conflicto actual no es ya entre defensores y perseguidores suyos, sino entre dos orientaciones filosóficas opuestas, que quieren cada una reivindicar para sí al filósofo de Stilo.

Frente al renovado conflicto de interpretaciones puede resultar más oportuno delinear los rasgos esenciales de la vida y la filosofía de Campanella, para quienes se dispongan a la lectura de cualquier obra suya, aun sea únicamente *La ciudad del sol,* la más fácil y afamada entre todas, que contiene, junto con la exposición de su utopía social, un resumen también de sus teorías esenciales, fundamento y raíz de toda su actividad política, religiosa y filosófica. No tenemos, en este ensayo, la posibilidad ni la intención de entrar en medio de las polémicas interpretativas, cuya discusión eficaz exigiría un examen profundizado y una cuidadosa comparación de textos, sino el propósito de ofrecer al lector una orientación básica para la comprensión histórica del pensamiento de Campanella, allanándole también el camino para una profundización ulterior de los problemas relativos a la vida y la obra de nuestro autor.

II
La vida y las obras

Las investigaciones relativas a la vida de Campanella, que se han profundizado especialmente durante el siglo XIX, sobre todo por empeño de Amábile, no han llegado sin duda a esclarecer de un modo completo todos los puntos oscuros que presenta la historia de sus vicisitudes dramáticas, pero nos permiten reconstruirla en lo esencial con bastante certeza y precisión.

Nacido en 1568 en Stilo de Calabria, Juan Domingo Campanella, que después tomó el nombre de Fray Tomás, vistiendo el hábito dominicano, mostró desde niño un ingenio férvido y entusiasta, pero inquieto y rebelde. Lector insaciable, decía de sí mismo en su poesía *Alma inmortal:* "Devoro en medida tal que ni todos los libros que tiene el mundo sacian mi hambre profunda, y a pesar de todo lo que comí, me muero por el ayuno". Tanto más cuanto que alimentarse de libros le parecía un comer por boca ajena; y según el pensamiento expresado más tarde, en una carta de 1607 a Mons. Querengo, todos los libros humanos ofrecen una imagen adulterada del original libro divino de la naturaleza. "Yo aprendo más de la anatomía de una hormiga o de una hierba (para no hablar de la del mundo, que es sumamente admirable), que de todos los libros que se han escrito desde el comienzo de los siglos hasta la fecha, pues aprendí a filosofar y leer en el libro de Dios. Mirando en su ejemplar, corrijo los libros humanos que le copian mal y de un modo caprichoso, no de acuerdo con lo que está en el libro original del universo."

Por eso no quería aceptar la autoridad de nadie y la de Aristóteles menos que cualquier otra. Unos frailes le dicen un día: "Tú tienes la mente descarriada como Telesio de Cosenza, que pelea contra todos los filósofos y especialmente contra Aristóteles", y él se enciende en el deseo de conocer al filósofo cosentino y su obra. No consigue verlo sino muerto, en 1588, pero se entusiasma por su naturalismo, y a través de la idea de la animación universal lo vincula con creencias y prácticas de ocultismo, de magia y de astrología, empujado en esta dirección también por su amistad con J. B. Porta, en Nápoles. En su *De sensu rerum et magia* (primera redacción en 1590), expresa su nueva concepción del mundo: de un mundo que es "todo sentido, vida, alma", en que todas las "muertes y vidas sirven a su gran vida", cuya unidad y orden se realizan mediante luchas y contrastes entre los seres particulares.

La audacia de sus ideas y expresiones excita sospechas y acusaciones contra él. En un primer proceso, en 1591, sospechoso de sacar su saber de fuentes diabólicas, habría contestado a los jueces (según su relato en la carta a G. Schopp) que él había consumido más aceite en su lámpara para estudiar, que ellos vino para beber: "Me plus olei quam ipsi vini consumisse".

Absuelto, se lisonjea de encontrar en Florencia la protección del Gran Duque, quien le promete una cátedra en Pisa; pero sus esperanzas quedan defraudadas por la revelación de su antiaristotelismo, y al salir de Florencia para Padua queda despojado en Bolonia de todos los manuscritos de sus obras, que más tarde, en 1594, se le presentarán como documentos de acusación en el tribunal del Santo Oficio en Roma.

Al llegar a Padua se encuentra pronto complicado en otro proceso, y después en un tercero, y luego en un cuarto, por el cual el Santo Oficio lo traslada a Roma, bajo las acusaciones de herejía e impiedad, originadas especialmente por las doctrinas del *De sensu rerum*. Pero logra por fin la absolución y el recobro de su libertad, por obra (a lo que parece) de protecciones poderosas, y además del carácter extremadamente teocrático de algunas obras escritas en su cautividad: *De Monarchia Christianorum, De regimine Ecclesiae, Discorsi universali del governo ecclesiastico* (1595). Las ideas teocráticas expresadas en estas obras no carecían de convicción sincera: en efecto, el ideal de una unión universal de todas las naciones en una única grey bajo un único pastor ha sido objeto constante de las aspiraciones de Campanella a través de sus oscilaciones acerca de la mejor manera de realizarlo. Y en el mismo anhelo hacia la unificación espiritual, religiosa y política de la humanidad se inspira (en el mismo año 1595) el *Dialogo politico contro Luterani:* condena del protestantismo y exaltación del catolicismo, pero en nombre de la unidad espiritual de las naciones, sin preocupación por las cuestiones de dogmática religiosa. El mismo repudio del "servo arbitrio" de Lutero procede únicamente de la consideración de sus consecuencias en la vida moral y civil de los pueblos, no de motivos teológicos.

El anhelo hacia su ideal se fortalecía en Campanella por su fe en una próxima realización. Al acercarse el fin del siglo, las profecías astrológicas anunciaban el año 1600 como un año fatal; todas las creencias y supersticiones del ocultismo, la magia, la astrología, la profecía, cooperaban en la formación de una atmósfera de expectación milenaria. Y en Campanella ésta se acentúa aún más cuando en 1598 vuelve a Nápoles y luego a Calabria.

Allí no se habían extinguido aún, desde los tiempos de Joaquín de Fiore, las aspiraciones mesiánicas, sino que se habían intensificado frente a la desolación y al terror producidos por el mal gobierno hispano, las violencias y luchas sangrientas de los patricios y el clero, la amenaza de los pillajes turcos. Campanella encuentra allí un medio dispuesto más que cualquier otro a escuchar su prédica: las gentes se entusiasman ante su anuncio de una próxima liberación de la humanidad y de un retorno a la primitiva edad de oro.

Según él, el género humano, en sus orígenes, estaba unido en una teocracia universal bajo la religión y ley de la naturaleza; pero después la unidad se había roto, substituyéndose a la única religión y ley verdadera, la multiplicidad de religiones y leyes diversas y falsas: de ahí las discordias, guerras, tiranías y perdición de la humanidad. Pero ahora había que volver a los orígenes, y había ya signos premonitorios en los sucesos, en la astrología y en las profecías: él, Campanella, era el nuevo Mesías de la nueva teocracia solar. Su prédica arrastraba a las multitudes: a quien le dijo que él anunciaba la República de Platón, que nunca se podrá realizar, le contestó "que sí, que se deberá llegar a ella, porque lo quieren las necesidades de los hombres y lo anuncian las profecías".

El movimiento toma forma de una conjuración que adquiere proporciones amenazantes; el virrey de Nápoles, al recibir en 1599 los informes de sus enviados, se alarma y da órdenes a soldados y esbirros para una represión inmediata y despiadada. Campanella y sus prosélitos son arrestados y empiezan los suplicios. Una crónica de la época refiere que el 29 de septiembre dos de los detenidos fueron condenados a ser "pasados por la rueda y despedazados en medio de la plaza", otros a ser colgados de un pie y después de veinticuatro horas descuartizados y expuesta, su cabeza, en una jaula; los otros (y Campanella entre ellos) fueron transportados por mar a Nápoles en cuatro galeras, y al entrar en el puerto, el 8 de noviembre de 1599, en cada nave se veía a uno colgado y a dos descuartizados para escarmiento del pueblo.

Por decisión del virrey, el proceso por tentativa de rebelión empieza en seguida y comprende también a los acusados eclesiásticos que debían luego ser sometidos al proceso por herejía. Campanella –que mientras tanto escribía en la cárcel la primera redacción y las nuevas elaboraciones de la *Monarchia di Spagna* (1599-1601), en la que confiaba al inmenso poder de la monarquía española la realización de la teocracia universal– se mantiene en la negativa hasta que las torturas renovadas e intensificadas le arrancan una confesión. Entonces, consciente de la suerte tremenda que le espera, finge la locura y consigue sostenerla durante la prueba atroz de la tortura de la *vigilia*, prolongada por treinta y seis horas. Quedó casi muerto, con las carnes en pedazos y desangrado, pero salvado: la ley no permitía ejecutar una sentencia de muerte sobre un loco, que no podía salvar su alma de la condenación eterna mediante el arrepentimiento; no se podía sino mantenerlo en la cárcel. La condena a muerte se lograba eludir así mediante una condena de por vida; "doliente vida peor que mil muertes", decía Campanella en una poesía. Pero durante algún tiempo se mitigaron los rigores con que le habían tratado hasta entonces. Así pudo dedicarse a sus meditaciones teóricas, es decir (según su declaración en su poesía *Sobre sí mismo)*, levantarse mediante las alas de su espíritu hacia el cielo, a pesar del peso que oprimía su cuerpo en tierra. Y pudo también escribir en la cárcel varias obras, entre ellas la *Metafísica* y *La ciudad del sol.*

La *Metaphysica* o *Universalis philosophia* quería ser una "biblia philosophorum, sapientia scientiarum", es decir, una verdadera enciclopedia filosófica, desarrollada en todas sus partes: gnoseología, metodología, ontología, cosmología, psicología, teología. Su punto de arranque se anticipa al de Descartes por la determinación inicial de la exigencia de la duda y del camino de su superación. Los argumentos del escepticismo nos llevan a una especie de locura, por la que "no sabemos si sabemos de veras o soñamos o estamos despiertos, ni si saber es saber", pero entre las tinieblas de la incertidumbre se enciende una luz de certeza por nuestra autoconciencia. Ésta nos ofrece tres certidumbres máximas: que existimos, sabemos y queremos; tres experiencias siempre presentes en nuestra conciencia, de las que no podemos dudar sin encontrar en la duda misma la confirmación de nuestro pensamiento, y por eso de nuestro ser. *Cognoscere est esse,* en cualquier conocimiento (de los sentidos, del intelecto, de la mente), que es siempre un cambio de nuestro ser en relación con el objeto. Conocer es convertirse en el objeto conocido *(cognoscere est fieri rem cognitam),* desde las cosas finitas hasta el infinito, Dios, que está en nosotros aunque no sabemos verle.

Cognoscere est esse; *notitia sui est esse sui; notitia aliorum est esse aliorum*: así se realiza el tránsito de la gnoseología a la ontología; y los tres atributos primeros (*primalità*) que la autoconciencia nos revela en nuestro ser (fuerza, conocimiento, amor) se extienden a todos los seres, al mundo, a Dios, con su carácter dinámico. La idea de Dios fluctúa en Campanella como en Bruno entre inmanencia y trascendencia; y de manera parecida, la inmortalidad del alma individual, aun cuando quiere afirmarse en el sentido ortodoxo, se convierte en inmortalidad del alma universal, de cuya divinidad participa el hombre; y la afirmación del libre arbitrio, opuesta al arbitrio esclavo de Lutero, se reduce a la aseveración de una necesidad interior (de la naturaleza de cada ser, que no quiere cambiarse en otra) que lucha contra toda necesidad exterior. *Non inesse libertatem contra fatum, sed pro fato*, dice Campanella con una fórmula entre estoica y spinoziana o leibniziana; nuestra libertad no es opuesta, sino conforme a nuestro destino.

El naturalismo medio panteísta de la metafísica está también (como veremos más adelante) en la raíz de la utopía de *La ciudad del sol*, cuya primera redacción es contemporánea a la de la *Metafísica* (1602-03). En esta obra Campanella dibujaba el ideal de Estado con que había encendido de entusiasmo las mentes de sus compatriotas en la conjuración fracasada de manera tan deplorable. Pero con estas obras queda de momento interrumpida su actividad literaria. En el mismo año 1603, por temor de que un compañero suyo, fugado de la cárcel y acogido con honras por los turcos, pudiera intentar la liberación de Campanella, se le hace más áspera la prisión, relegándolo a un torreón, y en 1604 a una fosa subterránea de Castel Sant-Elmo, que en otra ocasión había sido considerada demasiado terrible para un asesino. En la oscuridad, la humedad y el frío de aquella fosa, compone el himno Al Sol:

> *Tu sublimi, avvivi e chiami a festa novella*
> *ogni segreta cosa, languida, morta e pigra.*
> *Deh! avviva con l'altre me anche, o nume potente,*
> *cui piú che gli altri caro et amato sei.*
> *Se innanzi a tutti te, Sole altissimo, onoro,*
> *perchè di tutti piú al buio, gelato tremo?*
> *Esca io dal chiuso, mentre al lume sereno*
> *d'ime radici sorge la verde cima...*

(Tú sublimas, vivificas y llamas a nueva fiesta a toda cosa secreta, lánguida, muerta y perezosa. ¡Ah! vivifica con las otras, numen poderoso, también a mí, que más que los otros te quiero y amo. Si honro más que a cualquier otro a ti, Sol altísimo, ¿por qué me encuentro, helado más que cualquier otro, temblando en las tinieblas? Salga yo de este lugar cerrado, mientras bajo tu luz serena surge de las raíces profundas el verde vértice...

Y en otra poesía se lamenta:

> *Al numero io mi trovo*
> *delle perdute genti,*
> *dei sotterranei laghi*
> *nell'infimo rinchiuso*
> *di morte fra le tenebre sembro io.*

(Me encuentro en el número de las gentes perdidas, parezco encerrado en el más hondo de los lagos subterráneos entre tinieblas de muerte.)

Pero de acuerdo con su teoría de la animación universal, por la cual la muerte individual no es sino un cambiarse en otros seres que tienen igualmente sensibilidad y capacidad de sufrimiento, ni siquiera la muerte real le parece una liberación.

> *Temo che per morir non si migliora*
> *lo stato uman: per questo io non m'uccido,*
> *che tanto è ampio di miseria il nido,*
> *che per lungo mutar non si va fuora.*
> *I guai cangiando, spesso si peggiora,*
> *perché ogni spiaggia è come il nostro lido:*
> *per tutto é senso. Ed io il presente grido*
> *potré obliar, come ho mill'altri ancora.*

(Temo que ni por el morir se mejora la condición del hombre; por eso no me mato, pues el nido de la miseria es tan amplio, que no se sale de él por mucho que uno se mude. Al cambiar los males a menudo se empeora, pues toda playa es igual a nuestra orilla: en cada parte hay sensibilidad.

Y yo podría olvidar mi grito de hoy, así como olvidé otros mil aún.)

Única consolación parece ofrecerle la idea, que se anticipa a la teoría del optimismo de Leibniz, de que el mal y el sufrimiento particular pueden ser un bien y una alegría en el todo (cfr. la poesía *Fede naturale)*; y acaso también el culto helíaco, que había establecido entre sus compañeros de cárcel en Castel Nuovo, con la invocación al "sacrosanto Sol, lámpara del cielo, padre de la naturaleza, etc.", que ellos suplicaban y conjuraban "por las influencias magnas, necesidad, hado, armonía, etc.". La fórmula de esta invocación, que se encuentra en las declaraciones de un compañero de cárcel, así como en la poesía *Salmodia metafisicale* y en la plegaria de los ciudadanos de *La ciudad del sol*, vuelve a resonar en resumen en la conclusión de la citada poesía *Al Sol*: "Ten compasión tú, Dios, tú que eres amplísimo manantial de todas luces: venga tu luz."

De qué manera pueda conciliarse ese naturalismo y religión natural (pues la adoración del Sol quería ser adoración de la naturaleza) con la ortodoxia católica aparente de las dos obras de 1605 *(Monarchia Messiae* y *Atheismus triumphatus)*, escritas en otra temporal mitigación de su cautiverio, ha sido un problema muy discutido por los historiadores. Uno de ellos (Falletti) habló de una conversión de Campanella; otros (y especialmente Amábile) de una simulación interesada; Blanchet y Dentice d'Accadia de una evolución sincera hacia un cristianismo racionalizado (comparado por el primero al modernismo, identificado por la segunda con el deísmo), que se expresa en una teología natural, intentando conciliar el naturalismo religioso con la religión católica.

En realidad, bajo las apariencias ortodoxas se encuentran ideas ajenas al catolicismo, como la afirmación de que Dios es *intrinsecus ipsis rebus non autem extrinsecus*, y mueve todas las cosas por una intimidad mayor con ellas de aquella por la cual nuestra alma mueve nuestro cuerpo. Por esta idea de Dios, concebido como alma del mundo (expresada también por Bruno), se explica el hecho de que el mismo *Atheismus triumphatus* declare propia de los filósofos la fe en la ley de la naturaleza pero no en lo sobrenatural; y por eso reconozca la calificación de cristianos a todos los que viven y obran de acuerdo con la recta razón, en tanto siguen sus dictámenes aún sin tener los sacramentos; y que hasta el *Memorial al papa Pablo V* (1606) afirme que la ley de la naturaleza es la ley de Cristo, y que los Sacramentos, agregados solamente para auxilio a la naturaleza, son ellos mismos símbolos naturales.

El hecho de que Campanella exprese estas ideas en escritos que debían, en su intención, ayudarle a lograr la protección del papa y de la Iglesia para mejorar su situación, no testimonia solamente la convicción que él tenía de su verdad, sino también su ilusión de que le fuera posible convencer a la autoridad católica de que sus tesis estaban de acuerdo y en conformidad con el catolicismo ortodoxo.

Que él alimentaba tal ilusión nos resulta confirmado por el hecho de que ésta no aparece solamente en el terreno de la pura teoría filosófica, sino también en el de la aplicación práctica, es decir, de la realización del ideal de reforma religiosa político-social, expresado ya en *La ciudad del sol* después del fracaso de la tentativa de Calabria. En su cruel cautividad, Campanella no deja de soñar en la realización de la teocracia universal que debe renovar al mundo; pero ahora ve que para efectuarla se necesita un poder espiritual tan grande como el que posee la Iglesia católica; y por eso en su *Monarchia Messiae* –modificando en nueva dirección la aspiración realizadora que le había dictado ya la *Monarchia di Spagna*– quiere que el papa se convierta en el realizador de su ideal. Y en toda una serie de *Memoriales* dirigidos al papa y a los cardenales (1606-07) no solamente invoca esa acción, sino que reclama de los príncipes de la Iglesia una reforma del clero para hacer posible la realización de su sueño de reforma: "no se puede hacer reforma si el clero romano no se reforma a sí mismo". Además, por la aspiración social que está en la raíz de su utopía, llega a reprochar a los cardenales el favorecer a los poderosos y abrumar a los humildes: *sed vos, sancti principes, cur observatis canones favorables cum regibus et magnatibus et non cum pauperibus, canones vero duros et amaros cum miseris?*

Todas estas manifestaciones son testimonios irrecusables de la sinceridad de su ilusión, con la que concuerda también la actitud que se manifiesta en alguna poesía y en los *Antiveneti* (1606) contra Venecia, que al desconocer la supremacía del papa, se constituía en obstáculo contra el ideal de la teocracia universal. Igual postura espiritual se manifiesta en el ardor de propaganda católica que expresan las cartas a G. Schopp, al declarar su propósito y su seguridad de convertir en poco tiempo a todos los protestantes, los hebreos, los indios, persas y moros, para conseguir por el catolicismo universal esa unidad espiritual del género humano cuya realización producirá la de la teocracia universal.

Su ilusión por otra parte parece comunicarse a alguno. Gasper Schopp, católico alemán que encabezaba entre sus compatriotas la reacción contra el protestantismo, se persuade de que Campanella puede ser una poderosa ayuda en la lucha para el triunfo de la Contrarreforma. Logra ponerse en comunicación con él en 1607, y obtiene de él la entrega de sus manuscritos, por cuya publicación se interesa después en varias partes, mientras hace muchas diligencias entre cardenales, príncipes y el mismo emperador para la liberación del filósofo, pero con éxito tan escaso o negativo, que hace llegar a Campanella a la exasperación. Hasta que en 1610, Schopp, cansado y además intimidado por la Inquisición, abandona a Campanella a su suerte; "hice por él (escribe más tarde en una carta a Fabri) más de lo que podía, pero sin lograr nada. La Inquisición me prohibió interesarme por él: y si no la obedecía me habría perdido a mí mismo, sin ayudarle para nada".

A Campanella, Schopp le había escrito en 1608: "no te aconsejo esperar nada, sino que, por estar casi agotado todo pensamiento y medio humano, te refugies todo en Dios y le sometas toda tu voluntad, y si Él no quiere ya estar con nosotros, le pidas que te conceda disolverte en la muerte". Esta solución extrema parecía ya la única posible en 1610, por el fracaso total de las esperanzas de Campanella, mientras su prisión continuaba entre alternativas de rigor y mitigación. Especialmente cuando, en 1611, le secuestran todos los libros que estudiaba y los manuscritos que había vuelto a redactar, él se abandona a una desolación desesperada que expresa en un *Memorial* al papa.

Pero pronto vuelve a animarse y se exalta con la noticia, que le llega el mismo año 1611, del *Nuncius sidereus* de Galileo. En esta obra no solamente le entusiasmaba la gran idea de la apertura del cielo cerrado del sistema tolemáico hacia la infinitud del sistema copernicano, sino que debía también causarle honda satisfacción el heliocentrismo, al otorgar una especie de confirmación científica a su vieja teología solar. Por eso escribe cartas a Galileo para exhortarlo a dejar de un lado cualquier otra investigación y consagrarse entera y únicamente a la demostración de la nueva astronomía; y cuando en 1616 la acusación de herejía levantada contra el astrónomo concluye con la condena de su doctrina como perjudicial a la fe sagrada por convertir en falsas a las Escrituras, y con la inhibición a Galileo de seguir sosteniéndola, Campanella, sin pensar en el peligro que enfrenta, escribe la *Apología pro Galileo*, intrépida reivindicación de los derechos de la ciencia, cuya negación en nombre de la religión declara ofensa a la religión misma.

Pero la ciencia, que según su parecer podía ser objeto de estudio y exposición en perfecto acuerdo con las Escrituras sagradas y con las doctrinas de los teólogos más autorizados, como Santo Tomás, no era para él solamente la astronomía severamente matemática de Galileo, sino también la astrología, a la que consagró un tratado *(Astrologicorum,* libri VII), escrito en su mayor parte (libros I-VI) en 1613-14, para agregarle el libro VII *(De fato siderali vitando)* más tarde, en 1626. El año 1613, en que escribió también la *Epistola antilutherana*, había marcado un período de extraordinaria atenuación de su cautiverio, en el que se le permitía recibir visitas, y hasta dictar clases en Castel Nuovo. Algunas de estas clases tuvieron por oyente, entre otros, al jurista alemán Tobías Adami, quien se le vinculó por una amistad y admiración profundas y después, en los años 1617-23 se hizo, con sus amigos V. Andreae y Besold, editor de varias obras campanellanas: *Prodromus philosophiae instaurandae* (1617); *De sensu rerum* (1620); *Monarquía de España* en traducción alemana de Besold (1620); *Poesie filosofiche,* traducidas al alemán y editadas por Andreae (autor también de una imitación de *La ciudad del sol*) en 1619, y en su original italiano *(Scelta d'alcune poesie,* etc.) por Adami en 1622; *Apologia pro Galileo* (1622); *Realis philosophiae epilogisticae* partes 4 (1623), con apéndice político *(Civitas solis).*

La astrología y la magia le habían atraído en 1616 la benevolencia y protección del nuevo virrey duque de Osuna, que le hizo esperar la liberación; pero muy pronto, para alejar las sospechas de la Iglesia, el virrey volvió a empeorarle el cautiverio. Entonces (1618), Campanella se dirige al papa con otro memorial *(Frutti della penitenza,* etc.), cuyo fin principal consiste en comunicarle el plan de una obra: *Quod reminiscentur et convertentur ad Dominum universi fines terrae,* que se propone demostrar por un examen comparativo de todas las religiones la superioridad de la fe católica sobre las otras, y procurar así su triunfo universal. Esta obra (empezada en 1617 y elaborada por doce años, hasta 1629) ha sido en nuestros días, como se ha dicho, fundamento de la nueva interpretación ortodoxa del pensamiento maduro de Campanella; pero ya en su tiempo (si debemos creer en la dedicatoria que Campanella le antepuso) habría logrado la aprobación del papa Pablo V y el interés de Gregorio XV, quien de ella habría extraído la idea de instituir la congregación *De propaganda fide.*

Desgraciadamente para Campanella, en el momento en que el favor de Gregorio XV se volvía hacia él, llegaba a Roma la edición de la *Apologia pro Galileo* (1622), y en la reacción provocada por esta obra, el Santo Oficio decretaba la condena también del *Atheismus triumphatus* y del *Quod reminiscentur.* El nuevo papa Urbano VIII (1623), a pesar de la admiración por Galileo que ya había expresado en una poesía, rehusa su intervención en favor del prisionero: sólo en 1625 alguna recomendación eclesiástica autorizada le consigue del virrey de Nápoles un decreto de liberación, llevado a efecto el 23 de mayo de 1626, después de 27 años de prisión. Pero en seguida le detiene el Santo Oficio y le traslada a Roma, donde solamente en 1628, por el interés suscitado en el papa por su folleto astrológico *De fato siderali vitando,* obtiene el ser llamado al palacio pontifical para realizar prácticas mágicas y astrológicas: cuyo resultado fue la liberación definitiva, en abril de 1629.

Al salir de la cárcel, después de 30 años de cautividad, Campanella, a pesar de encontrarse viejo y enfermo, tenía grandes esperanzas de realizar sus constantes sueños. Esperaba convertirse en una especie de Mesías bajo la protección de la Iglesia católica, para actuar, tanto mediante la publicación de sus obras, como por el ejercicio de la función de consultor del Santo Oficio y la creación de un seminario de misioneros para la difusión y restauración universal de la fe. En la idea de esta misión se conciliaban en su espíritu su religión natural con la teocracia católica, convertida en medio de realización de su utopía; el plan del *Quod reminiscentur* pasaba a la acción.

Pero el sueño debía disiparse muy pronto al contacto con la áspera realidad. La publicación de su obra astrológica, hecha probablemente por sus enemigos para suscitarle en contra nuevas hostilidades (fin de 1629), provoca el secuestro del mismo *Atheismus triumphatus* y, en 1632, un decreto de la Congregación del Índice que prohíbe todas sus obras no aprobadas por Roma. Al mismo tiempo se desencadena la tormenta sobre la cabeza de Galileo por la publicación del *Dialogo dei massimi sistemi* (1632), y la osadía de Campanella de ofrecerse como defensor en el proceso desata contra él nuevas prohibiciones y hasta el secuestro de la *Monarchia Messiae*.

La clara visión del continuo peligro en que se halla en Italia, y que se hace más grave e inminente por el pedido de su entrega presentado por el virrey de Nápoles a consecuencia de la conjuración y condena a muerte de fray Tomás Pignatelli, discípulo de Campanella (1634), lo induce a huir a Francia, que ahora en su pensamiento ha reemplazado a España en la misión de realizar la monarquía católica universal (Cfr. *Monarchie delle Nationi,* 1635). Tenía en Francia relaciones y amistades de sabios como Gassendi, Mersenne, La Mothe le Vayer, G. Naudé, etc.; y a su llegada (en octubre de 1634) encuentra una acogida extremadamente cordial, hasta de parte del cardenal Richelieu y del mismo rey Luis XIII.

No obstante la oposición que Roma ejerce por medio del nuncio pontificio, llega a publicar, entre 1636 y 1638, muchas de sus obras, dispuestas por él en un orden sistemático, en el cuadro de una *Instauratio scientiarum*. Los 5 tomos publicados en ese período contenían: el primero, *De praedestinatione, De gentilismo, Atheismus triumphatus* (1636); el segundo, *De sensu rerum et magia* y *Defensio* (1637); el tercero, *Disputationum suae philosophiae realis* (1637); el cuarto, *Philosophia rationalis* (1638), y el quinto, *Metaphysica* (1638). No había abandonado su sueño de la teocracia universal, que reaparece en *Monarchie delle Nationi* (1635), en *De regno Dei* y en la *Ecloga* (fin de 1638), que reproduce más de cerca su utopía de *La ciudad del sol* y de la vuelta a la edad de oro.

Pero debió renunciar al proyecto de un viaje a Inglaterra, donde tenía admiradores como Herbert de Cherbury. Ya se acercaba su fin: el 26 de marzo de 1639 su vida, tan trabajada y atormentada, se extinguió, dejando su obra al juicio de la posteridad.

III
Las doctrinas y su importancia histórica

A) La libertad de la ciencia y su acuerdo con la religión

Uno de los mejores estudiosos modernos del pensamiento de Campanella, Blanchet, escribió que, aunque se perdiesen todas sus demás obras, siempre quedaría en la historia como autor de la *Apología pro Galileo*. Y en verdad, este escrito es un memorable documento de nobleza moral y de entusiasmo por la ciencia.

Ya en una carta de 1611 a Galileo, Campanella se entusiasmaba al ver resurgir la verdad antigua, intuida mucho antes por el genio italiano: "esta filosofía es de Italia, de Filolao y de Timeo en parte, y Copérnico la robó de los nombrados nuestros y de Francisco Ferrarese, su maestro". Y saludaba en los nuevos descubrimientos el principio del *siglo nuevo*, siempre esperado por él. Ahora, en 1616, contra la condena de la teoría heliocéntrica pronunciada por el tribunal eclesiástico que la juzgaba nociva para la fe, Campanella reivindica los derechos de la verdad científica; y repite con Giordano Bruno y los otros sostenedores de la doctrina de la *doble verdad* que la verdad religiosa y la filosófica no pueden entrar en conflicto, porque tienen campo diferente: la una, el de la conducta moral y la vida futura; la otra, el del conocimiento de este mundo. "En el Evangelio –escribe– no se lee que Cristo tratase nunca de asuntos físicos o astronómicos, sino de cosas morales y de las promesas de la vida eterna." Y el que quiere servirse de las Escrituras como de prueba del sistema aristotélico, "procede no sólo irracionalmente, sino con impiedad, exponiendo las Sagradas Escrituras a las burlas de los filósofos, paganos y heréticos". ¿Cómo no habrían de reírse éstos al oír negar, después del descubrimiento de América, la posibilidad de la existencia de las antípodas y poner en el otro hemisferio el paraíso terrestre?

Todo límite que se quiera poner a la investigación científica es una ofensa al cristianismo. "El que teme ser contradicho por las cosas naturales es consciente de su propia falsedad. Por consiguiente, el que en nombre de las leyes cristianas quiere vedar las ciencias, los estudios y las investigaciones de las cosas físicas o celestes, piensa mal del cristianismo o es causa de que sospechen de él los otros". Más bien la sed de conocimiento debe considerarse como homenaje al Creador. "Si Dios creó el mundo para su propia gloria, como dice Salomón, quiere que nosotros le admiremos y le ensalcemos y celebremos en él a Dios, su autor, como un poeta o un pintor sabio quiere que se conozcan sus obras y se elogie al artífice."

Y mayor gloria viene al Creador de la mayor grandeza de las obras: por eso el reconocer la infinitud del universo y la pluralidad de los mundos, el ver el firmamento lleno de otros soles con el cortejo de sus planetas, es contrario, sí, a Aristóteles, pero no a las Escrituras, y bien lo han visto "el cardenal Cusano y un ciudadano de Nola, y otros a los que no se puede nombrar por ser heréticos". Por eso, concluye Campanella, prohibir el estudio de Galileo y suprimir sus escritos constituiría un peligro de irrisión a las Sagradas Escrituras y un arma proporcionada a sus enemigos.

La audacia de esta reivindicación de la libertad de la ciencia, que llega hasta el punto de recordar con honra (aunque sin indicar su nombre) a filósofos condenados por herejía y de un modo particular al nolano –es decir a Giordano Bruno, cuyo recuerdo era entonces severamente vedado–, no necesita ser puesta de relieve. Sin duda, el escritor católico que ha intentado en nuestros días la interpretación ortodoxa del pensamiento de Campanella, Romano Amerio, tiene toda la razón en escribir que "únicamente una imperfecta inteligencia de la ortodoxia católica pudo llevar a Dentice d'Accadia a definir *herética en extremo* la doctrina campanellana acerca de las relaciones entre ciencia y fe, que el dominicano padre Mandonnet juzga contener *des vues d'une rare pénétration et d'une rare justesse*, y que el Concilio Vaticano ha sancionado".[2] Pero no hay que olvidar que si en nuestros días Amerio pudo escribir que "aquellas proposiciones campanellanas expresan un axioma teológico común", no se podía decir la misma cosa en la época de Campanella. A pesar de la preexistencia de las afirmaciones de San Buenaventura, Santo Tomás y Suárez, que Amerio cita, las ideas de Campanella en aquel entonces eran consideradas heterodoxas y heréticas por la autoridad eclesiástica romana, y por eso la *Apología pro Galileo* era un acto de osadía, como los hechos debían comprobarlo en el momento de su publicación. Los eclesiásticos que le otorgaban su aprobación –como el padre Mersenne, que admiraba a Campanella igual que a Galileo y aceptaba su nueva concepción de las relaciones entre ciencia y fe– eran entonces una excepción y una pequeña minoría, aunque destinada a convertirse con el tiempo en mayoría y generalidad.

Sin duda la reivindicación de la libertad de la ciencia se presenta en Campanella como tentativa de conciliar ciencia y

---

[2] *Il problema esegetico fondam. del pensiero campanell.*, en "Riv. di Filosof. neoscolastica", 1939, pág. 385.

religión. Pero al proclamar en nombre de ésta el derecho a la libertad universal de investigación y de interpretación, Campanella se atiene al concepto de la religión natural mucho más que al de la ortodoxia de cualquier religión positiva dogmática, hasta de su religión helíaca de *La ciudad del sol,* que, sin embargo, en su vinculación con su régimen teocrático dirigido por el *Metafísico* príncipe sacerdote, implicaba de alguna manera un principio de autoridad, más bien que de plena libertad filosófica.

B) LA TEORÍA DEL CONOCIMENTO: CAMPANELLA Y DESCARTES

Su religión natural (como veremos más adelante) estaba relacionada con la idea de la animación universal de la naturaleza, vinculada a su vez con la teoría del conocimiento, base de todo su sistema filosófico. Campanella se anticipa a Descartes en considerar a la metafísica (y también la ética) como dependiente de la gnoseología: por eso su obra sistemática fundamental *(Universalis philosophia seu Metaphysica)* quiere establecer los principios del conocer *(principia sciendi)* como premisa y base de los del ser *(principia essendi)* y del actuar *(principia operandi).*

Su punto de partida (como después el de Descartes) es la duda; su primer esfuerzo, la refutación del escepticismo, cuyas razones, sobre las huellas de los escépticos antiguos (Carnéades y Sexto Empírico), habían vuelto a aceptar los modernos (Montaigne, Sánchez, Agrippa, J. F. Pico de la Mirándola). Observó ya Blanchet que Campanella, al exponer los motivos del escepticismo, los recoge de todas partes, sin cuidarse de ordenarlos y clasificarlos metódicamente como Descartes, ni siquiera de eliminar las contradicciones en que se encuentran a veces unos con otros, ni tampoco revela en la crítica de las operaciones intelectuales una intuición parecida a la de Descartes acerca del influjo perturbador que el sentimiento, la imaginación y la asociación mental ejercen sobre nuestro pensamiento.

En éstas y en otras partes es cierto que Campanella queda inferior a Descartes en cuanto al vigor y rigor de la demostración. Pero se anticipa a él en el camino, buscando la superación del escepticismo en el argumento de San Agustín, de que la duda misma y el mismo error nos dan la certeza de nuestra existencia: si me engaño existo (*si fallor sum*). Puedo dudar de todo, pero si dudo pienso, y si pienso existo: *cogito, ergo sum*.

Por eso Campanella es precursor de Descartes, y aunque la primera edición de su *Metafísica* (1638) es posterior a la del *Discours de la méthode* (1637), Blanchet ha demostrado, mediante la carta del propio Descartes a Huyghens (1638), que él conocía desde quince años atrás otras obras en las que Campanella había deducido de la autoconciencia la certeza de la propia realidad: el *De sensu rerum* (ed. 1623), que Descartes indica explícitamente y "quelques autres traîtés", que pueden ser el *Prodromus philosophiae instaurandae* (ed. 1617) y la *Realis philosophia epilogistica* (ed. 1623). Por ese conocimiento previo que Descartes tenía al escribir su *Discours de la méthode*, Campanella debe haber sido no solamente un precursor, sino también un inspirador del *cogito ergo sum* del filósofo francés.

Campanella ya presentaba el *cogito* como una intuición, un conocimiento inmediato de sí mismo, fusión de ser y conocer, que por eso se diferencia de todo otro conocimiento que implique una distinción entre sujeto y objeto. La intuición primitiva por la cual el alma, en su inmediata y perpetua presencia ante sí misma, aprehende su existencia propia, constituye el principio de toda certeza: solamente de este conocimiento originario y primero *(notitia innata)* de uno mismo puede derivar cualquier conocimiento añadido *(notitia illata)* de otras cosas. Sin la intuición interior de sí mismo, el espíritu no puede tener aprehensión de nada, porque cualquier percepción, sensible o intelectual, siempre es aprehensión de una modificación del yo, que se transforma parcial y momentáneamente al realizar, en el acto cognoscitivo, una asimilación de sí mismo a su objeto.

Cualquier conocimiento, entonces, se resuelve en un conocimiento de sí mismo *(semper ergo scire est sui)*, es decir, en una modificación de sí mismo, por la acción del objeto (sensible o intelectual) del conocimiento. Bajo este aspecto, por tanto, los conocimientos que quieren ser objetivos deberían considerarse subjetivos: la tesis del idealismo subjetivo resulta anticipada, y el paso de la interioridad a la exterioridad, es decir, de la realidad del yo a la del no-yo parece muy difícil de realizar.

Es sabido de qué manera Descartes intentó superar esta dificultad y probar la realidad del mundo a partir del *cogito ergo sum,* que le ofrecía la realidad del yo. Descartes tuvo que buscar en el interior del *cogito* una idea que le ofreciera el tránsito a la objetividad del no-yo, por contener en sí-misma la prueba de la realidad de su objeto: la idea de Dios, siempre presente en nuestro pensamiento de una manera necesaria, por ser la idea de la perfección infinita, condición indispensable de cualquier idea de cosa finita e imperfecta, y de la conciencia misma de nuestra imperfección y capacidad de error, ofrecida por la experiencia de la duda. La idea de un ser cuyo superior no se puede pensar, debe por consiguiente, como había dicho ya San Anselmo en su argumento ontológico, incluir en sí también la perfección de la existencia: de la cual puede ahora deducirse la existencia del mundo, porque Dios, en su bondad y veracidad perfectas, no puede querer hacernos víctimas de un perpetuo engaño.

Pero el punto débil de la deducción estaba en el paso de la existencia ideal (en el pensamiento) a la existencia real (objetiva); y contra esta debilidad del argumento ontológico de Descartes (como ya de San Anselmo) se dirigieron precisamente las críticas de los filósofos contemporáneos y posteriores, especialmente de Kant.

Campanella, en cambio, escapaba a esta falla porque en él se afirmaba el principio de que la autoconciencia incluye juntas la conciencia (y existencia) del yo y la del no-yo. Este punto, en el que su camino diverge del de Descartes, ha sido considerado injustamente por Blanchet como un elemento de inferioridad en Campanella.

En nuestra vida presente (observa Campanella) no tenemos conocimiento abstracto del yo, separado de cualquier impresión que nos entere de nuestra propia existencia y naturaleza: tenemos la autoconciencia, por ej., en el acto del pensamiento, de la duda, etc.; pero al pensar y dudar pensamos en algo, dudamos de algo, es decir, tenemos noticias añadidas *(notitiae illatae)* y en ellas justamente encontramos y reconocemos la *notitia innata* de nuestro yo, que no tenemos directa y aisladamente. Por eso Campanella llega hasta declarar que en la vida presente el alma, mezclada con los objetos exteriores, tiene en el conocimiento añadido algo más propio a su condición actual que en el innato. "Quia non est in sua puritate anima, sed in externorum objectorum mixtura... idcirco notitia *reflexa* videtur ipsi propria magis pro praesenti statu".[3]

La *notitia illata* o *addita (*o *reflexa)* nos otorga, al sobrevenir, la revelación efectiva y concreta del conocimiento primero y fundamental *(notitia innata),* que por sí mismo nos quedaría oculto *(notitia abdita):* cada *notitia illata* en efecto es aprehensión de una modificación del yo, y por eso nos ofrece siempre en sí misma la conciencia del yo, porque el yo no podría conocer su modificación sin conocerse a sí mismo. Pero por otro lado no llegaría a tener conocimiento actual efectivo de sí mismo sin la intervención de sus modificaciones. La *notitia innata* es oculta *(abdita)* no solamente porque en la vida diaria el sobrevenir continuo de impresiones, por su cambio incesante, tiende a oscurecer la conciencia del yo y de su unidad, sino también (viceversa) porque sin ese sobrevenir de impresiones que le ayudan a informarse acerca de su naturaleza, el yo permanecería sumergido en una condición de inconsciencia profunda.

La *notitia innata* de Campanella, entonces, es como el *a priori* de Kant: que es *conditio sine qua non* para cualquier experiencia, pero no tiene existencia actual anterior y separadamente de la experiencia, sino que se revela en la presentación efectiva de ésta. El propio Campanella ha expresado en su *Metafísica* la relación entre la experiencia fluyente *(scientia illata)* y las ideas innatas *(scientia innata)* de la manera siguiente: la experiencia no suministra al sujeto cognoscente la idea innata, sino que ofrece a esta noción fundamental la *ocasión* de manifestarse ("non parere notitiam, sed notitiae radicali occasionem sese manifestandi praebere". *Methap.* lib. VI, cap. IX, art. I).

---

[3] *Metaphys.*, parte I, lib. VI, cap. 8, art. 4.

Pero si cada *notitia illata* es aprehensión de una modificación del yo, éste no puede modificarse o transformarse a sí mismo de por sí: de manera que la *notitia illata* incluye en su presentarse también la existencia del no-yo. Y como a su vez la *notitia innata* encuentra su revelación a través del sobrevenir de las noticias *illatas,* así puede decirse además que la conciencia efectiva del yo está vinculada naturalmente con el reconocimiento del no-yo. Campanella no ha desarrollado de una manera explícita esta conclusión; pero es innegable que en su gnoseología, aunque oscuramente, la autoconciencia incluye juntas la conciencia del yo y la del no-yo. Por eso no hay que maravillarse (con Blanchet) de que en su doctrina falte la preocupación de dar una demostración especial de la existencia del mundo exterior; y no se encuentre en ella nada parecido a la laboriosa preparación teórica de esa demostración que nos ofrecen las *Méditations métaphysiques* de Descartes.

Hay que observar todavía que si la percepción de las cosas no es sino percepción de nuestras modificaciones, no puede considerarse como aprehensión de la naturaleza de las cosas mismas. Descartes también, a pesar de su principio de la veracidad de Dios, se encuentra en la misma dificultad por la distinción entre las cualidades *primeras* (objetivas, constituidas por la extensión y el movimiento) y las *segundas* (subjetivas, constituidas por todas las impresiones sensibles de color, sonido, gusto, etc.). La solución de la dificultad para Descartes *(Méditations métaphysiques,* VI*)* está en una teoría anticipadora del pragmatismo: lo que nos interesa en nuestro conocimiento del mundo y de los fenómenos no es la verdadera naturaleza intrínseca de las cosas y los hechos, sino su relación con nuestra vida y utilidad. Por eso la veracidad de Dios se manifiesta hacia nosotros al darnos un conocimiento de las cosas que concierne a nuestra existencia más bien que a la realidad objetiva exterior.

De manera que nuestro conocimiento sensible podría definirse un conocimiento simbólico de las cosas, así como Descartes[4] define al conocimiento matemático del mundo: conoci-

---

[4] *Principes,* parte IV, art. 205.

miento de *signos* de las cosas y del sistema que los une, comparable a un sistema de escritura cifrada, que leemos e interpretamos en relación con nuestra vida.

Análogamente, Campanella, al distinguir en su *Metafísica* dos especies de ciencia de las cosas –la que se refiere a la naturaleza interior de ellas ("scientia simpliciter rerum prout sunt in se") y la que se refiere a la protección de nuestra vida ("scientia quae competit homini ad tuendam vitam")– había afirmado contra los escépticos, que el carácter subjetivo y relativo de la segunda (constituida por el conocimiento sensible) no puede dar lugar a un argumento en favor del escepticismo, porque nos informa sobre la acción útil o perjudicial de las cosas y sobre las reacciones que el hombre tiene que oponerle *"ad sui utilitatem"*.5 Pero Campanella está convencido de que además de la ciencia útil a la protección de nuestra vida, llegamos también a la conquista de la otra ciencia, la de las cosas como son en sí mismas. Y también esta ciencia se consigue, según su parecer, a partir del conocimiento fundamental y primero, es decir, de la noción innata del yo.

c) LA METAFÍSICA Y LA RELIGIÓN NATURAL.
SU RELACIÓN CON LAS RELIGIONES POSITIVAS.

La noción innata del yo no es una, sino triple; es el conocimiento de tres atributos fundamentales y primeros *(primalità)* de nuestro ser. Aplicando a nuestro ser un concepto trinitario conforme al dogma católico de las tres personas, Campanella no se limita a reconocer en él los dos atributos incluidos después por Descartes en su *cogito ergo sum*, es decir, el pensamiento y el ser, sino que distingue el atributo del pensamiento (único en Descartes) en dos: conocimiento y voluntad. Así la certeza de nuestro ser incluye para Campanella una triple certeza: existencia, conocimiento, voluntad *(potestas, sapientia, amor)*; y a partir de este principio Campanella reproduce la teo-

---

5 *Metaphys.*, lib. I, cap. 9.

ría trinitaria de toda realidad natural y humana afirmada ya por San Agustín.

"Tres cosas tienen para nosotros el grado más alto de la certeza, es decir, que existimos, que sabemos, que queremos. En efecto conocemos, sin posibilidad de duda o error de cualquier especie, que existimos, que amamos nuestro ser y que lo conocemos; y en estas tres cosas ninguna falsedad nos perturba por su semejanza con la verdad, pues nuestro error concierne siempre a los objetos cuyo conocimiento adquirimos por imágenes o movimientos que nos llegan de ellos y que pueden ilusionarnos por su semejanza con otros (de la manera como confundimos una cosa con otra), o que nos representan las cosas imperfectamente. En cambio, no tenemos de nuestro ser, de nuestro saber, de nuestro querer, una imagen *(species)* o un movimiento impreso en nuestra imaginación, sino una *presencia* perpetua. Por eso no podemos equivocarnos."[6]

Las tres *primalidades* tienen todas igualmente el grado máximo de certeza (*nos esse et posse scire et velle est certissimum principium primum*), y son los principios más seguros de toda ciencia (*certissima principia scientiarum*), así de la del yo como de las del no-yo. En efecto (según se ha visto) cualquier conocimiento sobreañadido (*notitia illata* o *superaddita*) se resuelve en un conocimiento del yo, es decir, de una modificación suya: el yo, en su actividad cognoscitiva, no puede salir de sí mismo. Pero encuentra en sí mismo limitaciones y pasiones, es decir, la presencia de algo que lo limita y causa su modificación: la *perceptio passionis* le revela, al mismo tiempo que su propio ser, también un ser ajeno. Ajeno y distinto, pero de naturaleza necesariamente análoga a la suya; porque ni el otro podría causarle una modificación, ni él podría realizar una asimilación o conversión de sí mismo en el otro (en la que consiste su percepción), si no hubiera entre los dos una comunión de naturaleza. *Igitur objecta nos movent in quantum habent aliquid nostri.*[7]

---

[6] *Metaphysica*, lib. I, *preambula*, p. 1, 32.
[7] Los objetos nos mueven en tanto tienen algo de nuestra naturaleza. (*Metaphys.*, lib. VI, cap. 12, art. 5).

De manera que el yo puede, mediante la analogía, derivar del conocimiento de sí mismo el conocimiento de los otros seres, al reconocer que todos (así como él) están constituidos por grados distintos de las mismas tres *primalidades: potestas, sapientia, amor*. Este conocimiento de la naturaleza de las cosas se consigue, según Campanella, sin salir de nosotros y de nuestro conocimiento innato de la naturaleza del yo: la ciencia *illata* que adquirimos en la experiencia de las cosas puede agrandarse más y más, pero se agranda únicamente por el agrandarse de la ciencia *innata* del yo. "Verum est quod scientia extensior est sapientia *illata*, sed non posset extendi nisi *ex innata* extenderetur."[8]

Ese camino que procede de la autoconciencia a la ciencia de la naturaleza y que podría llamarse, con fórmula baconiana, una *interpretatio naturae ex analogia hominis*, ha sido puesto de relieve con mucha claridad por Blanchet, en su cuidadoso análisis de Campanella como precursor de Descartes.[9] Pero en otra parte del mismo estudio[10] el mismo Blanchet manifiesta una tendencia (opuesta) a ver en Campanella una *interpretatio hominis ex analogia naturae*, por la cual su *cogito ergo sum* no se presenta como origen y principio del conocimiento verdadero, sino como consecuencia de un pampsiquismo metafísico, en el que la acción recíproca universal de las cosas, explicada por sus apetencias, exige que se les atribuya un conocimiento, intrínseco a su esencia. De manera que podríamos decir: *cogito ergo sum* en tanto un estudio anterior de los seres naturales nos ha convencido de que: 1) el ser existe y por eso piensa; 2) tiene una existencia distinta de los otros seres, y por eso se piensa y conoce a sí mismo antes y mejor que a los otros.

Ahora bien, el pampsiquismo está innegablemente en la metafísica de Campanella, pero está como consecuencia y no como premisa del reconocimiento del *cogito* como primera certeza. Por el *cogito* llegamos a las ideas de la naturaleza espiritual

[8] Metaphys., lib. VI, cap. 9, art. 6.
[9] *Les antécédents historiques du je pense, donc je suis*. Véanse especialmente las págs. 197-206.
[10] Págs. 217 y sigs.

del yo y de sus tres *primalidades*; y en tanto tenemos estas ideas *innatas* podemos, según Campanella, usarlas en la interpretación de los objetos de las nociones *illatas*. Sin duda Campanella, siguiendo en estos puntos las huellas de San Agustín, intenta demostrar que la naturaleza de cualquier cosa implica las tres *primalidades*, o bien: 1) su existencia, es decir su posibilidad de afirmarse, conservarse y operar *(potestas)*; 2) el esfuerzo o voluntad de conservar su propio ser (amor), y por eso 3) el conocimiento de sí misma y de su naturaleza esencial *(sapientia)*, que es condición necesaria de su autoafirmación e impulso de conservación. Sin duda intenta comprobar esta teoría por el ejemplo de la piedra que quiere conservarse piedra y por eso vuelve a caer hacia la tierra al ser arrojada hacia arriba; de la luz y del calor que se propagan en el medio; de las plantas y los animales que buscan su conservación más allá de su vida individual mediante la generación; del hombre que quiere conservarse por su personalidad, por los hijos, por la fama, por la participación en la vida eterna de Dios.

Pero las primeras nociones del impulso de conservación *(amor)* y de la *potestas* y *sapientia* vinculadas a él, provienen de la autoconciencia, que las ofrece como ideas *innatas*, y solamente por esta *notitia innata* puede realizarse después su aplicación a los objetos de las nociones *illatas*. La metafísica de Campanella por tanto recibe sus principios de su gnoseología, y no se los otorga a ésta, es decir, representa lógicamente una derivación y no una premisa de la gnoseología.

El fundamento de toda la construcción del sistema puede hallarse en la conciencia de las modificaciones del yo *(perceptio passionis)*, en la que mutuamente se salen al encuentro la *notitia innata y la illata*. Este encuentro, que es al mismo tiempo un choque y un vínculo entre ellas, ofrece al yo la conciencia de una diferencia y lucha entre su ser y el ser ajeno (que para él representa el no-ser) junto con la conciencia de una unidad y armonía. Aprehender el ser ajeno es un asimilarse a él, lo que implica al mismo tiempo diferencia y semejanza entre los dos, de manera que en esa asimilación aprehendemos no solamente la existencia ajena distinta de la nuestra, sino también su semejanza de naturaleza con nosotros en las tres *primalidades* y especialmente en el impulso fundamental de la conservación del propio ser.

Por ese impulso, intrínseco en cada ser, se determinan en la infinita variedad de las cosas (que Campanella afirma con un vigor que se anticipa a Leibniz) los choques y luchas de cada una que quiere conservarse contra todas las otras que ejercen sobre ella su acción modificadora. Pero los esfuerzos de conservación de todos los seres en número infinito cooperan por sus mismos contrastes en la conservación de la variedad infinita de la totalidad universal y de su vida: de los conflictos resulta una armonía universal.

Rerum concordia discors. Y por eso (según la visión optimista en la que Campanella se anticipa a Leibniz, admirador de su *Atheismus triumphatus* como de una obra precursora de su *Theodicea*), todo mal particular se convierte en medio de realización del bien universal en la armonía de toda la naturaleza. Cada cosa persigue sus fines particulares sin pensar en un fin universal: pero cada esfuerzo particular coopera en realizar el fin superior del todo. En esta idea también se muestra la influencia de San Agustín sobre Campanella.

> *Cosa stupenda ha fatto il Senno eterno,*
> *ch'ogni ente, benché vil, non vuol cangiarsi*
> *con altri...*
> *Ché ignora l'altrui ben, sape il suo interno.*
> *O somma Sapienza,*
> *che di nostra ignoranza*
> *si serve a far ciascuno*
> *felice e lieto, e l'universo avanza.*

(La Sabiduría eterna hizo una cosa admirable, es decir, que cada ser, a pesar de su mezquindad, no quiere cambiarse en otros..., pues ignora el bien ajeno, y sabe el suyo interior. ¡Suma sabiduría! que usa nuestra ignorancia para hacernos a cada uno de nosotros feliz y alegre, y así hace progresar el universo.)

En el universo la infinitud debe realizarse a través de los seres finitos, la eternidad a través del tiempo: por eso la variedad infinita y la lucha sin descanso de las cosas resulta condición necesaria de la perfección universal, y el esfuerzo de conservación individual de cada ser resulta condición necesaria de la existencia de una multitud innumerable y de la plenitud infinita del todo.

El *amor sui*, aunque se encierre en el grado ínfimo del esfuerzo egoísta y ciego de la simple conservación individual, se convierte, sin saberlo ni quererlo, en causa del orden universal por el vínculo que la providencia divina ha establecido entre todas las criaturas del mundo. Hay un vínculo inconsciente, que podría en cierto sentido llamarse una *religio* (religión = religación) natural oculta entre todos los seres, pero en el sentido propio la *religio naturalis* exige la conciencia. Sin embargo, el esfuerzo de conservación no se detiene en todos los seres en ese grado inferior, ni queda siempre en la ignorancia de sus vinculaciones universales: sino que hay una escala de grados de *amor*, que empieza por la conservación de la existencia individual en los seres inorgánicos, sube a la conservación de la especie en los vivientes (plantas y animales), se levanta con los hombres a la conservación en la historia, pero logra elevarse por la fuerza del espíritu humano más allá de cualquier límite particular de espacio y de tiempo, en la aspiración hacia la infinitud de Dios.

Con esta escala del amor, común a los neoplatónicos renacentistas de León Hebreo a G. Bruno, se vincula en Campanella su teoría de la religión natural.

Paralela a la extensión progresiva del objeto del amor se desarrolla la profundización de la conciencia en el sujeto: la *religio* que en el hombre está constituida por el *amor dei* tiene conciencia de sí misma y de su objeto y de la vinculación que une al hombre con todas las criaturas del mundo, en cuyo ser Dios está presente, más interior en las criaturas que ellas mismas en sí: *"Deus intimior creaturis, quam ipsae creaturae sibi ipsis"*.[11]

---

[11] *Atheismus triumphatus*, pág. 27.

Así el hombre tiene la *religión natural*. Los otros seres desean el ser, es decir, a Dios, sin saberlo: el hombre lo desea con amor y conciencia, y su anhelo es la religión. "Hominem vero etiam addito amore et notitia, et hoc studium esse religionem",[12] por la que se distingue de los animales. "Propria operatio mentis a Deo infusae est *religio,* secundum quam, a brutis secernimur."[13]

Al contemplar a Dios, interior de todas las cosas, *("Dio contemplando, a tutte cose interno")* el hombre siente su unión con todos los seres, y como San Francisco de Asís, los ama a todos igual que a sí mismo.

> *Ma chi all'amor del comun Padre ascende,*
> *tutti gli uomini stima suoi fratelli,*
> *e con Dio di lor beni gioie prende.*
> *Tu, buon Francesco, i pesci anche e gli uccelli*
> *frati appelli: oh beato chi ció intende!*

(Pero quien se eleva hasta el amor del Padre común, considera como sus hermanos a todos los hombres, y junto con Dios se alegra de sus bienes. Tú, buen Francisco, llamas hermanos también a los peces y las aves: ¡bienaventurado quien comprende esto!)

Esta exclamación final alude a una concepción ética profunda, en la que Campanella –según puso de relieve Gentile–[14] se anticipa a Spinoza y a Kant, al considerar la felicidad no como una remuneración de la virtud, distinta de ésta, sino como intrínseca e idéntica a ésta: *Beatitudo non est virtutis preamium, sed ipsa virtus,* dirá Spinoza.[15]

Y decía ya Campanella:

---

[12] *Metaphysica*, p. III, lib. XVI, cap. 2.
[13] *Theologia*, lib. IV, cap. 3.
[14] *Il concetto dell'uomo nel Rinascimento*, en el volumen *Giord. Bruno e il pensiero del Rinascim.*, Firenze, 1925.
[15] *Ethica*, V, 32.

> *La coscienza d'una bontá vera*
> *basta a far l'uom beato*

(la conciencia de una bondad verdadera basta para convertir al hombre en bienaventurado), mientras que

> *Seco ogni colpa é doglia e trae la pena*
> *nella mente o nel corpo o nella fama*

(cualquier culpa por sí misma es un dolor, y lleva consigo su castigo en el espíritu o en el cuerpo o en la fama); pero se convierte en virtud, si quiere y busca el castigo para su purificación:

> *...se il tormento ama*
> *per far giustizia in sé, virtú si chiama.*

La virtud alcanza su plenitud en el amor de Dios, que nos lleva al amor de todas las criaturas, en las que reconocemos la presencia de Dios mismo; pero este amor de Dios no representa en el hombre una negación del *amor sui*, sino su sublimación y realización perfecta. En la intuición directa de su propio ser el hombre encuentra a Dios, más interior a su espíritu que el espíritu a sí mismo: al amarse con un amor verdadero, ama a Dios, su perfección, su infinitud, su eternidad, a la cual aspira, y se esfuerza en aproximársele con toda su energía.

Este anhelo hacia la perfección infinita de Dios produce en la humanidad el progreso admirable de los conocimientos y las artes, en las que el hombre imita a su Creador: al traspasar mediante su pensamiento y ciencia más allá de la tierra, de la luna, del sol hacia lo infinito, el hombre demuestra ser producto de una causa infinita. Está en el vientre del mundo como un gusano, igual que los otros animales, pero, único entre todos, conoce el mundo y sus leyes, es decir que "no está solamente como gusano, sino también como admirador y lugarteniente de la causa constructora de todas las cosas".[16]

---

[16] Cfr. *Del senso delle cose*, cap. *Della immortalità e divinità dell'uomo*.

En esto Campanella encuentra la prueba de la naturaleza divina y de la inmortalidad del espíritu humano,[17] y en su poesía *Della possanza dell'uomo* llega hasta a proclamar al hombre "dios segundo, milagro del primero".

Pensa, uomo, pensa; giubila ed esalta
la prima Cagion alta; –e quella osserva,
perché a te serva– ogni altra sua fattura.

(Piensa, hombre, piensa; alégrate y exalta la Causa primera suma; y obsérvala a fin de que cualquier otra de sus facturas pueda servirte.) El poder admirable de progreso y elevación espiritual que tiene el hombre, lo deriva de la participación en las perfecciones divinas que le ha sido concedida: en la conciencia de esa participación se afirma la *religión natural,* conversión del *amor sui* en *amor Dei* y de todas las criaturas, hacia las cuales Campanella quiere que sea norma de acción el precepto: "haz a los otros lo que quieres sea hecho a ti mismo".

En esta inspiración ética, la religión natural de Campanella (imitada y desarrollada después por Herbert de Cherbury, quien le declaró su gratitud y admiración profundas) resulta esencialmente idéntica al Cristianismo. Y Campanella quiso ponerlo de relieve en muchas obras; y en un pasaje de *La ciudad del sol* observó que "si los que siguen la ley de la naturaleza (en la ciudad del sol) están tan cerca del Cristianismo, que no agrega a la ley natural sino los sacramentos, yo derivo de esta relación la conclusión de que la ley verdadera es la cristiana".

Declaración que quería ser ortodoxa, pero no lo era de un modo completo, pues dejaba el juicio sobre la verdad de la religión únicamente a la razón humana, excluyendo el criterio de la revelación, o dejándole una función puramente subsidiaria, de acuerdo con el concepto expresado repetidas veces en las *Cartas*.[18]

[17] Cfr. también *Atheismus triumphatus*, cap. 7, y *Metaphysica*, lib. XIV, cap. 2.
[18] El propio Amerio, mantenedor del catolicismo ortodoxo de Campanella, recuerda estas afirmaciones suyas (en *Lettere*, págs. 15, 30, 55 y en otros lugares) de que "el cristianismo es la pura ley natural, a la cual los sacramentos están agregados únicamente para ayudar a la naturaleza a obrar bien mediante la gracia de

Se presenta así el problema tan discutido de la relación entre religión natural y revelada en el pensamiento de Campanella. Pero para aclararlo hay que distinguir ante todo dos sentidos diferentes de su concepto de *religión natural*. Uno es el sentido que resulta de la polémica contra Maquiavelo (cfr. especialmente *Atheismus triumphatus*), quien consideraba la religión como una creación artificial (política) del hombre: el concepto de religión natural que Campanella le contrapone significa (según vio claramente Amerio) la *naturalidad de la religión*, que en su pampsiquismo Campanella afirma estar presente en cada ser por su vinculación con la finalidad universal: en todos los seres *"modo suo"*, en los brutos *"aliquo pacto"*, en los hombres *"longe veriori modo"*.

Pero esta *naturalidad* concierne al carácter general, *formal* de la religión como vínculo unificador, y no a su *contenido* concreto de doctrinas y creencias: en cambio la cuestión del contenido es la que se presenta cuando se plantea el problema de la relación entre la única religión *innata* o *indita* (natural), que según Campanella no puede incurrir en el error, y las múltiples *illatas* o *additas* (positivas), que al afirmar sus doctrinas dogmáticas y practicar sus ritos pueden caer en errores. Para Campanella, el criterio de la verdad de cualquier religión positiva está en su conformidad con la religión natural: el tribunal ante el cual se discute su causa y que pronuncia el fallo es el de la razón humana.

Sin duda, la razón humana –según Campanella– puede juzgar en tanto ha sido infundida en el hombre por Dios: al escribir que "la religión es la operación de la mente que nos ha infundido Dios y por ella nos distinguimos de los brutos",[19] es evidente que Campanella habla de la religión natural innata, es decir infundida en la naturaleza misma del espíritu. Como para el conocimiento, así para la religión, el criterio de la verdad, según Campanella, hay que buscarlo en lo *innato*, y no en lo *illato*. Ciertamente para él lo *innato* se revela al hombre (mez-

---

quien los otorgó" (*Il problema esegetico fondamentale*, etc., en "Riv. Filos. neoscolastica", 1939, pág. 385).

[19] "Propria operatio mentis a Deo infusae est religio, secundum quam a brutis secernimur". *Theologiae*, lib. IV, cap. 3, art. 1, citada por Amerio, *Di alcune aporie*, etc., en "Riv. di Filos. Neoscolastica", 1934, pág. 614.

clado con el mundo), efectiva y concretamente a través de lo *illato*, según hemos visto ya a propósito del conocimiento: pero esto no significa (como le parece a Amerio) que para el alma humana "la manera congénita de ser es la manera *illata*, y sus valores propios están en el mundo *addito*",[20] ni que en el caso de la religión Campanella quiera presentar como humana "simpliciter" justamente a la positiva *addita*.

Según el parecer de Campanella, lo *addito* puede ofrecer al hombre en cualquier campo una manifestación concreta de lo *innato*, pero para depurarlo del error y la duda, para encontrar la verdad y la certeza, hay que reconocer lo *innato* en lo *addito*: verdades y valores pueden reconocerse y juzgarse únicamente mediante el parangón y el criterio que nos ofrece lo innato.[21]

Este es el pensamiento constante de Campanella a través de la variedad de sus expresiones: el propio Amerio admite que en su examen y evaluación de las religiones positivas, Campanella llega a la conclusión de la superioridad de la cristiana sobre las otras y de su verdad absoluta en nombre de su racionalidad (por la cual en el *Atheismus triumphatus* y el *Reminiscentur* declara que Cristo es "prima rerum omnium Ratio", "Dei sapientia et Ratio", "Summa Dei Ratio", y que "omnes ubique homines viventes secundum rationem sunt Christiani implicite") y de su capacidad de realizar la unificación universal del género humano.

Esta unificación, que ha sido su ideal y sueño constante, ha inspirado su programa de acción apologético-misionera ex-

---

[20] *Il problema esegetico fondamentale del pensiero campanelliano*, "Riv. di Filosof. Neoscol.", 1939, pág. 374. Cfr. también los otros ensayos de Amerio.

[21] No se puede juzgar, con Amerio (*Di alcune aporie*, etc.), que Campanella niegue un valor ético a la religión *innata* y lo reconozca solamente en la *illata* en *Theologia*, lib. VIII, cap. 1, art. 2, donde distingue el valor natural, que pertenece a la voluntad natural, del valor ético que pertenece únicamente a la *volitio addita*. Campanella expresa aquí una exigencia parecida a la de Kant, quien reconoce la moralidad solamente en la voluntad deliberada del deber y no en el impulso inmediato espontáneo, aunque benéfico. Pero la *volitio addita* para Campanella tiene que emanar de lo interior espiritual del hombre, y no provenirle de una comunicación exterior, al contrario de la religión positiva (*addita*) que por su proveniencia exterior se distingue de la natural (*indita*).

puesta en el *Reminiscentur:* por ese ideal, en su pensamiento la religión natural llega a conciliarse e identificarse con el cristianismo,[22] que (declara el *Atheismus Triumphatus)* "facit homines secundum rationem naturalem vivere" (cap. XVII). La identificación puede ser sincera y sin simulación, pues Campanella por un lado considera al Cristianismo como la totalidad de la razón y por otro considera como objeto de la religión natural no a una naturaleza sin Dios transcendente, sino a Dios "primer ingeniero" del universo natural.

A pesar de su proximidad a la fórmula *Natura sive Deus,* Campanella no ha llegado hasta afirmarla. La naturaleza de Campanella (escribió justamente Gentile) no es ella misma inmediatamente Dios, quien es, en cambio, su principio, y se realiza y se contempla en ella como en un espejo".[23] En el naturalismo de Campanella, pues, hay un filosofía de la inmanencia que no carece de trascendencia: la que (observó el mismo Gentile) es la posición común a toda la filosofía del Renacimiento, de Ficino a Campanella, cuya religión natural, por consiguiente, pudo identificarse con la positiva en la idea del cristianismo universal.

D) LA POLÍTICA Y LA UTOPÍA DE CAMPANELLA:
   LA CIUDAD DEL SOL

El ideal de unificación político-religiosa del género humano en una teocracia universal domina todos los escritos políti-

---

[22] En el momento de esta conciliación e identificación puede hablarse para Campanella de una actitud de católico ortodoxo, que, sin embargo, no ha sido constante en el curso de su vida, a pesar de lo que afirma (con exageración evidente) Amerio: "un hombre que actúa concretamente como un católico, que realiza acciones y expresa juicios cuyas consecuencias no pueden sino llegar a ser, y son de hecho, adhesión y provecho para la Iglesia católica, y esto sin interrupción..." (*Di alcune aporie,* etc., pág. 607).

[23] *Tomaso Campanella,* en el volumen *G. Bruno e il pensiero del Rinascimento* (Firenze, 1925), cfr., pág. 276, y cfr. también las críticas de Gentile a las obras de R. Charbonnel y Blanchet (*Critica,* 1920).

cos de Campanella, desde los *Discorsi universali del governo ecclesiastico per fare una gregge et un pastore* y el *Dialogo politico contro Luterani*, etc., de 1594-95 hasta la *Monarchia delle Nationi* de 1635 y la *Egloga* de 1638, a través de discursos, poesías, memoriales, *Monarchia di Spagna, Aforismi politici, Monarchia Messiae*, etc. Esta constante exigencia de universalidad (o catolicidad) determina también su aversión contra el particularismo de toda reforma protestante, convirtiéndole en filósofo de la Contrarreforma, a pesar de su disconformidad con los dictados del Concilio de Trento. Pero también su conjuración de *Calabria* y *La ciudad del sol* se inspiran en el mismo anhelo hacia un retorno a la unidad humana de la edad de oro: los cambios que se manifiestan en el pensamiento político de Campanella a lo largo de su vida y sus obras conciernen al camino y los medios de realización, más bien que al fin.

El fundamento de su construcción está siempre en la *religio naturalis*, que afirma la vinculación universal de las cosas, raíz de lo conversión del *amor sui* individual en un amor de Dios padre universal y en una hermandad de todos los hombres sus hijos. El *amor sui* egoísta, codicioso, convertido por su avidez insaciable en enemistad y lucha entre los hombres –única forma reconocida por Maquiavelo en su convicción de la maldad natural del hombre– es una deformación de esa naturaleza originaría que se manifestó en la edad de oro primordial, cuyo retorno próximo Campanella anuncia con la renovación de la hermandad universal.

No desconoce, por cierto, el dominio actual del egoísmo; más bien, se anticipa a Hobbes en observar la tendencia de la codicia humana hacia una extensión y multiplicación ilimitada: "el alma humana es casi infinita *in intelligendo et appetendo*, y no sabe quedarse en la igualdad y la medida" *(Discorsi universali* cit.); "quien es dueño del mundo codicia por consiguiente otros mundos" (*Dialogo politico* cit.); y por eso hay siempre guerras. Pero Campanella se anticipa también a la superación de la teoría de Hobbes, realizada después por Pufendorf y Spinoza mediante el reconocimiento de una exigencia de solidaridad humana que actúa en el propio impulso de conservación, el que exige una coperación recíproca y una confluencia de energías entre los hombres, para la satisfacción de su anhelo de elevación y desarrollo progresivo. La formación de la familia y del Estado (observa Campanella) demuestran ya que frente al egoísmo, que las teorías pesimistas consideran sin limitación o reparo posible, hay la posibilidad de una conversión del *amor sui* en conciencia de solidaridad; y así se abre el camino a la visión de un porvenir de paz y concordia, en que terminarán las guerras y el acero de las espadas se convertirá en arados. "Post bella multa, gladii vertentur in vomeres, quando totus mundus erit Christianus" (*Monarchia Messiae*, cap. X, p. 39).

La tarea de realización del ideal está confiada por Campanella a la ciencia política, cuya creación se atribuye él mismo ("politicam scientiam condidi", *De libris propriis*, art. III). El fin de la política, contrapuesto por Campanella a la *razón de Estado*, teorizada en su época por Botero y la mayoría de los escritores políticos,[24] debe ser la enmienda del mal, el impulso hacia el bien, el mejoramiento de la sociedad y del Estado. "Toda la república está fundada sobre la unión de los ciudadanos que se mantiene por el amor y la caridad" (*Dial. polit. contro Luterani*, etc.). La realización de este ideal de unión y concordia se logra mediante la acción de la ley, pero no acción desde afuera, por la imposición y la amenaza del castigo, sino desde adentro, en el interior de la conciencia. Lo que importa es sentir la ley en la conciencia, de manera que el hombre se abstenga del mal "no solamente en la presencia de los otros, sino también en lo oculto, cuando nadie le ve" (*Dial. polit. contro Luterani).*

Es decir, el problema de la política es esencialmente un problema de educación[25] cuya solución Campanella encuentra por una parte en la religión natural, que mediante la fe en la

---

[24] Lo cual no excluye que en la búsqueda de los medios utilizables para la realización de su fin universal, Campanella vuelva a adoptar, a veces, los propuestos por Maquiavelo y los teóricos de la *razón de Estado*. En esto estriba una de sus contradicciones.

[25] En *La ciudad del sol*, Campanella afirma explícitamente que todo el desorden del mundo deriva del hecho de que los padres han descuidado o mal dirigido la educación de sus hijos.

providencia divina, en la inmortalidad del alma y en el libre arbitrio guía y frena la conciencia y la acción del hombre, por otro lado, en la creación de un régimen que por sí mismo empuje a los ciudadanos hacia la unión recíproca y el cumplimiento de la ley para el bien común.[26] La ley resulta así conforme a la naturaleza humana y por eso logra respeto y observancia: "la humana ley, cuando es natural, es eterna" *(La ciudad del sol)*.

En el régimen natural, la religión natural es el alma de la política, el bienestar se hace común a todos en el grado máximo, la dirección y el mando pertenecen a los que tienen mayor sabiduría y virtud, y cada uno se dedica a la tarea que corresponde a sus inclinaciones y capacidades. La envidia, el odio, la lucha entre los hombres son suprimidos mediante la supresión de su causa, que es la división y el antagonismo de los intereses.

Este antagonismo, según resulta del primer capítulo de *Monarchia Messiae*, nace de una invasión y sustitución del derecho humano al derecho divino. El hombre quiere convertirse, por su arrogancia, en dueño absoluto de los bienes cuya propiedad pertenece únicamente a Dios. *Solus Deus est dominus rerum atque hominum*, ningún hombre puede ser dueño de las criaturas de Dios: *nullus homo est dominus neque animalium, neque herbarum,... homo nullus potest hominum esse dominus*. El hombre lo tiene todo de Dios y lo recibe bajo la ley natural y la ley positiva de Dios: por lo tanto puede ser únicamente un *depositarius, commodatarius, mutuatarius* de los bienes; no puede disponer de ellos según su arbitrio, sino solamente de acuerdo con las normas prefijadas por Dios, único y primer señor y creador de todas las cosas (*quam illi praefixit unus et primus Dominus Creator omnium*).

Pero Dios quiere el bien concorde de todas las criaturas, mientras que el egoísmo y la usurpación humana codician la conquista y el goce propio de los bienes a costa de la exclusión

---

[26] A través de esta idea, de una acción compulsiva hacia la unidad, vuelve a insinuarse en el pensamiento de Campanella un *maquiavelismo* relativo a los medios aptos para realizar su fin antimaquiavélico.

y el sufrimiento de los otros. De ahí la desigualdad y falta de equilibrio de la sociedad humana, que viola la ley divina y natural. La causa de todo mal social (dicen los *Aforismi politici*) está en la falta de equilibrio en los bienes, que determina un exceso de riqueza frente a un exceso de miseria: entonces los demasiado ricos están llenos de soberbia y lujuria, los demasiado pobres llenos de envidia y rapacidad: en lugar de la unidad originaria del género humano de la edad de oro, se desencadenan el odio y la lucha. Campanella se anticipa así al *Discurso sobre el origen de la desigualdad* de Rousseau; y de ahí se encuentra llevado hacia la misma exigencia inspiradora del *Contrato social*.

Por eso "las leyes deben establecer la igualdad, nodriza de las repúblicas"; y Campanella en todas sus obras políticas atribuye al Estado un derecho superior sobre los bienes, y la facultad de nivelar las rentas mediante los impuestos si los ciudadanos no cumplen espontáneamente con el deber (que les atribuye en *Questioni sull'ottima republica*) de entregar al erario todo lo que excede las necesidades de la persona y de la naturaleza.

Un ingenuo espíritu de socialismo utópico reaccionario, que se anticipa en parte al de Rousseau, puede reconocerse en estas teorías expresadas en todas las obras políticas de Campanella, aun no tomando en cuenta *La ciudad del sol*: el sueño del retorno a la naturaleza se asocia a la consideración de la propiedad privada como usurpación (en tanto conversión de un derecho derivado y condicional en derecho primitivo y absoluto); la nivelación que se quiere realizar mediante la intervención del Estado aspira a llevar de nuevo la sociedad a una fase económica más primitiva, basada en la agricultura y adversa a todo desarrollo industrial y comercial. Lo cual evidencia el error de Lafargue, quien quiso ver en Campanella una expresión de las necesidades del capitalismo naciente.

La utopía de *La ciudad del sol* difiere de la de las otras obras políticas de Campanella esencialmente por su vinculación ideal con la fracasada tentativa de realización práctica en Calabria, que debía empezar por un núcleo limitado, para servir después de ejemplo a todas las otras partes del mundo y empujar a todos los pueblos hacia la imitación".[27] Así también la república solar tiene sus límites y no quiere extenderse a todo el mundo, convirtiéndose en república universal, sino ofrecer un ejemplo de perfección a la imitación de todos los otros Estados.[28] En cambio la *Monarchia di Spagna*, la *Monarchia Messiae*, la *Monarchia delle Nationi*, etc., quieren realizar el "regnum Dei universale, comprendens omnia regna" y no un "regnum hominum partiale" *(De regno Dei)*.

Pero esta tendencia universalista, que se manifiesta ya en escritos de 1594-95, no significa lo que ve en ella Amerio, es decir un cambio de la posición dogmática de Campanella. El espíritu universalista y de propaganda misionera se vincula con la visión del camino y medio de realización, que mientras en la tentativa de Calabria era una iniciativa particular y local, en cambio en las tres *Monarchias* citadas debía ser ofrecido por la

[27] La vinculación entre *La ciudad del sol* y la conjuración de Calabria, evidenciada por las investigaciones de Amábile, ha sido interpretada por Bobbio, en su *Introducción* (pág. 34), en el sentido de que *La ciudad del sol* haya sido una tentativa de idealizar esa insurrección. "La obra de idealización –dice– consiste en encuadrar las exigencias prácticas de la reforma en un esquema racional deducido de principios metafísicos. He aquí por qué *La ciudad del sol* es algo más que un eco de la acción: es también el anuncio de la futura obra teórica de Campanella." De esta manera (observó ya Solari) no solamente *La ciudad del sol*, sino toda la actividad filosófica de Campanella hubiera sido determinada por la conjuración y la exigencia de justificarla y defenderla. Sin embargo, la conjuración misma no podía ser inspirada por Campanella sino a raíz de ideas que tenía ya antes. Pero como éstas habían sido deformadas por sus compañeros ("guastaron ogni mio pensier grande", cfr. *Processi,* doc. 170), Campanella se encontró en la necesidad de expresarlas en forma auténtica. Por eso escribió su *Ciudad del sol*, en el período intermedio entre la tortura de la "vigilia" (junio de 1601) y la condena por herejía (enero de 1603), manifestando sintéticamente sus ideas esenciales, filosóficas, religiosas, y sociales: "primer esbozo –dice justamente Solari– de su sistema, que debía desarrollar después con admirable constancia en todas sus partes" (pág. 186. Ver en la bibliografía las indicaciones relativas a los escritos de Bobbio y Solari).

[28] Pero esto (según observa también Bobbio, pág. 41) era un comienzo de universalización. No realizada, sin embargo, así como en las tres *Monarquías (de España, del Mesía, de las Naciones)* y en otras obras, pero que podía, más bien debía realizarse de una manera necesaria. Los ciudadanos de *La ciudad del sol* "dicen que todo el mundo deberá llegar a vivir así como ellos viven." Por el reconocimiento de este espíritu universalista Bobbio y Solari reaccionan oportunamente contra Mattei *(Contenuto ed origini dell'utopia cittadina.* Ver bibliografía).

universidad del poder espiritual de la Iglesia, apoyado por las grandes monarquías. Por eso la tarea de Campanella se convierte de la de iniciador práctico en la de misionero propagandista, que posiblemente se lisonjea de transformarse en Mesías y futuro jefe *(Metafísico)* de la teocracia universal. El horizonte de la realización directa se le amplía por la confianza que tiene en la ayuda de las más grandes potencias del mundo.

Pero hasta sus obras más ortodoxas (*Theologia* y *Reminiscentur*) vuelven a evocar –como observa Amerio– la utopía solar, porque la sociedad cristiana universal, modelada sobre la antigua comunidad de los Apóstoles y la presente *vita monachorum, no* se, diferencia de *La ciudad del sol*, que ya era una teocracia y presentaba un ordenamiento eclesiástico.

En singular contraste con la exigencia de libertad espiritual y de respeto a la personalidad, afirmada en la *Apología pro Galileo*, al defender los derechos de la investigación científica, *La ciudad del* sol muestra en su ordenamiento un dominio muy acentuado del principio de autoridad.[29] Hay una reglamentación rigurosa de toda actividad humana, que no deja libertad ni siquiera a los sentimientos más íntimos y al amor, porque el Estado debe proveer al mejoramiento de la especie: para los hombres no menos que para los caballos o los perros. Campanella habla de comunidad de las mujeres, pero mujeres y hombres son aquí igualmente posesión del Estado como sus instrumentos. Hay una ordenación comunista de la propiedad que Campanella justifica con los precedentes literarios e históricos de Platón y los Apóstoles, de los padres de la Iglesia, de brahmanes y pitagóricos, y de los monjes y frailes, de Joaquín de Fiore, los hussitas y anabaptistas y Tomás Moro: quizá conocía también (lo demostró como probable De Mattei) la constitución de los jesuitas

---

[29] Pero este espíritu de autoridad quiere realizar una honda exigencia de racionalización, substrayendo al arbitrio individual y al juego de los instintos e impulsos pasionales todo lo que tiene importancia para la vida y el desarrollo de la comunidad social. La autoridad dominadora es la de la razón, personificada en el jefe de la república solar, cuyo poder tiene su guía y justificación en la fuerza moralizadora del saber. "Nunca –dice Campanella– puede ser cruel, ni malo, ni tirano quien tiene un saber tan grande."

del Paraguay y la de los Incas del Perú, ya mencionados como adoradores del sol por Botero, quien hablaba también de la existencia de *ciudades del sol*. El propio Campanella, en su *Atheismus triumphatus*, recuerda "cum admiratione" a los americanos que tenían al Sol por Dios ("Sole autem Deo uti putabant"), al cual su rey le dirigía la confesión de sus pecados.

Pero el nombre de *La ciudad del* sol no tenía antecedentes sólo en los relatos de Botero acerca de los americanos, ni se inspiraba tan sólo en el culto del Sol, que Campanella había enseñado a sus compañeros de conjuración como forma concreta de la religión natural y volvía a presentar como la religión de los ciudadanos de su Estado ideal.[30]

Había otros antecedentes en la literatura y la historia antigua, a empezar por el relato de Diodoro Sículo en su *Bibliotheca historica*, II, 55-60, acerca del viaje del mercader Jambulo, llegado a las islas y a la "Ciudad del Sol" en el Océano Índico, donde encuentra un régimen comunista, con la obligación del trabajo para todos, y su reglamentación social, junto con la religión natural y la adoración del Sol. Esta utopía comunista, empero, no era un invento original de Diodoro, pues había tenido antes de él, en el año 133 a. de C., su tentativa de realización en la revolución de los esclavos (sucesiva a la de Sicilia) encabezada por Aristónico en Asia Menor, con el programa de la creación de una *Ciudad del sol*, es decir, de una república comunista, que realizara el ideal de la justicia y la igualdad.

---

[30] Sin duda el nombre está vinculado con esa religión solar, y es una simplificación excesiva la de Bobbio, cuando en su *Introducción* lo explica únicamente con el nombre que Campanella atribuye al jefe o Metafísico o príncipe sacerdote, "quien se denomina Sol". "Entonces –dice Bobbio– ciudad del Sol significa simplemente ciudad gobernada por el Sol, así como podría decirse *ciudad del papa*, y cualquier otra explicación se mueve alrededor del motivo esencial, sin dar en el blanco" (pág. 35). Sin embargo, el propio Bobbio observa que el nombre dado al jefe deriva de la adoración del Sol, considerado en la religión natural como "insegna e volto di Dio", es decir, imagen sensible de la divinidad. Por eso los ciudadanos de la república ideal se llaman *Solares*, en tanto adoran al Sol, y no sólo en tanto atribuyen su nombre al príncipe. Recuérdese el mencionado culto helíaco que Campanella sustentaba aún entre sus compañeros de cautividad y le inspiraba en la cárcel el himno *Al Sol*.

Ambos, Aristónico y Jambulo (es decir, Diodoro) debían ser reflejo de ideas estoicas, de su ideal cosmopolita y de su culto del sol, sobre los cuales puede verse el ensayo de J. Bidez, *La cité du monde et la cité du soleil chez les Stoiciens*. (París, 1932). De cualquier manera, en épocas más cercanas a Campanella las relaciones de viajeros acerca de las costumbres de hindúes y americanos habían ya estimulado la composición de obras que describían islas y ciudades fantásticas. Y ya se habían afirmado ideas comunistas en utopías y tentativas de organización, desde Joaquín de Fiore hasta los anabaptistas.

Campanella, con su comunismo, quiere eliminar los males provenientes de la propiedad privada, es decir, "todos los males que nacen de los dos contrarios de las riquezas y de la pobreza, que Platón y Salomón consideran como origen de los males de la República". También San Agustín decía: *amputatio proprietatis est augmentum charitatis*, y, añade Campanella, "toda cosa prospera cuando los hombres pierden el amor propio y sólo queda lo común". Ya Platón en su *República* había querido que en la clase de los gobernantes cada uno debía considerar suyo solamente lo que era *común*. Pero Platón se preocupaba solamente de la clase dominante y de la necesidad de que ésta mantuviese su unidad, dejando fuera todas las otras clases (agricultores, comerciantes, industriales, obreros libres o esclavos) que, sin embargo, constituían la mayoría de la población. En esta limitación de la utopía platónica actuaba el menosprecio para el trabajo material y toda actividad económica en general, tan difundido en las clases dominantes y en los intelectuales de la antigüedad griega. Platón y Aristóteles reflejan este menosprecio al considerar dedicados a tareas serviles, y por ende incapacitados para la actividad intelectual pura (realización de la naturaleza superior del hombre), a los que se entregan al trabajo de la producción o de la permuta de bienes materiales.[31] De

---

[31] Los cínicos que intentan entre los griegos un vuelco de valores, con la exaltación del trabajo y de la fatiga, tenían antecedentes sobre todo en representantes de clases trabajadoras corno Hesíodo, y no encuentran eco real sino en las clases humildes, cuyas aspiraciones justamente reflejan. Por eso también se los ha llamado "los filósofos del proletariado griego". Sin embargo, el ideal cínico repercute

manera que la república de Platón tiene dos caracteres antagónicos al comunismo: la limitación del régimen de comunión a una única clase privilegiada, y la exclusión total de las clases trabajadoras de la participación en el Estado.

Campanella, en cambio, inspirándose en el cristianismo, quiere la universalidad del principio, y su aspiración refleja particularmente la preocupación por las miserias y sufrimientos de los humildes. Ciertamente no nos presenta, como T. Moro (cuyo ejemplo, sin embargo, declara imitar), una crítica estrecha de las condiciones de su tiempo: justamente ha notado Croce que expresa solamente lamentaciones genéricas, sobre los contrastes entre riquísimos y pobrísimos, entre explotadores y oprimidos, entre ociosos parásitos y trabajadores extenuados de fatiga.

Pero hay en él un concepto importante que constituye otro aspecto de su alejamiento de Platón: la reivindicación del trabajo considerado como única medida de los méritos y las recompensas.

La diferenciación de Platón que se realiza a raíz de esta revalorización de la actividad económica y exaltación del trabajo manual, puede sin embargo considerarse (con Solari) un documento de la modernidad de Campanella, pero no de su oposición a toda la antigüedad y la Edad Media. Si en la antigüedad clásica la reivindicación del trabajo resuena solamente en las voces de representantes de clases humildes (desde Hesíodo hasta los cínicos, así como en la revolución de los esclavos y en la utopía de Jambulo), en cambio con el pensamiento hebreo-cristiano se afirmaba toda una tradición aseveradora del deber universal del trabajo y de su honorabilidad asociada al principio de la comunión de los bienes en las comunidades de los profetas y de los esenios, cuyo ejemplo inspira la formación de las primeras comunidades cristianas y más tarde de las monásticas. La idea del trabajo como deber hacia la comunidad y como fundamento único del derecho de comer, encontraba su vigorosa afirmación en San Pablo (2ª *Tesalon.*, cap. 3,

---

después en el estoicismo y su eco se encuentra también en la mencionada utopía de *La ciudad del sol*, en Diodoro Sículo.

n. 8 sigs.): "no comimos el pan de ninguno de balde; antes, obrando con trabajo y fatiga de noche y de día, por no ser gravosos a ninguno de vosotros... Que si alguno no quiere trabajar, tampoco coma".

Y siguiendo sus huellas, la mayoría de los padres manifestaban su hostilidad al régimen de la propiedad privada y proclamaban el ideal de una comunidad de trabajadores, como San Juan Crisóstomo, y hasta lo realizaban, como los monjes de las comunidades de Pacomio en Egipto y los hermanos pertenecientes al gran movimiento franciscano.

Había, pues, toda una tradición cristiana a la que Campanella podía enlazarse: la misma inspiración cristiana que determinaba en su comunismo el tránsito del particularismo de Platón al universalismo, estimulaba también el vuelco del menosprecio platónico del trabajo a su exaltación como deber y fundamento de todo derecho de vida.

Por eso todo trabajo es para Campanella honrado y ennoblecedor, y tanto más meritorio cuanto más sacrificio implica; y sólo es deshonra la ociosidad. Pero el trabajo no debe ser un peso abrumador: medio de vida y deber moral, pero no condena para el hombre. Si todos trabajan (dice Campanella) bastan cuatro horas al día para cada uno, y así hay para todos la posibilidad de la instrucción (a la que hace obligatoria, novedad atrevida entonces) y de la elevación espiritual.

La exigencia de igualdad humana culmina así en una afirmación de los valores espirituales y del anhelo de cultura y perfeccionamiento para todos los hombres, que significa una colocación del valor más alto para el hombre en la vida espiritual y en su elevación progresiva.

Afirmación, pues, de un derecho universal humano a una plenitud de vida física y espiritual, afianzada por esa fe en la virtud moralizadora del saber y en la posibilidad de un progreso continuo ilimitado, que caracteriza a los espíritus más altos del Renacimiento.[32]

---

[32] Ver mi ensayo "Origen y sentido del concepto de cultura humanista" en el libro *En los orígenes de la filosofía de la cultura;* ed. Imán, 1942.

Por tal razón no es del todo justo el juicio de Croce de que Campanella ha sido entre los utopistas el más utópico, y que el único efecto obtenido por él en este campo ha sido desacreditar todas las utopías. No se explicaría en tal caso el hecho de que lo hayan imitado utopistas posteriores y que el interés por *La ciudad del sol* se haya mantenido vivo, aunque a veces a través de interpretaciones desviadas, como la de Lafargue, y que sigan multiplicándose las ediciones de su utopía en varios idiomas.

No solamente las utopías, aunque desacreditadas, conservan su función de *mito* frente a los descontentos y las aspiraciones humanas, sino que en Campanella había también alguna idea viva (como las mencionadas anteriormente), apta para nuevas afirmaciones y desarrollos, aunque dispersa y sumergida en su obra bajo un montón de fantasías extravagantes.

Ahora bien, lo que puede considerarse vivo en cualquier utopía, no es su diseño de ordenamiento social, sino la afirmación de exigencias ineliminables que inspira sus proyectos. Además, en Campanella (observa Solari) se encuentra la primera afirmación de una filosofía social moderna, por su principio de que "hay que proveer antes a la vida del todo, y después a las partes": expresión típica de una exigencia de universalidad y unidad opuesta a la de Maquiavelo, que era sobrevalorización de la individualidad y prepotencia de los instintos egoístas.

El contraste entre las dos concepciones se evidencia en la oposición entre la teoría maquiavélica del Estado-fuerza con el príncipe que lo somete todo a su tiranía y a la razón de estado, y la de Campanella, del Estado-comunidad, cuyo fundamento está constituido por el sentido natural de solidaridad humana que la educación, la ciencia y la religión deben desarrollar y fortalecer. La misma autoridad del jefe de *La ciudad del sol* no es autoridad personal de un hombre ni dominio de su arbitrio, sino de la razón y del saber en universal, en cuya virtud moralizadora Campanella confía hasta el punto de considerar indefectible la renuncia espontánea e inmediata del jefe a su cargo y poder, cuando encuentre otro hombre más sabio y digno que él.

Su fe en el saber y la educación se inspira en la exigencia de una subordinación constante del *amor sui* al amor común:

el saber debe orientar a cada uno de tal manera, que encuentre la satisfacción de todo deseo de bien propio solamente en la realización del bien común y de su progreso. En resumidas cuentas, la obligación y la honra del trabajo, así como el derecho y deber de la cultura intelectual para todos, tienden igualmente hacia este fin, en el que se armonizan las exigencias de la colectividad social con las de la personalidad individual. Hay pues en Campanella una intuición de la correlación recíproca entre el desarrollo material y espiritual de la comunidad y el del individuo, y la vitalidad de semejante exigencia otorga vitalidad a su utopía, a pesar de las medidas opresivas de la personalidad presentadas por *La ciudad del sol* en contradicción insanable con su inspiración más viva.

Sin embargo, el valor y lugar de Campanella más que en la historia de la utopía está en la historia de la filosofía. Es verdad que también aquí existe en él, contra el hombre nuevo, el medieval, por lo cual está combatido continuamente por tendencias opuestas inconciliables. Pero las contradicciones y oscilaciones son características de todo el Renacimiento: que es, sí, una edad de despertar, pero también, y necesariamente, de transición. Sin embargo, precisamente por eso fue una edad gloriosa y fecunda, que tuvo la misión de abrir las puertas al libre desarrollo del pensamiento moderno.

Bibliografía

Buenas bibliografías (aunque no completas) hasta 1920 se encuentran en apéndice a los libros de Blanchet y Dentice d'Accadia sobre Campanella. Añadiduras hasta 1928 se hallan en el libro de De Mattei, hasta 1930 en el de P. Treves. Véanse también las bibliografías del artículo *Campanella* en *Dictionnaire de théologie catholique* (Mandonnet) y en *Enciclopedia Italiana*. Una "bibliografía esencial" se encuentra también en apéndice a la edición de *La ciudad del sol*, por N. Bobbio, mencionada abajo. Una bibliografía completa y críticamente exhaustiva de los escritos de Campanella ha realizado ahora Luigi

Firpo: *Bibliografia degli scritti di T. Campanella*, publicazione promossa dalla R. Accademia delle Scienze di Torino nel III centenario della morte di T. Campanella, Torino, Tip. Bona, 1940, págs. VIII-255. Ediciones críticas de la *Ciudad del Sol:* una por G. Paladino, Napoli, 1920, y otra más perfecta, con el doble texto italiano y latino, por los cuidados de Norberto Bobbio (ed. G. Einaudi Torino, 1941). Damos aquí un elenco de los estudios histórico-críticos más importantes:

B. Spaventa, *Saggi di critica filosofica, politica e religiosa,* Napoli, 1867.

F. Fiorentino, *B. Telesio, studi storici sull'idea della natura nel risorgimento italiano,* Firenze, 1872-74 (2 vol.), y *Studi e ritratti della rinascenza,* Bari, 1911.

Amábile, *Fra Tommaso Campanella, la sua congiura, i suoi processi e la sua pazzia,* Napoli, 1882 (3 vol.); *Fra T. Campanella ne'castelli di Napoli, in Roma e in Parigi,* Napoli, 1887 (2 vol.), y *Fra T. Pignatelli, la sua congiura e la sua morte,* Napoli, 1887.

B. Croce, *Intorno al comunismo di T. Campanella,* Napoli, 1895 (ahora en el vol. *Materialismo storico ed econ. marx.,* Bari, trad. castellana, ed. Imán, Buenos Aires, 1942).

G. S. Felici. *Le dottrine filosofico-religiose di T. Camp.,* Lanciano, 1895.

E. Solmi, *La città del sole di T. C.,* Modena, 1904.

Kvacála, Th. *Campanella, ein Reformer,* etc., Berlin, 1909; *Ueber die Genese der Schriften Th. Campanella,* Juriew, 1911, y otros ensayos menores.

R. Charbonnel, *La pensée italienne au XVI siècle et le courant libertin.* París, 1919.

L. Blanchet, *Campanella,* París, 1920; *Les antécédents historiques du "je pense, donc je suis",* París, 1920.

C. Dentice D'Accadia, *T. Campanella,* Firenze, 1921.

G. Gentile, *T. Campanella,* 1924 (reprod. en G. *Bruno e il pensiero del rinascimento,* Firenze, 1925, cap. VIII; cfr. también el cap. II); *Studi sul rinascimento,* Firenze, 1936; *Il pensiero italiano del rinascimento,* Firenze, 1940.

R. De Mattei, *La politica di Campanella,* Roma, 1928; *Contenuto ed origini della utopia cittadina nel 600,* en "Rivista Internazionale di Filosofia del Diritto", Roma, 1929; *Studi campanelliani,* Firenze, 1934; *Fonti, essenza e fortuna della Città del Sole,* en "Rivista Internazionale di Filosofia del Diritto", 1938.

P. Treves, *La filosofia politica de T. Campanella*, Bari, 1930.

Kurt Sternberg, *Ueber Campanellas Sonnenstaat,* en "Historische Zeitschrift", 1933.

R. Amerio, varios ensayos en "Rivista di Filosofia Neoscolastica", desde 1929; véanse especialmente: *Le dottrine religiose di T. Camp.* (1931), *La diagnostica della religione positiva in T. Campanella* (1932); *Di alcune aporie dell'interpretazione deistica della filosofia campanelliana* (1934), *Il problema esegetico fondamentale del pensiero campanelliano* (1939).

N. Bobbio, *Introduzione,* en la citada edición crítica de la *Ciudad del Sol* (ver arriba), Torino, 1941.

Gioele Solari, *Di una nuova edizione critica della "Città del Sole" e del comunismo di Campanella,* en "Rivista di Filosofia", luglio-settembre, 1941.

Luigi Firpo, *Appunti campanelliani* en "Giornale critico della filosofia italiana" (larga serie de artículos que en 1952 llegaba ya al número XXII).

Segunda parte

*Orientaciones del pensamiento
renacentista*

I
La idea de cultura en el Renacimiento italiano

La importancia que tiene la idea de la cultura en las corrientes filosóficas contemporáneas, donde ha determinado la formación de una particular doctrina que se denomina Filosofía de la Cultura, nos lleva a fijar la atención en los antecedentes que esta doctrina puede haber tenido; y entre ellos debemos reconocer como de particular importancia los que pertenecen al Renacimiento italiano.

Ha sido el Renacimiento en Italia el período de máximo resplandor espiritual, que puede hacer recordar al llamado "milagro griego". Ha sido, en efecto, su resplandor comparable al florecimiento del pensamiento filosófico y científico en Grecia; y aun cuando sobrevino la decadencia y el fin de esta época en Italia, debido a la pérdida de la libertad de pensamiento, quedó sin embargo la herencia transmitida a otros países de Europa, la que determinó el desarrollo ulterior de la ciencia y filosofía modernas.

Acerca de la idea de la cultura, podemos distinguir previamente el doble sentido que tiene la palabra cultura, en relación con el individuo y en relación con la colectividad y la tradición histórica humana. En relación con el individuo, cultura significa la suma de conocimientos que adquiere cada uno mediante el estudio; en relación con la colectividad humana significa toda la creación del mundo de la historia, que se sobrepone y se contrapone de cierta manera a la naturaleza. Frente a la naturaleza, que significa todo el conjunto de las realidades independientes del hombre, la cultura comprende todo el conjunto de las creaciones del hombre; todo esto que constituye lo que se llama mundo humano: la sociedad, el derecho, el estado, la costumbre, el lenguaje, las letras y las artes, la ciencia, los mitos, la religión, la filosofía, etc., toda esta creación tan compleja que la humanidad ha formado durante toda su historia, todo esto se comprende y se sintetiza en el nombre de cultura.

La filosofía de la cultura, por lo tanto, tiene como fundamento propio la idea del poder creador del espíritu humano; reconoce en esta creación de una realidad que está fuera de la naturaleza y por encima de ella un carácter eminentemente espiritual que, sin embargo, se traduce en una realización objetiva, y por eso puede también denominarse con el nombre, usado por Hegel, de "espíritu objetivo".

La transmisión de todas estas creaciones operadas por el hombre, se presenta en un desarrollo histórico que no tiene límite, y de esta manera la idea del progreso se agrega a los caracteres distintivos de la idea de cultura. Esta idea tiene su origen primero en la antigüedad clásica. Podemos decir que ha nacido de una manera particular con los sofistas, cuando presentaron en sus teorías la oposición entre la naturaleza y la "convención" creada por los hombres. Los caracteres distintivos de los dos términos opuestos eran para la naturaleza el dominio de una necesidad constante, representada por las leyes naturales; para la cultura (o "convención"), en cambio, era el dominio de la voluntad; una voluntad arbitraria que puede presentar variedades en la comparación entre los tiempos y los lugares distintos; pero las diferencias producidas en el tiempo, es decir, en la sucesión cronológica, ya les aparecían a los sofistas como un desarrollo progresivo, cuya afirmación introducía un primer concepto de historicidad.

De manera que los sofistas ya habían llegado, con su distinción entre el mundo de la naturaleza y el mundo de la «convención", a caracterizar el mundo de la cultura con algunas notas fundamentales, que luego son recogidas por otros filósofos que amplían y desenvuelven estas ideas de la cultura y del progreso en la antigüedad clásica. Todo este desarrollo ulterior al que contribuyen, después de Protágoras, especialmente Demócrito, Aristóteles, Epicuro y Lucrecio, Cicerón, Séneca y otros aseveradores de la teoría del progreso en la antigüedad, nos presenta constantemente una afirmación de la dignidad del hombre, considerado como creador de nuevos órdenes y nuevas naturalezas que se sobreponen a la naturaleza natural y originaria; y así es que se acompaña esta idea del progreso con una exaltación del hombre a una dignidad divina, como creador de todo un mundo (el mundo de la historia), a pesar de la creencia común de que la antigüedad no haya llegado a la idea de progreso. Esta idea luego se oscurece durante la Edad Media por el desplazamiento del interés y las preocupaciones del hombre hacia la vida futura, abandonando esta vida presente terrenal como sede del pecado, de manera que también se desvaloriza la idea de la dignidad del hombre en su relación con la vida terrenal y el proceso de la historia.

Alguna excepción hubo, sin embargo, en la misma Edad Media. Ya Bernardo de Chartres (siglo XII), a pesar de creer a los modernos menos inteligentes que los grandes de la antigüedad –como enanos frente a gigantes– reconocía, no obstante, el progreso ofrecido por el aprovechamiento de las herencias y tradiciones. Nosotros (decía según el relato que nos da Juan de Salisbury en su *Metalogicus*) somos enanos sentados sobre las espaldas de gigantes, y por eso podemos tener un horizonte más amplio que ellos. Más aún, la idea de progreso se afirma en Rogelio Bacon, quien atribuyendo a la filosofía la tarea de explicar la sabiduría divina, declara que nunca podrá ser acabada, sino que siempre tendrá posibilidades de nuevos adelantos y descubrimientos.

Pero sobre todos, una visión del progreso se presenta con Santo Tomás, por influencia de Aristóteles. Encontramos en él la idea de la formación de la cultura por la intervención de dos factores distintos, constituidos uno por la tradición y otro por la renovación continua que debe operarse en la misma.

La tradición, en efecto, no puede por sí sola constituir el desarrollo de la cultura y la intelectualidad humana; debe agregársele también un espíritu crítico, que se aplica al estado tradicional de la cultura y va operando continuamente en ella transformaciones. "Las opiniones de los antiguos –dice Santo Tomás–[1] deben acogerse, ya sea para asimilar las verdades que conocieron o para descubrir los errores que deben corregirse y las lagunas que tienen que llenarse en su pensamiento."

Mediante este proceso, de asimilación, renovación e integración constantes, se produce en la formación de la cultura un progreso lento pero continuo.

"Aun cuando la contribución que cada uno puede llevar al edificio del conocimiento sea pequeño en parangón con la magnitud del todo, sin embargo, de la colección, selección y articulación de todas estas contribuciones resulta algo muy grande, tal como puede verse en cada una de las artes, que por los estudios y las capacidades de los distintos cooperadores han llegado a un desarrollo admirable."[2] De manera que el tiempo se manifiesta como un elemento o condición del progreso. "De esta manera –agrega– poco a poco las inteligencias humanas han progresado, y el tiempo aparece como un factor de progreso y desarrollo."

Pero no el tiempo como pura sucesión de años y siglos, sino como receptor de la actividad humana, que debe intervenir con su iniciativa y su desarrollo continuo, para aprovechar el transcurso del tiempo y transformarlo en factor de progreso.

"El tiempo parece ser un buen colaborador de los descubrimientos no porque obre por sí mismo, sino en cuanto que en él se desenvuelve la actividad humana. En la actividad de la investigación, cada uno llega a ver sucesivamente lo que antes no veía, y en la obra colectiva se agregan descubrimientos nuevos a los de los predecesores. Así se ha producido el incremento de la cultura que, desde principios humildes, poco a poco progresó en gran medida por mérito de hombres diferentes, pues cada cual puede agregar lo que faltaba a los antecesores. Pero si falta el ejercicio de la actividad investigadora, el tiempo puede ser causa de olvido, en los individuos así como en las colectividades, de manera que se ven ciencias, que después de haber florecido en la antigüedad, han caído paulatinamente en el olvido a consecuencia del abandono de su estudio".[3]

---

[1] *De anima*, lib. I, lect. 2.
[2] *Metaphysica*, lib. II, lect. 2.
[3] *Metaph.*, lugar cit.

Encontramos así una teoría del progreso, que procede de los antecedentes de Aristóteles, pero que ha sido en parte renovada por Santo Tomás, y va a renovarse y desarrollarse ulteriormente de manera más profunda en el Renacimiento.

Se encuentra, en efecto, en el Renacimiento una intensificación del influjo de la antigüedad, y ésta lleva a una nueva afirmación de la dignidad del hombre, por la consideración de su superioridad sobre toda la naturaleza. Consiste esta superioridad en la capacidad creadora del hombre, que determina la formación de la cultura, y se manifiesta en un progreso infinito. En esto consiste para los escritores del Renacimiento la excelencia del hombre. Una excelencia que se presenta vinculada con la actividad humana dirigida a la conquista de los conocimientos y al estudio, de manera que se afirma como ideal de elevación espiritual para el hombre.

Este ideal lo encontramos afirmado por Coluccio Salutati cuando habla de la superioridad del hombre.

"La sabiduría y la elocuencia son dotes características del hombre, por cuyo medio se distingue de los demás animales; y ¡cuán excelente, cuán glorioso y honroso resulta superar a los otros hombres por aquellos dones de la naturaleza por los que el hombre es superior a los demás animales! Los hombres sabios y elocuentes me parecen haberse creado tal grado de excelencia por encima de los otros hombres, cual Dios y la naturaleza han establecido entre los hombres y los animales faltos de razón."[4]

En esto consiste la excelencia del hombre, en la superioridad intelectual; y vinculada con esta perfección y con el poder de la previsión, se presenta también la capacidad creadora del hombre que se dirige hacia el porvenir.

Esta idea está afirmada por Juan de Prato, cuando habla de las prerrogativas del hombre y de sus creaciones efectuadas siempre en vista al porvenir. "Que el hombre tenga la razón puedes verlo con claridad y juzgarlo firmemente. Pues él solo es quien distingue los tiempos, es decir pasado, presente y futuro, y bajo esta distinción se guía para juzgar las cosas presentes y las futuras por las pasadas, y por eso se construye, se gobierna la república, se hacen las bodas, se crían los hijos, se provee a las necesidades que pueden ocurrir, se desea gloria perpetua... y cosas semejantes estimuladas por la razón. Esto no se ve en los otros animales, sino que juzgan sólo el presente, y siguen puramente a los sentidos..."

"Además tiene el hombre la superioridad del lenguaje que ningún otro animal la tiene; tiene la escritura para memoria de las cosas pasadas, tiene la industria... ¡Cuán grande poder tiene nuestra alma! Mide el cielo, juzga los nacimientos de las estrellas, mide la esfericidad de la tierra, ve las distancias de la luna con respecto al sol y los demás planetas... Y tiene el intelecto para juzgar muchas cosas futuras... y las artes manuales, concedidas sólo al hombre, etcétera."[5]

En esto se ve la excelencia del alma humana, afirmada también por otro escritor, Bernardino de Siena, quien no vacila en compararla con la excelencia divina y aseverar que una sola alma humana tiene una superioridad infinita con respecto a los cielos, aunque sean éstos en número infinito.

"El alma no supera la belleza del cielo solamente mil veces, ni mil veces mil, ni mil veces miles de miles, sino por un número infinito de veces. De manera que si se crearan tantos cielos empíreos como suman las gotas de las aguas y los granos de arena en el mar y las estrellas del cielo, toda la belleza junta de estas cosas no podría igualar la belleza de un alma sola, tan grande es su excelencia."[6]

Pero esta excelencia no está en el alma humana por su naturaleza estática, sino únicamente por su dinamismo. Es decir que debe ser realizada efectivamente por el hombre, y puede realizarse sólo mediante la cultura y la conquista del saber. Por eso dice también Bernardino de Siena: "De manera que si tú quieres ser noble de verdad, empieza por cultivar el estudio de alguna ciencia en la que puedas ejercitar tu espíritu e intelecto;

---

[4] *Epistolario*, ed. Novati, Roma 1896, t. III, págs. 499 y sig.
[5] *Trattato d'una angelica cosa mostrata per una divotissima visione*, etc., ed. Wesselofski, Bologna, 1867, I, pág. 396 y sigs.; citado por Saitta. *L'educ. dell'umanesimo in Italia*, Venezia, 1928.
[6] *Opera*, t. I, *Sermo* 50, cap. 3, pág. 259; cfr. Saitta, obra cit.

y así, por medio de aquella ciencia, te harás sabio y de clara inteligencia, y conocerás a Dios y al mundo, y verás qué diferencia hay entre tu vida y la de los necios que pierden su tiempo en creerse de nacimiento noble, sin cuidarse de aprender las ciencias por tener posesión de casas y tierras".[7]

Cuando falta la cultura y el estudio, no se realizan la esencia y naturaleza propias de los hombres, según muestra Francisco Filelfo, afirmando que el valer humano puede manifestarse de manera adecuada sólo en el estudio y en la cultura, que por lo tanto se convierten en exigencia intrínseca y deber del hombre: "El bien del hombre está en aquello por lo cual es verdaderamente hombre... En aquéllo por lo cual es hombre, puede volverse perfecto... Pues todas las cosas que tienen una perfección por su naturaleza, con tal que no sea obstaculizada su virtud intrínseca, obran según su propia tendencia acostumbrada". "Hablemos del valer humano que se conquista con el estudio, la actividad y la diligencia de los hombres. Este valer yo digo que se lo reivindica sobre todo por medio de la cultura, con tal que se comience desde la infancia misma."[8]

Si falta el estudio, agrega Enea Silvio Piccolomini, el intelecto humano queda en una ceguera. "Cualquier época carente de estudios es ciega"... Pero, ¿cómo puede un hombre "negarse a trabajar en los estudios, cuando se cosecha tan gran fruto de ellos? Ellos nos dan noticia del bien y del mal, nos informan acerca de las cosas pasadas, nos guían en las presentes y nos permiten prever las futuras".[9]

Con todo esto se ve que la iluminación del espíritu se torna un desarrollo gradual y progresivo. Vale decir, el estudio y la cultura constituyen el desenvolvimiento de una actividad continua por parte del hombre, quien llega, por medio de ella, a efectuar una acumulación y conquista progresivas.

Este concepto lo afirma Leonardo Bruni en su libro *De litteris et studiis* (Basilea, 1583) y en sus *Epistulae* (Firenze, 1741):

---

[7] *Opera*, t. III, *Sermo* 9, p. 379.
[8] *De morali disciplina*, Venezia 1552, págs. 10, 16, 21.
[9] *De liberorum educatione*, en *Opera*, págs. 971 y sigs.

"Leyendo y aprendiendo hay que recoger muchas cosas de todas partes, y amontonar las que conviene y escudriñar cada una de todas maneras, e investigar y excavar allí de donde pueda venir alguna utilidad a nuestros estudios." *(De litt. et stud.*, p. 78). "Estos estudios se llaman de humanidades justamente porque perfeccionan y adornan al hombre."[10]

"Quiero, pues, que a esta inteligencia que promete dar todos los mayores resultados, sea inherente un deseo ardiente de aprender. Por eso no debe menospreciarse ningún género de estudios, ni se debe considerarlo extranjero. Sean por lo tanto prendidas las mentes por admirable anhelo para la inteligencia y el conocimiento de las cosas."[11]

Y concluye en los *Dialogi ad Petrum Histrum:* "de los manantiales de los estudios de filosofía procede toda nuestra característica calidad de hombres *(humanitas)*" (p. 13).

Pero esta acumulación progresiva, de que habla Leonardo Bruni, implica para su realización una doble exigencia: la exigencia de la asimilación de toda la herencia del pasado y la renovación "continua de esta herencia tradicional mediante una actividad nueva incesante.

Por la asimilación del pasado, dice Pier Paolo Vergerio, todo el tiempo anterior se hace nuestro, y como transmitimos a nuestros sucesores todas nuestras conquistas, también el futuro nos pertenece de alguna manera. Todo el tiempo se recoge así en el presente como una propiedad nuestra." "¿Cuál vida más feliz puede haber... que leer y escribir siempre y conocer en nuestra existencia reciente las cosas de la antigüedad, en nuestra presencia actual hablar a nuestra posteridad, y de esta manera hacer existir actualmente todo tiempo pasado y hacer nuestro el tiempo futuro?"

"Pues los libros y las letras son una memoria segura de los hechos y un almacén común de todos los conocimientos. Y debemos cuidar que los que hemos recibido de nuestros antecesores, si acaso no podemos producir nosotros ninguno por nues-

---

[10] *Epist.*, VI, pág. 49.
[11] *De litt. et stud.*, pág. 74.

tras fuerzas, los trasmitamos íntegros y en buena conservación a la posteridad y proveamos así útilmente a los que vendrán después de nosotros, y recompensemos a los antepasados por lo menos mediante esta única remuneración de sus trabajos."[12]

Hay así un acrecentamiento de nuestra vida en la adquisición de la experiencia pasada que se vuelve experiencia nuestra, y que nos lleva a una conquista de la inmortalidad, haciendo pertenecer a nosotros el tiempo pasado y el futuro, cuya extensión total se unifica en nuestra vida y actividad presente.

"¿Qué cosa más grande e ilustre que las ciencias –dice Guarino de Verona– diré que exista entre las cosas humanas? Por ellas los hombres no solamente están por encima de los brutos, sino que adquieren una especie de inmortalidad."[13]

"Por lo cual ocurre que los mortales aún jóvenes son transformados por la sabiduría y la ciencia de un sinnúmero de cosas, en gente que ha vivido ya una larga vida y a los viejos les quedan siempre más acrecentados y ampliados la pericia y el conocimiento, de manera que parecen haber nacido en siglos anteriores."[14]

Sin embargo, como hemos afirmado, no basta para alcanzar este resultado la pura asimilación del pasado, sino que se necesita también el desarrollo continuo de una actividad nueva que produzca el progreso infinito del conocimiento.

Maffeo Vegio lo pone de relieve: "Justamente deberán cultivarse con toda el alma los estudios de las letras, que tienen un poder singular sobre los demás para difundir, conservar e ilustrar las creaciones benéficas para la vida humana. Pues cualquier cosa que se haya efectuado anteriormente en todos los siglos, la sabemos y comprendemos por medio de las letras. Nada está tan lejos de nosotros por distancia espacial o por ciclo de años, que las letras no puedan manifestárnoslo, declararlo y mostrárnoslo abiertamente, tal como si se realizaran en nuestra presencia".

---

[12] *De ingenuis moribus*, Padova, 1918, pág. 26, cfr. Saitta, obra citada.
[13] *Epistolario*, ed. Sabbatini, Venezia, 1916, II, pág. 321.
[14] *Obra cit.*, pág. 310; cfr. Saitta, *L'educ. dell'umanesimo*, etc.

"Por lo tanto, aquel tiempo que los más doctos escritores nos han transmitido mediante su trabajo, es *todo nuestro;* por mérito de ellos lo hemos conseguido todo, utilizado todo... E igualmente tampoco este tiempo en que estamos escribiendo acerca del tiempo, no pasa en la nada, sino que queda y quedará firme, detenido por nuestra escritura tal como por medio de un gancho."[15]

"Sin embargo no tendría mucha utilidad el aprender muchas cosas si no supiera además cada uno descubrir algo por sí mismo y expresarlo de manera apta y transmitirlo en claras escrituras."[16]

Se precisa, por lo tanto, el esfuerzo continuo del progreso. Si falta este esfuerzo, no sólo se produce una interrupción del camino, sino un retroceso y una decadencia en lo que se había logrado anteriormente.

Por eso Matteo Palmieri se opone a la tendencia de muchos que se consideran satisfechos con las adquisiciones tradicionales: "Los que se dedican a algún arte aprenden de ella tan sólo lo que están obligados a hacer de acuerdo con la costumbre común, pero descuidan perfeccionarse y siguen siempre en aquellas formas groseras iniciales... Esto procede de la costumbre de contentarnos con lo que nos muestran los padres o maestros, sin investigar si podemos mejorar el arte; sino que, satisfechos de lo que aprendimos, quedamos allí y por toda la vida hacemos lo mismo".

"Así es que se ven las nobles artes, bien entendidas por nuestros antiguos, faltar luego por varias generaciones, de manera que hay que avergonzarse en decir cuál es el fruto que se muestra en ellas. Sin embargo, después, o por suerte o por industria o por diligencia constante nace quien vuelve a levantar el arte perdido."[17]

Y comienza de nuevo esta actividad progresiva y así en un renovado proceso activo se va formando y desarrollando la cul-

---

[15] *De educatione liberorum*, Lugduni, 1576, lib. VI, 6, págs. 687 y sigs.
[16] Obra cit., II, 2, pág. 652; cfr. Saitta, obra cit.
[17] *Della vita civile*, Milano, 1825; págs. 45, 50 y sig.; cfr, Saitta, obra cit.

tura. La cultura puede sacar provecho de este proceso continuo porque es un bien espiritual, es decir, la única posesión segura que tienen los hombres, imposible de sustraer a quien la tenga adquirida, y que además tiene el privilegio de que su uso no consume sino que acrecienta el patrimonio conquistado, mientras, en cambio, su estado inoperante no conserva sino que echa a perder lo que se había adquirido. Se completa de esta manera la observación del antiguo platónico Numenio de Apamea, quien había diferenciado los bienes espirituales con respecto a los materiales por el hecho de que los primeros no se pierden ni disminuyen al donarlos y dividirlos con los demás hombres, sino que permanecen íntegros en nuestro poder, más bien se acrecientan e intensifican por el eco que encuentran en otros espíritus. León Battista Alberti agrega que no solamente nadie puede sustraernos los bienes espirituales así como puede arrebatarnos los materiales, sino que, además, el uso mismo que consume los bienes materiales, conserva, aumenta y desarrolla los espirituales, que de otra manera se corrompen y pierden.

León Battista Alberti expresa estas ideas de la siguiente manera: "La doctrina, mientras tú la sigas y luego siempre después de haberla comprendido, será siempre tuya, útil para ti ahora y por toda la vida. Y en la medida en que le dediques estudio se te acrecienta en seguida la satisfacción y se te hace cada día más pronta y fácil. Luego no puede serte raptada, pues está siempre en tu interior, y su posición no te molesta ni te causa preocupación. Las otras cosas al ser usadas se consumen; esta única y sola, como don otorgado por Dios a los hombres, se acrecienta continuamente y se hace más valiosa al usarla".[18]

Por lo tanto se afirma la exigencia de una actividad continua y asidua, porque de otra manera se dejaría marchitar el don inmortal recibido de Dios, el don de la posibilidad espiritual que tiene el hombre, vale decir, un don infinitamente fecundo en resultados siempre nuevos. Alberti agrega:

"Hay que actuar y esforzarse continuamente con espíritu varonil buscando hombres y cosas, cultivando relaciones para

---

[18] *Deiciarchia*, en *Opere volgari* tomo III, pág. 50; cfr. Saitta, obra citada.

volver a casa más docto; y hay que perseverar en esta asiduidad. Aun cuando sea poco lo que aprendiste hoy, mañana sabrás lo que no sabías anoche, y en muchos días sabrás muchas cosas."[19]

Y en otra obra escribe:

"Nosotros, engendrados como la nave no para podrir en el puerto sino para recorrer largos caminos en el mar, siempre anhelaremos en el ejercicio de nuestra actividad hacia algún fruto de gloria... Ni crea nadie que sin ejercitarse pueda formar en sí mismo algún hábito de virtud. Sin escribir, sin pintar, nunca te convertirás en escritor o pintor... Para hacernos aptos en alguna virtud, tenemos que emprender algún ejercicio virtuoso... y seguiremos ejerciéndonos asiduamente, pensando, investigando, coleccionando, componiendo y comentando y transmitiendo a nuestra posteridad trabajos y vigilias... Dignas fatigas las nuestras, por cuyo medio podemos dar a los que no pertenecen a nuestra generación, otra señal de nuestra vida anterior que la de la edad, y podemos dejar a los venideros otros documentos de nuestra vida que una piedra con inscripción para nuestra sepultura."[20]

Análogamente había declarado en su escrito *Della famiglia* (II, 191 sig.):

"El hombre no ha nacido para entristecerse en el ocio sino para actuar en cosas magníficas y amplias". Y en su *Deiciarchia* agregaba: "actuar bien será lo mismo que vivir bien. Los hombres ociosos se asemejan a los dormidos, no siendo casi vivientes ni muertos totalmente... No será vida en nosotros solamente el respirar esperando la noche, sino que será vida para nosotros el actuar a continuación, y vida óptima el actuar en cosas óptimas."[21]

Y preguntaba en otra parte:

"Este intelecto, este conocimiento y razón y memoria, ¿de dónde me han venido así, infinitos e inmortales, sino de quien

---

[19] Obra citada, pág. 51.
[20] *Della tranquillità dell'anima*, t. I, págs. 48 y sig.
[21] *Deiciarchia*, págs. 86, 191 y sig.

es infinito e inmortal? ¿Y me dejaré yo podrir y marchitar en el ocio como un hierro viejo?"[22]

De estas consideraciones procede la exhortación de Alberti a la juventud:

"¡Oh vosotros, jóvenes, trabajad activa y asiduamente en los estudios!"[23]

Este pensamiento está desarrollado más ampliamente por otros escritores: Gianozzo Manetti, Giovanni Pico, Leonardo, Marsilio Ficino, Giordano Bruno.

Y no pudiendo examinarlos a todos,[24] vamos a considerar especialmente lo que manifiestan Marsilio Ficino y Giordano Bruno. Marsilio Ficino pone de relieve las diferencias entre los hombres y los animales, señalando la semejanza que el hombre tiene con Dios, por su capacidad creadora, que lo lleva a crear el mundo de la cultura.

"Los animales son dominados por una ley de necesidad física, no tienen artes; en cambio, los hombres crean un sinnúmero de artes que ponen en acción por su voluntad. Las artes humanas fabrican las mismas cosas que la naturaleza; no somos siervos, sino émulos de la naturaleza. El hombre perfecciona, corrige, enmienda las obras de la naturaleza inferior. Por lo tanto, el poder del hombre se asemeja de veras a la naturaleza creadora divina, puesto que de cualquier materia crea formas y figuras... domina los elementos... crea instituciones sociales y leyes... sabe unificar pasado y porvenir, recogiendo en un momento eterno los intervalos fugaces del tiempo. Mediante el uso del lenguaje y la escritura muestra la divinidad de su mente; mediante el lenguaje, intérprete de la mente, pregone-

---

[22] *Della tranquillità dell'anima*, I, pág. 31 y sig.
[23] *Della famiglia*, pág. 101 y sig.; cfr. también Saitta, obra citada.
[24] Por lo que se refiere a G. Manetti en particular y a los otros mencionados arriba en general, véase G. Gentile, *Il concetto dell'uomo nel rinascimento* y otros ensayos de su libro *Giordano Bruno e il pensiero del rinascimento,* Firenze 1925; por lo tocante a Pico de la Mirándola, ver especialmente el libro de Eugenio Garin, *Giovani Pico della Mirandola*, Firenze, 1937; para todo el pensamiento renacentista, ver E. Cassirer *Individ. u. Kosmos in der Renaiss.*, Leipzig, 1927 (trad. ital., Firenze, 1935) y E. Garin, *La filosofia (Storia dei generi letterari italiani),* Milano, 1947, vol. II, cap. I.

ro y mensajero infinito de infinitos descubrimientos, exterioriza de maneras infinitas su poderío interior."²⁵

Por cierto, esta creación del hombre tiene posibilidad de un desarrollo infinito, pero puede realizarse solamente por el ejercicio activo de la voluntad humana, a la cual por lo tanto pertenece no solamente el mérito de la elevación del hombre a la semejanza con Dios creador, sino también la responsabilidad por su propia degradación a bruto, en el caso de dejar inactiva o malograr su capacidad espiritual. Ficino pone de relieve sobre todo el aspecto positivo del mérito de la elevación al grado divino; pero luego Pico, inspirándose en las mismas ideas de Ficino, destaca igualmente el aspecto contrario o negativo de la responsabilidad del proceso degenerativo, cuando presenta a Dios hablando a Adán de la siguiente manera: "Te he creado ni celeste ni terrenal, a fin de que tú seas libre educador y señor de ti mismo; tú puedes degenerar hasta convertirte en bruto, y regenerarte hasta parecer casi un Dios... Tú sólo tienes un desarrollo que depende de tu libre voluntad y llevas en ti mismo los gérmenes de toda especie de vida".²⁶

Sin embargo, Ficino había evidenciado que el hombre tiene en sí mismo el estímulo hacia el esfuerzo de perfeccionamiento y creación, constituido por su natural tendencia y exigencia de felicidad. Por éstas el hombre ejerce su actividad para convertirse de hombre en casi Dios; y de esta manera encuentra su propia felicidad. Porque la felicidad el hombre la encuentra, así como todo ser, en la realización de la potencia que posee, es decir, de la potencia de su propia naturaleza. Esta idea, procedente de Aristóteles, Ficino la afirma en una de sus epístolas:

"Si la felicidad es el fin por el cual hacemos todas las cosas y si ese fin fuera el reposo y el ocio, nada sería más contrario a la felicidad que el trabajo. Entonces para ser beato ¿no haré nada? Nunca jamás. La vida es la actividad íntima y perenne de la naturaleza; no puede tener vida beata quien no vi-

---

25 *Theologia platonica*, XIII, c. 3, págs. 295 y sigs.
26 Ver en *Opera*, II, pág. 314 y sig.

ve; por lo tanto al no obrar no seríamos beatos... Estamos pues contentos en la actividad intrínseca a nuestra mente, una actividad... que no espera un premio, porque el goce que tiene en sí es premio para ella misma. Quien obra así no obra para volverse feliz alguna vez, sino que es feliz en el acto mismo de obrar."[27]

Y así aparece toda la magnificencia del alma humana. Aparece en la aspiración al progreso y en la realización del mismo, que constituye para la humanidad la conquista de su madurez espiritual, más bien una verdadera conquista de inmortalidad. "La inmensa magnificencia de nuestra alma aspira hacia el estado divino... No quiere ser inferior a otros seres... como si esto fuera contrario a la dignidad natural del hombre."[28] En su progreso infinito y continua actividad creadora, el espíritu humano "desea, intenta, empieza a convertirse en un Dios y cada día progresa". De esta manera, "las cosas que por sí mismas son mortales, reciben de la historia la inmortalidad, y las lejanas por ella se vuelven presentes, y las viejas rejuvenecen. Así el joven iguala en seguida la madurez de un anciano. Y si a un anciano de 70 años se lo considera prudente, por su experiencia de las cosas, ¡cuánto más prudente será quien cumple la edad de mil y tres mil años! Pues tantos miles de años parece haber vivido el hombre, cuantos son los años cuyos acontecimientos aprendió por la historia".[29]

Encontramos aquí la idea que más tarde será desarrollada por Pascal, vale decir la concepción de toda la humanidad en su continuidad de vida, personificada en la de un hombre que vive infinitamente y aprende sin cesar. Pero el aprender no puede ser considerado como un recibir pasivamente los conocimientos del pasado. Debe ser una conquista activa y continua. Hay que crear y vivir de nuevo lo que nos han transmitido nuestros antecesores, si no las adquisiciones de ellos se pierden para nosotros.

---

[27] *Epist.*, 1. VIII, pág. 880.
[28] *Theol. platon.*, XIV, c. 4, pág. 311.
[29] *Epistulae*, 1. I, pág. 658.

"Los que aprenden leyendo no sacan la ciencia animada y viviente de los signos escritos materiales y carentes de vida, sino que ellos mismos, por el estímulo de aquellos signos, engendran la ciencia en sí mismos, y los que aprenden no aprenden antes de haber ellos mismos recogido en sí las cosas oídas y haberlas examinado y aprobado... El alma que parece estar sometida al maestro como materia pasiva, a menudo aún antes de oír adivina lo que oirá, y luego de haber oído hace más fecundas y mejores las cosas oídas y a menudo sin oír las engendra por sí misma, en tanto posee las semillas de las ciencias, tal como el campo posee las semillas de las cosechas."[30]

Además, Ficino considera el aprender no sólo como resultado de una actividad investigadora, sino también como un estímulo continuo y siempre nuevo para progresar ulteriormente. Pues todo lo que se aprende engendra siempre dudas en cada uno, vale decir se le convierte en conciencia de problemas ulteriores, que exigen una investigación progresiva. Así todo saber adquirido estimula el deseo de saber continuamente más.

"No puede decirse que haya aprendido de manera suficiente quien duda todavía de algo. Y esto también es verdad, que mientras vivimos, siempre dudamos. Por lo cual debemos perseverar en aprender, por tanto tiempo cuanto dure nuestra vida. Y debemos imitar a aquel gran sabio Solón, quien hasta el último y extremo momento de su vida buscaba y se esforzaba siempre en aprender algo todavía."[31]

Así se realiza el progreso humano en un desarrollo infinito; y la idea del progreso reconocida y explicada por Ficino la encontramos desarrollada análogamente en varios escritores del Renacimiento, desde Pico y Leonardo hasta Galileo y Campanella. Pero es especialmente Giordano Bruno quien presenta una exaltación del hombre y su capacidad creadora, que se manifiesta igual y simultáneamente en la teoría y en la práctica, es decir, en la actividad del intelecto y las manos. A la dependen-

---

30 *Theol. platon.*, XI, 5, pág. 256.
31 *Epistulae*, I, 620; cfr. para Ficino el otro libro de Saitta, *La filosofía de M. Ficino*, Messina, 1922.

cia unilateral afirmada por Anaxágoras, de la inteligencia humana con respecto a la posesión de la mano, y la contraria afirmada por Aristóteles de la posesión de la mano con respecto a la inteligencia, Bruno sustituye una dependencia y vinculación recíproca de ambas, en el desarrollo de sus actividades progresivas, impulsadas continua e infinitamente por un estímulo siempre renovado. Este estímulo consiste en el presentarse de las necesidades en la vida del hombre, de manera que el aguijón de ellas, a pesar de su apariencia penosa y molesta, no debe considerarse una condenación para el hombre, sino un verdadero don divino, por constituir el manantial inexhausto de todo su progreso.

"Los dioses han hecho al hombre el don del intelecto y las manos y lo han creado parecido a ellos al donarle facultades por encima de los animales, las que consisten en poder obrar no solamente según la naturaleza y lo ordinario, sino también más allá y fuera de las leyes de aquélla, a fin de que, formando o pudiendo formar otras naturalezas, otros recorridos, otros órdenes por medio de su ingenio, con aquella libertad sin la cual no tendría esa semejanza con los dioses, llegase a mantenerse dios en la tierra. Aquélla, por cierto, cuando llegue a ser ociosa, será vana, tal como en vano está el ojo que no ve y la mano que no capta. Y por eso la providencia ha establecido que sea ocupado en la acción por las manos y en la contemplación por el intelecto, de manera que no contemple sin acción ni obre sin contemplación."

"Ahora bien, al haber nacido entre los hombres las dificultades y surgido las necesidades, se han afilado los ingenios, inventado las industrias, descubierto las artes, y siempre, de día en día, por medio de la necesidad se estimulan nuevas y maravillosas invenciones desde las profundidades del intelecto humano. De manera que siempre, más y más, alejándose del estado bestial por las actividades apremiantes y urgentes, más altamente se van aproximando al estado divino."[32]

---

[32] *Spacio della bestia trionfante*, en *Dialoghi morali*, ed. Gentile, Bari, pág. 143 y sig.; cfr. también la primera parte del libro presente.

Se acercan al estado divino los hombres por la virtud creadora que se presenta vinculada en su espíritu con la fuerza de la voluntad humana. Esta virtud creadora consiste en la capacidad humana de superar las dificultades que se presenten, por el gusto mismo de afrontarlas y vencerlas.

Bruno por eso hace la exaltación de la virtud humana de la "diligencia": "Hay una virtud que se llama Diligencia, o solicitud infatigable por la cual se supera toda vigilancia, se quebranta toda circunstancia adversa, se vuelve fácil todo camino o acceso, se adquiere todo tesoro, se subyuga toda fuerza, se elimina toda esclavitud, se logra todo deseo, se defiende toda posesión, se llega a todo puerto, se humilla a todos los adversarios, se exalta a todos los amigos, se vengan todas las injurias y, por fin, se alcanza todo propósito".

"Tú eres la que alimenta con la fatiga a los espíritus generosos. Sube, supera y pasa con un aliento, si es posible, toda montaña pedregosa y áspera. Excita tu afecto hasta el punto que no solamente resistas y te venzas a ti misma, sino además que ya no tengas sensación de tu dificultad y del hecho de que eres fatiga; pues la fatiga no debe ser fatiga para sí misma; así como ningún cuerpo grave es grave para sí mismo. No serás fatiga digna, si no te vences a ti misma de tal manera, que ya no te consideres fatiga… La perfección suma está en no sentir fatiga y dolor cuando se aguanta fatiga y dolor… Tú, Fatiga, al ser dedicada a obras egregias, sé deleite y no fatiga para ti misma."

Pero la diligencia puede actuar en el espíritu humano solamente con tal que exista una condición necesaria imprescindible, vale decir que el mismo espíritu tenga una fuerza interior de vida y actividad. En otras palabras, la posibilidad del progreso exige espíritus vivientes; y sólo por la existencia y acción de espíritus vivientes pueden los modernos resultar más maduros que los antiguos.

En su diálogo *La cena de las cenizas* Bruno presenta a Prudencia, un personaje que personifica el respeto y la veneración hacia la antigüedad en tanto antigüedad, quien dice: –"Sea como se quiera, yo no quiero alejarme de la opinión de los antiguos, pues dice el sabio: en la antigüedad está la sabiduría". Pero otro personaje, Teófilo, le contesta: – "Pero agrega: y en muchos años la prudencia. Si Ud. entendiera bien lo que dice, vería que de su fundamento se infiere lo contrario de lo que Ud. piensa; quiero decir, que nosotros somos más viejos y tenemos más larga edad que nuestros antepasados. No pudo ser tan maduro el juicio de Eudoxio, quien vivió poco después del nacimiento de la astronomía, como el de Calipo, quien vivió 30 años después de la muerte de Alejandro Magno; éste, pues, como agregó años a años, podía también agregar observaciones a observaciones. Hiparco, por la misma razón, debía saber más que Calipo, pues vio las vicisitudes ocurridas hasta ciento noventa y seis años luego de la muerte de Alejandro. Menelao, geómetra romano, por haber visto las diferencias de movimiento cuatrocientos sesenta y dos años después de muerto Alejandro, hay que pensar que entendiera más que Hiparco. Aun más debía ver Mahoma Aracense, 1.202 años después de aquella muerte. Más vio Copérnico, casi en nuestros días, 1.809 años luego de ella. Pero si algunos que han venido después de éstos no han sido, sin embargo, más agudos que los que vivieron antes, y si la muchedumbre de los que viven en nuestros tiempos no por eso tienen más inteligencia, esto ocurre por el hecho de que aquéllos no han vivido y éstos no viven los años ajenos, o lo que es aún peor, vivieron muertos, aquéllos y éstos, los años propio".[33]

Así es que hay necesidad de espíritus vivientes para que pueda formarse y progresar la cultura humana. Por eso deben, por cierto, los modernos conservar las tradiciones del pasado y rendir honores a los predecesores por lo que aprendieron de ellos, pero deben al mismo tiempo conservar la independencia de su juicio, deben ser espíritus libres.

"Estimamos deber mucho a estos y otros diligentes matemáticos que en la sucesión de los tiempos, con respecto a los tiempos, agregando luces a luces, nos han dado principios suficientes, por cuyo medio somos llevados a un juicio tal cual no podía ser engendrado sino después de muchas edades y que

---

[33] *Dialoghi metafisici*, ed. Gentile, pág. 28 y sigs.

no hayan sido ociosas. Sin embargo, después de haber celebrado el estudio de estos espíritus generosos, debemos reconocer, de la manera más abierta, que tenemos, sí, que abrir los ojos a lo que ellos han observado y visto, pero no dar nuestro asentimiento a todo lo que ellos han concebido, entendido y determinado."[34]

Hay en las realizaciones del progreso una honda exigencia de libertad espiritual. Por eso todos los espíritus magnos del Renacimiento (Bruno, Campanella, Galileo, etc.) han reivindicado el principio de libertad espiritual y merecido el título, dado por B. Spaventa a G. Bruno, de heraldos y mártires de la libertad de pensamiento.

Por esta vía el Renacimiento italiano ha abierto y preparado el camino a la ciencia y filosofía modernas; por eso la falta de libertad que sobrevino al final del siglo XVI en Italia impidió la continuación del florecimiento de la filosofía italiana y de su teoría del progreso. Sin embargo la herencia se transmitió a otros países de Europa. En Francisco Bacon ya vemos recogida la enseñanza de los pensadores del Renacimiento italiano, cuando afirma las dos exigencias esenciales de todo adelanto científico: en primer lugar, reconocer el camino recorrido por los antecesores para orientarnos y prepararnos, pero en seguida después de esta exigencia primordial, hay que obedecer a otra: "cuando hemos reconocido bien el camino, entonces no debemos pararnos sino que debemos progresar activamente". (Cum autem de via bene constiterit, tunc demum non restitandum, sed alacriter progediendum).

Estas dos exigencias son imprescindibles en la cultura para que pueda realizarse el proceso de su creación progresiva. La continuidad de esta creación está fundada en una doble condición: la tradición y la renovación incesante de la misma. Por lo tanto debe ser una tarea de espíritus vivientes, activos y libres.

Esta es la gran herencia orientadora que el Renacimiento italiano ha dejado a la Edad Moderna.

---

[34] *Dialoghi metafisici*, ed. cit., pág. 18.

II

El Renacimiento italiano y la filosofía moderna

Hace tres cuartos de siglo, en la época misma en la que apareció la clásica obra de Burkhardt sobre la cultura del Renacimiento en Italia,[1] dos investigadores italianos, prominentes filósofos e historiadores del pensamiento, Bertrando Spaventa y Francesco Fiorentino, efectuando hondas indagaciones nuevas sobre los pensadores renacentistas,[2] evidenciaban la necesidad de corregir una idea errónea, mantenida hasta entonces por los historiadores de la filosofía, debido a la imperfección de sus conocimientos acerca del pensamiento humanista y renacentista. Los historiadores de la filosofía seguían incluyendo al pensamiento renacentista en la Edad Media; así como Hegel, en sus *Lecciones sobre la historia de la filosofía*, había puesto el capítulo intitulado "Renacimiento de las ciencias" como tercero de la parte dedicada a la filosofía medieval. Por cierto, He-

---

[1] *Die Kultur d. Renaissance in Italien*, Basel, 1860, cuyas ediciones siguen renovándose y multiplicándose a partir de la segunda (1869), pero con modificaciones y ampliaciones de L. Geiger, hasta que las ediciones más recientes han vuelto a reproducir el texto original "dándole así (como dice Huizinga, *El concepto de la historia*, México, 1946, pág. 117 nota) el sello de una obra clásica, que en justicia merece".

[2] Ver B. Spaventa, especialmente *Lezioni di filosofia* del año 1861 (Napoli 1862), que Gentile volvió a publicar con el título: *La filosofia italiana nelle sue relazioni con la filosofia europea*, Bari 1908; y los estudios sobre Campanella (1854-55) y Bruno (1853-1866) recogidos luego en el libro *Saggi critici di filosofia politica e religione*, Roma, 1899.

De F. Fiorentino, véanse especialmente *Il panteismo di G. Bruno*, Napoli, 1861; *P. Pomponazzi*, Firenze, 1868; *B. Telesio e l'idea della natura nel risorgimento italiano*, 2 tomos, Firenze, 1872-74; *Il risorgimento filosofico nel 400*, Napoli, 1885 (póstumo); *Studi e ritratti della Rinascenza*, recogidos por G. Gentile, Bari, 1911.

gel reconocía en los mayores renacentistas la existencia de un impulso ardiente hacia el conocimiento de lo más hondo y concreto, pero lo declaraba un impulso turbio, mezclado de fantasías y quimeras salvajes, revelador al mismo tiempo de una energía subjetiva y de una gran confusión de espíritu.

"Estas notables apariciones (escribía) nos recuerdan la disolución, el terremoto y las erupciones de un volcán, que se ha formado en el interior y que da vida a nuevas creaciones, pero todavía salvajes e irregulares".[3]

De esta manera, al presentarse la filosofía moderna con sus grandes sistemas construidos con arquitectura sólida y equilibrada, se asistía casi a un milagro improviso, difícil de comprender, imposible de explicar históricamente. Aquí las investigaciones de Spaventa y Fiorentino respondían por lo tanto a una exigencia imprescindible de comprensión histórica; pues revelaban la continuidad del proceso de formación y desarrollo del pensamiento moderno, mostrando sus antecedentes y raíces en el pensamiento renacentista, realizador del traspaso de la tradición medieval a las nuevas orientaciones espirituales.

Por cierto la obra cumplida por Spaventa y Fiorentino tenía un impulso patriótico, por haber sido en gran parte gloria de Italia el gran movimiento espiritual del humanismo y el renacimiento. Pero el deseo de reivindicación nacional, que sin duda era natural en aquella época en la cual Italia luchaba por su resurgimiento y quería legitimar sus aspiraciones de independencia y unidad por medio de sus grandes tradiciones históricas y culturales, no era el único estímulo y motivo de las investigaciones y conclusiones de Spaventa y Fiorentino. En general las reivindicaciones del resurgimiento italiano no querían afirmarse en un sentido egoísta de oposición a las otras naciones y de orgullo celoso y hostil; al contrario, se inspiraban más bien en un sentimiento de comprensión y solidaridad humana.

Así como lo declaraba, mejor que otro, Giuseppe Mazzini, el anhelo de libertad e independencia nacional obedecía a

---

[3] Cfr. en la ed. italiana (Firenze, La Nuova Italia editrice), vol. III, I, parte II: *Filosofía del Medioevo*, cap. III: *Rinascimento delle scienze*, págs. 208 y sigs.

una exigencia universalista: a fin de participar del pacto de la humanidad, que puede ser rubricado solamente por pueblos libres e iguales; a fin de cumplir con la misión que incumbe a cada pueblo en la cooperación solidaria de todo el género humano, es decir la misión de ser realmente un obrero de la humanidad, que en la gran fábrica común tiene su tarea especial, necesaria para la coordinación de todas las obras.[4]

Ahora bien, el deber, el derecho y la capacidad de esta cooperación debían mostrarse y fundamentarse en la misma historia, además que en las imprescindibles exigencias morales; por eso la reivindicación de las glorias del Renacimiento significaba afirmación de los títulos que la nación italiana tenía para volver a cooperar, en pie de igualdad con las otras naciones, en el desarrollo del espíritu universal. Por eso escribía Fiorentino en su libro *La filosofía contemporánea en Italia*: "Nosotros hemos empezado la nueva especulación en el Renacimiento, nosotros hemos libertado a Europa del yugo de la autoridad, nuestros han sido los campeones y mártires del pensamiento verdaderamente libre: Europa debe tenérnoslo en cuenta y guardar hacia nosotros algún sentimiento de gratitud".[5]

La reconstrucción de la labor cumplida por el Renacimiento italiano llenaba por lo tanto una laguna que había quedado en la historiografía anterior, así como lo reconocía Karl Prantl, el gran historiador de la lógica occidental, al alabar a Fiorentino por haber llenado mediante sus investigaciones esa laguna que aparecía anteriormente en la historia de la filosofía entre la escolástica medieval y la filosofía moderna. Hasta entonces –según lo notaba el propio Fiorentino, señalando los méritos de Spa-

[4] Ver. G. Salvemini, *Mazzini*, Roma, 1920; Alessandro Levi, *La filosofía política di G. Mazzini*, Bologna, 1927; F. Momigliano, *Il messaggio di Mazzini*, Roma, 1922; R. Mondolfo, *La filosofía política de Italia en el siglo XIX*, ed. Imán, Buenos Aires, 1942, págs. 73 y sigs.

[5] *La filosofia contemporanea in Italia*, Napoli, 1876, págs. 93-94. Acerca de los mártires renacentistas de la libertad del pensamiento ya había escrito Fiorentino en *Il panteismo di G. Bruno:* "Telesio incarcerato e spogliato; Campanella torturato a Napoli; Galilei oltre alla prigione, fatto, segno allo scherno di giudici ignoranti; Paolo Sarpi al pugnale dell'assassino; Bruno e Vanini abbruciati vivi su le rive del Tevere e della Garonna..."

venta– el Renacimiento no había sido destacado del fondo de la escolástica con el relieve necesario; y por eso no habían podido evidenciarse en el mismo las raíces de la filosofía moderna.

Así ocurría (notaba Fiorentino) que los historiadores presentasen la aparición de Descartes "como un verdadero salto histórico, inexplicable por medio de las condiciones de la filosofía antecedente, de la cual se destacaba mediante un desgarrón violento".[6]

Ni Descartes ni Bacon, ni Hobbes ni Spinoza ni Leibniz, en una palabra, ninguno de los grandes sistemas que caracterizan el comienzo de la filosofía moderna aparecía explicable históricamente, mientras se lo hacía brotar directamente del terreno de la filosofía medieval. El mismo Bacon que cierra el período renacentista más bien que abrir la propia edad de los grandes sistemas modernos, supone claramente un vuelco ya realizado de las orientaciones medievales, al presentar al reino de la naturaleza como un dominio reivindicado para el señorío del hombre. El subtítulo mismo de su *Novum organum: De interpretatione naturae sive de regno hominis*, expresa de una manera decidida el programa de la ciencia moderna, que quiere apoderarse de los secretos de la naturaleza, es decir del conocimiento y la comprensión de las causas de los fenómenos naturales, para dominarlos, someterlos al imperio del hombre.

Programa ambicioso, que tiene como fundamento un orgulloso concepto del hombre y de su poderío espiritual; un concepto que la Edad Media no podía admitir, y que había sido en cambio una conquista ardua y trabajosa lograda por el humanismo y el renacimiento, al realizar (según la frase célebre de Michelet y Burckhardt) el "descubrimiento del mundo y del hombre", la reivindicación de la dignidad e infinitud espiritual humana y de su dominio intelectual sobre la naturaleza.[7]

---

[6] Cfr. B. *Telesio e l'idea della natura*, etc., dedicación a B. Spaventa; *La filosofia contemporanea in Italia*, a págs. 113-115 por el elogio de Prantl, y a pág. 12 por lo referente a Descartes.

[7] Cfr. J. Michelet, *Histoire de France au seizième siècle: Renaissance*, introd. págs. 14-15, donde, sin embargo, entre los que han realizado "la découverte du monde et la découverte de l'homme", Michelet, según lo pone de relieve Huizinga (*El*

Como escribía Burckhardt, "aquel conocimiento del mundo y del hombre merecería por sí solo llamar al Renacimiento de Italia el guía de nuestra época universal".

Por cierto hay todavía en nuestros días historiadores prominentes como Huizinga,[8] que se oponen a semejante valoración del Renacimiento, y reaccionan contra las oposiciones esquemáticas establecidas entre la Edad Media por un lado y el Renacimiento y la Edad Moderna por el otro. "Ciertamente (escribe Huizinga), que es muy cómodo imaginar que toda la Edad Media profesó el *contemptus mundi* hasta que de pronto, con el Renacimiento, la orquesta se puso a atacar con todos sus metales y cuerdas y en jubilosa instrumentación el tema del *juvat vivere*, de la alegría de vivir. Pero, desgraciadamente, la realidad se parece muy poco a esta simplista imagen"; porque ni la Edad Media, ni el Renacimiento han tenido "de un modo tan incondicional como generalmente se piensa" el carácter que se les atribuye a cada uno de ellos.[9]

Y esto es cierto; sin embargo hay que tener en cuenta los caracteres generales y predominantes, que el propio Huizinga reconoce para la Edad Media en oposición a la Moderna, escribiendo que "la Edad Media establece, para cuanto se relaciona con el espíritu, normas autoritarias e imperativas: no sólo para las materias de la fe y sus secuelas, la filosofía y la ciencia, sino también en lo tocante al derecho, al arte, a las formas del trato social y a las diversiones".[10] Y este sometimiento del espíritu humano a un principio de autoridad en cualquier campo supone una valoración esencialmente negativa del mismo espíritu.

---

concepto de la historia, ensayo sobre *El problema del Renacimiento*, pág. 115), "no menciona, entre los representantes de esta gran época, fuera de Colón y Galileo, a ningún italiano". Burckhardt, en su *Cultura del Renacimiento en Italia*, vuelve a usar la frase de Michelet como título del capítulo más importante de su libro *(Descubrimiento del mundo y del hombre)*, dedicándolo sin embargo a la obra cumplida por el Renacimiento italiano.

[8] Véase el ensayo sobre *El problema del Renacimiento*, en el libro *El concepto de la historia y otros ensayos*, ed. Fondo de Cultura Económica, México, 1946.

[9] Obra citada, págs. 149 y sig. La frase relativa al *contemptus mundi* alude al libro del papa Inocencio III: *De contemptu mundi*.

[10] Obra citada, pág. 134.

Sin duda esta comprobación debe mantenerse dentro de los límites de su efectiva validez histórica. Ha sido un error de historiadores superficiales y apresurados definir el *De contemptu mundi* (desprecio del mundo), el famoso escrito del diácono Lotario de Segni elevado luego al trono papal con el nombre de Inocencio III,[11] como exponente característico de todo el mundo medieval. Este escrito al cual alude Huizinga en el lugar citado arriba, más que el desprecio del mundo expresa el más hondo desprecio del hombre, declarando la *indignidad* de su condición, inferior a la de los vegetales. "Anda investigando yerbas y árboles; pero éstos producen flores, hojas y frutos, y tú produces de ti liendres, piojos y gusanos; ellos emiten de su interior aceite, vino y bálsamo, y tú de tu cuerpo, esputo, orina, excrementos; etcétera."

Por cierto, frente a este pesimismo negro se afirma en la misma época histórica el optimismo sereno de San Francisco, que transfigura en causa de alegría y en objeto de amor aún las enfermedades y las desgracias, como procedentes de la voluntad providencial de Dios. Sin embargo, esta misma visión serena y entusiasta tiene una condición fundamental, como su fuente y principio, que es la humildad espiritual del hombre.[12] De manera que los pesimistas y los optimistas coinciden en la Edad Media en una exigencia general de humildad de parte del hombre, afirmando su dependencia de la revelación y la autoridad. Y por eso el Renacimiento, al reivindicar la dignidad y excelencia del hombre, no repite solamente un motivo que en-

---

[11] Por cierto, la obra de Inocencio III tuvo gran difusión e influencia en la Edad Media a través de traducciones y recopilaciones populares dirigidas a dar al hombre la conciencia de su naturaleza y situación miserables. Cfr. B. Giamboni, *Della miseria dell'uomo*, Firenze, 1836. Sin embargo tiene razón E. Garin, *La filosofia (Storia dei generi letterari italiani)*, Milano, 1947, vol. I, pág. 55, al afirmar que en las páginas del *De contemptu mundi* se expresaba un modo eterno (y no solamente medieval) de concebir la vida, más bien la retórica del pesimismo que ya se había manifestado en páginas de Aristóteles *(Eudemo y Protréptico)*, de Boecio, Arnobio, etc. Pero lo que caracteriza a cada época es la mayor o menor repercusión que encuentra en la misma una corriente espiritual común con otras edades.

[12] Justamente lo pone de relieve Garin, obra cit., I, 56, aun notando la oposición entre el espíritu de San Francisco y el de Inocencio III.

contraba en los escritores y filósofos antiguos, sino que afirma una orientación contraria a la dominante en la Edad Media, y que se demuestra fecunda de grandes consecuencias.[13]

La importancia de esta corriente del pensamiento, característica de la época renacentista, no está documentada solamente por todos los escritos en los que se expresa, y que han sido en nuestros días objeto de estudios muy interesantes de Gentile, Saitta, Garin, Cassirer y otros eminentes investigadores,[14] sino también por la reacción que en seguida se ha presentado en contra de ella con Calvino, que veía comprometida por esta exaltación de la dignidad humana la conciencia del pecado en los hijos de Adán. Calvino quiere volver a un desprecio del hombre análogo al que en la Edad Media se había afirmado en la obra de Inocencio III; quiere renovar en el hombre la conciencia de su pecado, de su indignidad e incapacidad de redención sin la intervención de la gracia divina; quiere insinuarle la convicción de su propia nulidad radicalmente opuesta a esa confianza en sus capacidades de convertirse casi en Dios, que querían inspirarle los filósofos del Renacimiento.

"El calvinismo (escribe justamente Garin) insistía sobre la indignidad humana: el lema socrático y renacentista "conócete a ti mismo" ya no era una invitación a captar lo *divino* en nosotros, sino a reconocer toda nuestra vileza. "Cuando ciertos fi-

---

[13] El vuelco que se produce en la concepción del hombre al pasar de la Edad Media al Renacimiento, puede compararse al que se había producido en la antigüedad en el tránsito de la exigencia de medida y humildad, proclamada por los siete sabios y los poetas gnómicos, a la exaltación de la divinidad del alma humana, efectuada por la mística y aceptada por la filosofía. Cfr. Aristóteles, *Metaph.*, I, 2, 983 a.

[14] Cfr. G. Gentile, *Il concetto dell'uomo nel rinascimento* (en el libro *G. Bruno e il pensiero del rinascim.*, Firenze, 1920); G. Saitta, *La filosofia di M. Ficino*, Messina, 1923, y *L'educazione dell'umanesimo in Italia*, Venezia, 1928; E. Garin, *G. Pico della Mirandola*, Firenze, 1937, *La filosofia (Storia dei generi letterari italiani)* y II, Milano, 1947, *L'umanesimo italiano. Filosofia e vita civile nel Rinascimento*, Bari, 1952; E. Cassirer, *Individuo e cosmo nella filos. del rinascimento* (trad. del original alemán aparecido en *Studien d. Bibliothek Warburg*, Leipzig, 1927), Firenze, 1935. Véase también G. Dilthey, *L'analisi dell'uomo e l'intuizione della natura dal rinascimento al sec. XVIII* (trad. del II tomo de *Gesammelte Schriften)*, Venezia, 1927.

lósofos (decía) invitan al hombre a conocerse a sí mismo, lo llevan a considerar su dignidad y excelencia y no le hacen contemplar sino aquello por cuyo medio pueda levantarse en vana confianza e hincharse de orgullo."[15]

Aquí precisamente, en lo que es objeto de la condena pronunciada por el calvinismo, debemos reconocer uno de los caracteres distintivos de la filosofía del Renacimiento y uno de los más importantes motivos de su acción preparadora de la filosofía moderna. Aun cuando la Edad Media había oído alguna voz aislada y débil, como la de Ristoro de Arezzo[16] en su *Composizione del mondo*, entonar tímidamente el motivo antiguo de la superioridad cognoscitiva del hombre sobre los otros animales; aun cuando había con Bernardo de Chartres[17] reconocido a los modernos, enanos sentados sobre las espaldas de los gigantes antiguos, la posibilidad de tener un horizonte más amplio que ellos; aun cuando había repetido con Tomás de Aquino las afirmaciones de Aristóteles referentes a la capacidad humana de crear la cultura e incrementarla a través del tiempo,[18] aun cuando había vuelto a celebrar con Dante en el *Convivio*[19] la preeminencia del hombre ya afirmada por el poeta bíblico en el *Salmo* VIII, había no obstante quedado muy lejos del coro de voces sonoras que se levanta en el Renacimiento a cantar con toda fuerza las notas de la dignidad y excelencia del hombre, procedente de la inmanencia de lo divino en su espíritu. Aquí está la inspiración nueva que el Renacimiento (según la observación de Gentile)[20] introduce en su apelación a las afirmaciones de antiguos escrito-

---

15 Garin, *La filosofia*, cit., II, 227.
16 Escritor italiano del siglo XII.
17 El parangón de Bernardo de Chartres se encuentra referido en el *Metalogicus* de Juan de Salisbury.
18 Cfr. el ensayo antecedente sobre *La idea de cultura en el Renacimiento italiano*.
19 Cfr. Gentile, *Il concetto dell'uomo*, etc., pág. 133 y sig.
20 *Il concetto dell'uomo nel rinascimento*, pág. 136: "Nel rinascimento c'è uno spirito, nuovo, derivante dalla riscossa dell'uomo che ripiglia l'antico tema della sua preminenza nel mondo per contrapporsi a questo, nella sua autonomia, quasi centro, come più tardi si svelerà, d'una nuova concezione della vita". Por este espíritu, precisamente, la reivindicación renacentista de la dignidad humana se diferencia aún de las afirmaciones medievales que pueden parecer más cercanas o

res, como Ovidio y Cicerón, Platón y Aristóteles, ya en partes conocidas por los mismos filósofos medievales, pero que solamente con los renacentistas se convierten en principio y centro de una concepción nueva de la vida.

A partir especialmente de *De dignitate et excellentia hominis* de Gianozzo Manetti (1448), escrito para refutar terminantemente el *De contemptu mundi* de Inocencio III,[21] las celebraciones de la divinidad e infinitud espirituales del hombre, de su capacidad ilimitada de conocimiento, de comprensión de la verdad infinita, de progreso en la realización de creaciones nuevas, se siguen y renuevan a continuación, acentuando en un crescendo progresivo las afirmaciones de la superioridad humana que ya entre los humanistas habían expresado Coluccio Salutati, Giovanni di Prato, Francesco Filelfo, Leonardo Bruni, Pier Paolo Vergerio, Guarino de Verona, Lorenzo Valle, Maffeo Vegio, Poggio Bracciolini, Bartolomeo Sacchi apodado el Plátina, Matteo Palmieri y otros.[22] Entre los cuales San Bernardino de Siena había llegado a una exaltación de la excelencia del alma humana que levantaba infinitamente más arriba de toda perfección cósmica y celeste. "El alma (había escrito San Bernardino) no supera la belleza del cielo solamente mil veces, ni mil veces mil, ni mil veces miles de miles, sino por un

---

semejantes a ella, como la de San Buenaventura que coloca al hombre en el centro de la creación, aseverando que incluso los movimientos celestes se realizan en vista de la admiración humana: "etiam motus coeli stellati non est nisi propter obsequium hominis viatoris". Gilson, por lo tanto (*La philosophie de Saint Bonaventure*, París, 1924), observa que el hombre le parece a San Buenaventura tan perfecto como para despertar en él la preocupación de diferenciarlo de la perfección absoluta divina. Sin embargo, el conocimiento humano no es independiente para San Buenaventura, sino supeditado a la iluminación divina, sin cuya intervención trascendente no podría tampoco en muchos años llegar al conocimiento pleno ni siquiera de una paja, de una mosca o de cualquier otra criatura mínima; el Renacimiento en cambio exalta el poderío inmanente de la mente humana y su virtud propia intrínseca.

[21] Entre los escritores paganos y cristianos que han expresado su menosprecio para el hombre, G. Manetti destaca de manera particular a Inocencio III y su *De miseria humanae vitae*. Ver Gentile, Obra cit., págs. 158 y sigs.

[22] Cfr. Saitta, *L'educazione dell'umanesimo in Italia*, cit.; Garin: *La filosofía*, cit., I, 214 y sigs. (cap. *Il mondo degli uomini*); y el ensayo antecedente.

número infinito de veces. De manera que si se crearan tantos cielos empíreos como suman las gotas de las aguas y los granos de arena en el mar y las estrellas del cielo, toda la belleza junta de estas cosas no podría igualar la belleza de un alma sola, tan grande es su excelencia".[23]

Pero la infinita perfección del espíritu humano, que en la proclamación de San Bernardino puede aparecer una realización ya cumplida, se manifiesta más claramente como infinita capacidad de perfeccionamiento, procedente de la inmanencia de lo divino, en las afirmaciones y los desarrollos posteriores de los escritores renacentistas: la *Theologia platonica* de Marsilio Ficino, el *De hominis dignitate* y el *Heptaplus* de Juan Pico de la Mirándola, los escritos de León Battista Alberti, de Girolamo Cardano, de Giambattísta Belli, de Cesare Cremonini, de Giordano Bruno, de Tomaso Campanella, de Galileo Galilei.[24] El hombre, escribe Ficino, "desea, intenta, empieza a convertirse en un Dios y progresa cada día"; por la "inmensa magnificencia de su espíritu" quiere conquistar los mundos infinitos tal como Alejandro Magno, que oía hablar de aquéllos a Anaxarco demócriteo; "quiere un estado divino", antes bien "es como un Dios en la tierra... inventor de artes innumerables... pregonero y nuncio infinito de infinitos inventos", émulo y perfeccionador de la naturaleza, "quien hace las veces de Dios inmortal, y es sin duda inmortal... es una especie de Dios".[25]

Puede el hombre, agrega Cremonini, "por medio de su intelecto omnipotente llegar hasta el cielo, detenerse con los dioses, recibirse en el seno de Dios; nada tiene impenetrable, nada inaccesible"; puede levantarse hasta el sumo trono de la

---

[23] "Non enim superat anima pulchritudinem coeli millies, non mille millies, nec millies mille millia: sed quodammodo infinities excedit. Unde si formarentur tot empyrei coeli, quot sunt aquarum guttae, quot sunt grana arenae maris, quot sunt etiam stellae coeli; omnis pulchritudo eorum simul sumpta non posset aequari pulchritudinem unius animae, tanta est excellentia eius" (*Sermo 50*, cap. 3 en *Opera*, t. I, pág. 259; cfr. Saitta, *L'educazione dell'umanesimo in Italia*).

[24] Cfr. las obras de Gentile, Saitta, Garin, Cassirer, etc., citadas en la nota 13.

[25] Véanse en la *Theologia platonica*, lib. XIV, los capítulos 3, 4 y 6.

sublimidad, "que tiene en lugar de oro la divinidad, en lugar de marfil la infinidad, en lugar de joyas la eternidad".[26]

En efecto, proclama Bruno, el hombre ha recibido de los dioses la facultad divina de "poder obrar no sólo según la naturaleza, sino más allá y fuera de las leyes de aquélla, a fin de que, formando o pudiendo formar otras naturalezas, otros recorridos, otros órdenes por medio de su ingenio, con aquella libertad sin la cual no tendría esa semejanza con los dioses, llegase a mantenerse dios en la tierra". De esta manera "al haber... surgido las necesidades, se han afilado los ingenios, inventado las industrias, descubierto las artes, y siempre de día en día, por medio de la necesidad, se estimulan nuevas y maravillosas invenciones desde las profundidades del intelecto humano. De manera que siempre, más y más, alejándose del estado bestial por las actividades apremiantes y urgentes, más altamente los hombres se van aproximando al estado divino".[27]

Esta aclaración de la excelencia humana como capacidad ilimitada de perfeccionamiento, que se realiza paulatinamente en la conquista y ampliación de los conocimientos, en la adquisición del dominio sobre la naturaleza, en el desarrollo de los poderes intelectuales, en la creación de las artes, las ciencias y de todo el mundo de la cultura sobrepuesto al mundo de la naturaleza, no era solamente una afirmación de la conciencia que el hombre puede y debe tener de su dignidad, sino al mismo tiempo de las exigencias que esta dignidad implica como condiciones imprescindibles.

"Aquélla, por cierto (decía Bruno), cuando llegue a ser ociosa, será vana, tal como en vano está el ojo que no ve y la mano que no capta."[28] Lo cual quiere decir que, para hacerse efectiva, la excelencia del hombre exige una actividad voluntaria constante: aquella *virtus*, cuya necesidad había afirmado tan vigorosamente León Battista Alberti, y vuelve a aseverar Bruno

---

[26] *Lecturae exordium habitum Patavii*, VI, Kal. febr. 1591 (Oración inaugural de las lecciones del año 1591). Ver el texto parcialmente reproducido por Gentile en el apéndice II, de su libro *G. Bruno e il pensiero del rinascimento*, citado.
[27] *Spaccio della bestia trionfante (Dialoghi morali)*, ed. Gentile, págs. 143 y sigs.
[28] *Spaccio della bestia trionfante*, lugar citado (págs. 143 y sigs.).

con su himno a las *virtudes* de la Diligencia y la Fatiga.[29] "Hay que actuar y esforzarse continuamente con espíritu varonil (había escrito Alberti)... hay que perseverar en esta asiduidad...[20] Para hacernos aptos en alguna virtud, tenemos que emprender algún ejercicio virtuoso...[31] El hombre no ha nacido para entristecerse en el ocio, sino para actuar en cosas magníficas y amplias...[32] Actuar bien será lo mismo que vivir bien."[33]

Era el concepto de la energía activa y la fuerza de voluntad como una virtud, condición necesaria para la realización de las otras virtudes, que en Machiavelli se transforma y deforma al separarse de su relación con las otras virtudes intelectuales y éticas y convertirse en la virtud, única y sola, que se aplica a la lucha política de individuos y estados para el poder sobre los demás.[34] Partiendo de la idea del conflicto, en el que los hombres son adversarios y no cooperadores (si no es momentánea-

[29] En el mismo diálogo (*Spaccio* etc.), a págs. 126 y sigs.
[30] *De Iciarchia*, en *Opere volgari*, t. III, pág. 50.
[31] *Della tranquilità dell'anima*, en *Opere Volgari*, t. I, pág. 48 y sigs.
[32] *Della famiglia*, en *Opere Volgari*, III, 191 y sig.
[33] *De Iciarchia*, t. III, pág. 86. Ver todas estas citas en Saitta, *L'educazione dell'umanesimo*, cap. sobre L. B. Alberti. La idea de la *virtus* como energía activa y efectiva del hombre era de procedencia estoica, de acuerdo con el concepto de la vida como militancia que los estoicos habían sacado de la tradición cínica. Los escritores del Renacimiento lo encontraban expresado por Cicerón como exigencia de ejercicio continuo. Cfr. *De republica* I, I: "nec habere virtutem sabio est quasi artem aliquam, nisi utare; ... Virtus in usu sui tota posita est".

[34] La interpretación de Machiavelli, de sus teorías políticas e históricas, de sus ideas de la virtud y la fortuna, y de las relaciones recíprocas entre las dos, ha sido objeto de muchas discusiones, a partir de su época misma. Modernamente, Villari y Tommasini, Meinecke, Ercole, Alderisio, Norsa (Véase en Norsa, *Il principio della forza nel pensiero politico di N. Machiavelli*, Milano, 1936, la extensa bibliografía hasta la fecha del libro), Russo, Spirito y muchos más han presentado interpretaciones divergentes. Una rápida pero enjundiosa exposición sintética de los puntos esenciales puede verse en el libro de E. Garin, *La filosofia*, t. II, parte I, cap. V.

La oposición entre virtud y fortuna, ya establecida por los antiguos y renovada por Dante (*Inf.* VII, 67 y sigs.) y Petrarca *(De remediis utriusque fortunae,* II*)*, era muy discutida por los renacentistas: L. B. Alberti, G. Pontano, etc. Cfr. Gentile, *Il concetto dell'uomo* etc. (en *G. Bruno e il pensiero del rinascimento*), págs. 148 y sigs. y apéndices I y III. L. B. Alberti escribía: "Tiene giogo la fortuna solo a chi se gli sottomette" (*Opere volgari*, II, pág. 10); y en otro lugar: "Non ha virtù se non chi la vuole" (*Della famiglia*, pág. 14 y sig.).

mente contra un enemigo común), Machiavelli debe reconocer como temporaria cualquier victoria particular de esa *virtud*, que tiene en su contra las *virtudes* de los demás hombres o estados, igualmente supercheros y faltos de escrúpulos; de ahí sus oscilaciones entre las afirmaciones opuestas del poderío de *la virtud*, "fuerza viviente del hombre" que sola puede vencer a la fortuna, y de la ineluctabilidad de la necesidad natural con su cielo histórico de grandeza y decadencia, o de la fortuna con su violencia arrolladora parecida a la del río que desborda.

Muy distintas, en cambio, las conclusiones de los filósofos que en la misma edad renacentista afirmaban la exigencia de la virtud o energía de la voluntad activa para la conquista del conocimiento y dominio de la naturaleza y para la creación del mundo de la cultura, es decir en un terreno donde no hay lucha, sino solidaridad y cooperación entre los hombres. Por lo tanto, los filósofos renacentistas, a partir de Ficino en su *Theologia platonica*, se colocan en una posición opuesta a la de Machiavelli, forzado, aunque a pesar suyo, a reconocer la ineluctable necesidad y la arrolladora fortuna frente a toda virtud del hombre; para aquéllos, en cambio, no hay límites u obstáculos insuperables para la mente humana. Ésta (proclama Ficino) debe ser infinita, puesto que logra adecuarse a un infinito objeto de conocimiento; y por lo tanto tiene una virtud infinita, que la coloca por encima del destino.[35]

Los únicos límites o peligros que pudieran presentarse en el terreno intelectual podían surgir o del estancamiento de las energías vivientes del espíritu o de las trabas, interiores o exteriores, que se opusieran al libre despliegue y ejercicio de sus actividades. Por lo tanto los filósofos renacentistas proclaman las exigencias de la "virtud viviente" y de la libertad del espíritu, el

---

[35] La presencia, en la mente, de una virtud de cierto modo infinita ("infinitam quodammodo esse in mente virtutem"), dice Ficino, nos está testimoniada por el hecho de que los apetitos materiales pueden saciarse pronto y con poco; en cambio el ardor de la mente nunca jamás ("mentis ardor nunquam extinguitur". *Theol. platon*, VIII, 15). Y así, por la capacidad infinita que le viene de su manantial divino, el alma por medio de la mente se sobrepone al destino y la fortuna ("anima per mentem est supra fatum").

cual debe siempre recoger y aprovechar la herencia del pasado con sus conquistas ya realizadas, pero a fin de hacerlas progresar ulteriormente, con independencia de juicio y activa novedad de indagaciones.[36]

Las ideas de la continuidad histórica y del progreso se afirman así en vinculación con las exigencias de la libertad interior del pensamiento y la libertad exterior de su manifestación, que implican una independencia del principio de autoridad que había caracterizado la posición espiritual de la Edad Media. Al lema: "en la antigüedad está la sabiduría", Giordano Bruno opone que los modernos son más viejos que los antiguos por la mayor acumulación de experiencias y la mayor madurez del juicio; pero con tal que vivan de manera viviente los años ajenos y los propios. Por lo tanto (dice), "debemos, sí, abrir los ojos a lo que los antepasados han observado y visto, pero no dar nuestro asentimiento a todo lo que ellos han concebido, entendido y determinado", sino revisarlo, corregirlo, perfeccionarlo sin cesar.[37]

Continuidad histórica, pues, y novedad constante: he aquí las dos condiciones del progreso intuidas por Bruno y aceptadas luego por toda una cohorte de renacentistas, en la cual se coloca aún Francisco Bacon.[38] Los iniciadores de la filosofía moderna recogen sólo parcialmente esta sugestión fecunda, cuando, a partir de Descartes, proclaman su intención de ignorar todo antecedente, para realizar con plena independencia sus propias investigaciones y reflexiones, sin darse cuenta de la utilización que hacían de las herencias asimiladas del pasado. Una comprensión plena de las exigencias afirmadas por Bruno no se tendrá tampoco con la teoría del progreso en el siglo XVIII, sino solamente con el historicismo del siglo XIX. Las semillas renacentistas, a pesar de su fecundidad, llegan a dar la plenitud de sus frutos solamente a distancia de siglos; pe-

---

[36] Cfr. Gentile, *Veritas filia temporis* (en el libro G. *Bruno e il pensiero del rinascimento*). Véanse también el ensayo antecedente y el que sigue en el libro presente.
[37] Cfr. *Cena de le ceneri* (*Dialoghi metafisici*, ed. Gentile), pág. 18.
[38] Cfr. *De Augum. scient.* libro I, 38.

ro esto no disminuye, antes bien engrandece el mérito de precursores que pertenece a los renacentistas italianos.

Por otro lado, la misma actitud negativa frente al pasado, que intentan asumir los iniciadores de la filosofía moderna, era consecuencia y aprovechamiento de la otra exigencia proclamada valientemente por los renacentistas, con peligro y a veces con sacrificio de su propia vida: la exigencia de la independencia espiritual de todo principio de autoridad y la libertad del pensamiento filosófico. En este aspecto varios filósofos renacentistas merecen el título de heraldos y mártires de la libertad de pensamiento, dado por Bertrando Spaventa a Giordano Bruno.[39]

Sin duda la libertad e independencia que aparecen como conquista ya realizada en la filosofía moderna no pudieron ser alcanzadas por el Renacimiento, ni aun como afirmaciones teóricas, sino a través de un camino sembrado de dificultades, tormentos y peligros, y a menudo retorcido y contradictorio. Parece por cierto a primera vista tener algún elemento de verdad la observación de Huizinga[40] referente a la situación del Renacimiento en medio de la antítesis entre la Edad Media y la cultura moderna. "La Edad Media (escribe Huizinga) establece para cuanto se relaciona con el espíritu normas autoritarias e imperativas... En cambio, la época moderna proclama el derecho personal de cada cual a regir su propia vida, sus convicciones, sus gustos. Bien, pero ¿de cuál de los dos lados queda el Renacimiento? No hay que buscarlo, evidentemente, del lado de la concepción moderna. No sólo porque la adoración casi ciega de los valores eternos y de los modelos de la Antigüedad imprime al Renacimiento el sello de una cultura autoritaria, sino además porque todo su espíritu es en el más alto grado un espíritu normativo, que pugna por encontrar normas perennemente valederas para la belleza, la política, la virtud o la verdad."

Sin embargo por su unilateralidad estas observaciones de Huizinga deforman la realidad histórica. La búsqueda de nor-

---

[39] Cfr. B. Spaventa, *Prolusione e Introduzione alle lezioni di filosofia*, Napoli, 1862, lez. quinta (pág. 71). En la nueva edición, cuidada por Gentile (Bari, Laterza), el libro lleva el título: *La filosofia italiana nelle sue relazioni con la filosofia europea*.

[40] *El problema del renacimiento*, cit., pág. 184.

mas perennemente valederas no es particular del Renacimiento, sino propia de toda filosofía, antigua o moderna, medieval o renacentista. Y por otro lado el Renacimiento por su misma adoración de toda la antigüedad clásica amplía el horizonte de la Edad Media, en la cual la autoridad en filosofía era de un único sistema: platónico hasta el siglo XII, aristotélico en los siglos posteriores. El Renacimiento reacciona contra este carácter exclusivo reivindicando todos los valores de la Antigüedad, ya contra la tiranía de uno solo, ya contra el sometimiento de la filosofía a la teología.

Por un lado, resucita una multiplicidad de sistemas, desconocidos o rechazados por la Edad Media, los cuales en su posición mutua ofrecen las condiciones para una independencia de juicio; o bien trata de conciliarlos en un sincretismo que ya significa una posición filosófica distinta de cada uno de ellos. Por otro lado, reafirmando con insistencia la doctrina averroísta de la doble verdad, busca el camino para reivindicar para la filosofía su independencia de la teología, de la cual la Edad Media la había declarado *ancilla*.

Pomponazzi expresaba en forma chistosa y cáustica la exigencia de separación entre las dos, amonestando a sus discípulos a creer a la filosofía hasta donde lo quiere la razón, y a la teología hasta donde lo quiere la Iglesia, para no terminar como las castañas. Pero él mismo se daba cuenta de que esta misma distinción significaba un conflicto, al declarar, en sus *Quaestiones de remanentia elementorum* que "en filosofía quien desea encontrar la verdad debe ser un hereje". No se oculta Pomponazzi ni el peligro exterior que acechaba al filósofo independiente, ni el tormento interior del pensamiento que siempre le roe el corazón como el águila a Prometeo; el filósofo, hecho por su meditación insensible a la sed, al hambre, al sueño, considerado tonto y sacrílego por los demás, es objeto de la persecución de los inquisidores y del asombro del vulgo. Pero (agrega Pomponazzi) quien no participa de la filosofía no es hombre, sino bestia. Y filosofar (explica) no es repetir las palabras de Aristóteles o Averroes, sino buscar la verdad sin consideración para con ninguna autoridad, tampoco para con las propias afirmaciones anteriores de uno mismo,, que deben desdecirse, si es preciso, por amor de la verdad.[41]

No podría expresarse con mayor decisión la exigencia filosófica de la libertad espiritual. Pero con igual fuerza dominaba la misma exigencia en los espíritus de otros renacentistas que por sus ideas afrontaban los procesos, como Galilei la cárcel y los tormentos como Campanella, o el martirio de la hoguera como Vanini y Bruno.

Galilei retorcía el propio principio de autoridad contra toda pretensión de someter al mismo la libertad del pensamiento: "el propio Aristóteles me ha enseñado a satisfacer al intelecto únicamente por medio de lo persuadido por la razón, y no por la sola autoridad".[42] Y limitando al campo de los problemas religiosos y éticos el oficio de la teología, reivindicaba para la investigación natural la libertad de la observación, la experiencia y la razón, y rechazaba toda pretensión de obligar al hombre a someterse a la letra de las Escrituras o a la autoridad de los libros de Aristóteles. "La autoridad de los antiguos y modernos filósofos y matemáticos no tiene fuerza para establecer ciencia de ninguna conclusión natural, y lo más que pueda hacer es engendrar opinión e inclinación para creer ésta más bien que aquella cosa."[43] "Es simplicidad ir buscando el sentido de las cosas de la naturaleza en los papeles de éste y aquél más bien que en las obras de la naturaleza."[44] "No quiero mostrarme ingrato hacía la naturaleza y Dios que me otorgaron sentidos y razón... con hacer la libertad de mi intelecto esclava de quien puede errar igual que yo."[45]

---

[41] Cfr. Garin, *La filosofía*, cit., tomo II. El chiste de las castañas se halla referido en los manuscritos aretinos (que contienen cursos de clases de Pomponazzi); ver F. Fiorentino, *Studi e ritratti della rinascenza*. El parangón del filósofo con Prometeo se encuentra en *De fato*, pág. 709; la afirmación que "qui de philosophia non participat bestia est" en *De incantationibus*, pág. 251; la declaración de estar siempre dispuesto aún a desdecir sus propias afirmaciones anteriores por amor de la verdad en *Quaestiones de remanentia elementorum in mixto*, junto con la otra ya mencionada: "oportet enim in philosophia haereticum esse qui veritatem invenire cupit."

[42] Cfr. *Opere*, ed. nazionale, tomo IV, pág. 65.
[43] Cfr. *Opere*, t. V, pág. 197.
[44] *Opere*, t. VIII, pág. 640.
[45] *Opere*, t. VI, pág. 341.

Al contrario sólo la razón libre puede aplicar a la lectura experimental del libro de la naturaleza, escrito por Dios en caracteres matemáticos de número, peso y medida, estas demostraciones matemáticas en cuya certeza necesaria el intelecto humano llega a igualar la perfección del conocimiento divino.[46]

Análogamente, Campanella, en su *Apologia pro Galileo*, defendía los derechos de la investigación científica, invocando no solamente la distinción entre terreno filosófico y teológico, sino también la exigencia del homenaje a la obra del Creador. "Si Dios creó el mundo para su propia gloria, como dice Salomón, quiere que nosotros lo admiremos, y celebremos en el mismo a su autor, como un poeta o pintor quiere que se conozcan sus obras y se elogie al artífice." Toda limitación o traba a la investigación científica es por lo tanto contraria a la verdadera religión. "El que teme ser contradicho por las cosas naturales es consciente de su propia falsedad. Por consiguiente, el que en nombre de las leyes cristianas quiere vedar las ciencias, los estudios y las investigaciones de las cosas físicas o celestes, piensa mal del cristianismo o es causa de que otros sospechen del mismo."[47]

Y Campanella llega a recordar a Bruno, condenado por hereje a consecuencia de su aseveración de la pluralidad de los mundos y la infinitud del universo en contra de Aristóteles. Quizá conocía, Campanella, las elocuentes defensas de la libertad del pensamiento escritas por Bruno treinta años antes contra el principio de autoridad. "Nunca (decía Bruno), nunca debe valer corno argumento la autoridad de cualquier hombre,

---

[46] Por la afirmación de que el libro de la naturaleza está escrito en caracteres matemáticos véase *Il Saggiatore* y la carta N° 4106 a Liceti (enero 1641, *Opere* t. XVIII). Por lo referente a la igual perfección del conocimiento matemático humano con respecto al divino, en lo que toca a la certeza y necesidad de las proposiciones, cfr. *Opere*, VII, págs. 128 y sig. Sin embargo Galileo distingue este aspecto intensivo en el cual el entendimiento humano logra igualar al divino, del aspecto extensivo donde la limitación de los conocimientos del hombre aparece como nada en comparación al número infinito de los divinos; y distingue además el proceso discursivo de nuestros razonamientos y conclusiones, de la instantánea intuición divina de todas las verdades (*Opere*, VII, 129 y sig.).

[47] Cfr. *Apologia pro Galileo*.

por excelente e ilustre que sea... Es sumamente injusto plegar el propio sentimiento a una reverencia sumisa hacia otros; es digno de mercenarios o esclavos y contrario a la dignidad de la libertad humana sujetarse y someterse; es suma estupidez creer por costumbre inveterada; es cosa irracional conformarse con una opinión a causa del número de los que la tienen... Hay que buscar en cambio siempre una razón verdadera y necesaria."[48] Por lo tanto, "si alguna razón, por nueva que sea, nos estimula o impulsa por su fuerza interior, sea lícito a cualquiera pensar filosóficamente en filosofía con plena libertad, y hacer manifiesta su opinión".[49]

Afirmaciones tan terminantes como éstas, que expresan las exigencias implícitas en todo el esfuerzo de renovación filosófica del Renacimiento, no permiten aceptar el juicio de Huizinga, según el cual el renacimiento llevaría impreso, igual que la Edad Media, el sello de una cultura autoritaria. Al contrario, debemos reconocer que, frente al espíritu medieval de autoridad, se ha formado por mérito de los renacentistas un clima espiritual nuevo que pone como imprescindible para el pensamiento la exigencia de libertad e independencia intelectuales. De aquí parte la filosofía moderna en la creación de los grandes sistemas, que no sería comprensible históricamente partiendo del clima espiritual de la Edad Media. El renacimiento italiano es el puente por el cual el pensamiento filosófico pudo pasar de la fase medieval a la moderna: nunca podrá valorarse en exceso este servicio prestado al progreso de la cultura, la ciencia y la filosofía.

En lo referente a la ciencia en particular, hay que poner de relieve también otro aspecto importante que culmina en el método de Galileo y le da un significado de inmensa trascendencia. Como hemos visto, la exigencia de libertad, consecuente a la afirmación renacentista de la dignidad e infinitud

---

[48] Cfr. *Ad divum Rodulphum II imperatorem*, epístola dedicatoria de los *Articuli 160 adversus mathematicos*.

[49] *Forma epistulae ad Rectorem Universitatis Parisiensis*, que antecede al *Aecrotismus camoeracensis*. Ver *Opera latina*, I, 157.

del espíritu humano y de su capacidad ilimitada de progreso, se vinculaba con una concepción activista del conocimiento. Para la cual conocer no es recibir pasivamente impresiones y nociones, ni adecuar o someter dócilmente la inteligencia a la realidad, sino que es actividad de la mente en su tarea de investigación, aprehensión y comprensión racional de lo conocido. La idea moderna del conocer como hacer se anunciaba por tanto en la orientación progresista y en la exigencia de libertad espiritual del Renacimiento, y llegaba a veces a expresiones explícitas, como las que se encuentran en la *Theologia platonica* de Ficino,[50] cuando afirma que quien aprende engendra la ciencia en sí mismo, y aun cuando parece recibir una enseñanza, la fecunda activamente y a menudo la crea de por sí, aun antes de oírla.

De allí a la idea básica de la gnoseología de Vico: que conocemos de verdad sólo lo que hacemos, es decir, que lo verdadero se identifica con lo hecho por nosotros, había un paso muy fácil de dar. Y el Renacimiento lo ha dado con el método experimental de Galileo, precedido por algunos preludios que aparecen en Ficino, Cardano y Leonardo.[51]

Ficino, como lo puso de relieve Gentile,[52] enunciaba en su *Theologia platonica* [53] el concepto del conocer como actividad que construye lo conocido, comparando la inteligencia de Arquímedes, que entiende y reproduce con sus esferas de bronce el orden, los movimientos y las medidas de los cielos, con la inteligencia del divino autor de los cielos mismos. "Podría el hombre (concluía) de cierta manera hacer los cielos, si encontrara los instrumentos y la materia celeste, puesto que los reproduce de otra materia, sí, pero muy parecidos en su orden."[54]

[50] Cfr. *Theologia platonica*, IX, pág. 256.
[51] Por lo que sigue aquí en rápida síntesis remito al más amplio desarrollo del tema contenido en el estudio sobre *El Método de Galileo y la teoría del conocimiento*, que constituye el capítulo final del libro presente.
[52] Cfr., en *G. Bruno e il pensiero del rinascimento*, págs. 144 y sig. (ensayo sobre *Il concetto dell'uomo nel rinascimento*); *Studi vichiani*, 2ª ed. (Firenze, 1927), págs. 33 y sig.
[53] *Theologia platonica*, XIII, cap. 3.
[54] Loc. cit.

Sin embargo Ficino, en otro lugar de la misma obra,[55] se detenía en la distinción entre la ciencia divina de la naturaleza, que tiene en sí misma las razones vivientes de las cosas, y por lo tanto las hace en sus formas vivientes, y la ciencia del hombre, cuyo arte puede sólo tocar la materia desde fuera y en la superficie. Solamente en la matemática el hombre llega a tener en su mente las razones vivientes de las figuras; y por lo tanto –dice Ficino y vuelve a decir Cardano– nuestra ciencia del triángulo se identifica con la misma verdad, y, en cambio, "la ciencia natural en nosotros es de otra especie que la ciencia verdadera".[56]

Esta conclusión limitativa repite dos siglos después G. B. Vico a consecuencia de la misma identificación entre lo conocido y lo hecho por nosotros. En la matemática (dice el *De antiquissima Italorum Sapientia*), el hombre, creando mediante la abstracción el punto y la línea, produce todo un mundo de formas y números que conoce perfectamente por ser creación propia interior; lo cual no logra en la investigación de la naturaleza, donde lo tiene todo fuera de sí mismo.[57] Y en *De nostri temporis studiorum ratione* ya estaba declarado que podemos demostrar –es decir, conocer de verdad, en sus razones– las cosas geométricas porque las hacemos; y si pudiéramos demostrar las físicas las haríamos. Pero, agrega el *De antiquissima*,[58] no lo podemos; y la misma aplicación de la matemática a la física (que Descartes, reduciendo la materia a extensión, quería convertir en reducción de toda la física a geometría) queda para Vico en la superficie, dando una imagen de las cosas carente de profundidad, tal como hace la pintura.

Por lo tanto el conocimiento humano de la naturaleza no es ciencia para Vico; y sólo merece tal nombre el conocimien-

---

[55] *Theologia platonica*, IV, I (en *Opera*, Basilea, 1561, t. I, pág. 123).

[56] Cfr. Ficino, loc. cit. y comentario al *Parménides* platónico; Cardano, *Tractatus de arcanis aeternitatis*, cap. 4; ya señalado por F. Fiorentino (*B. Telesio e la idea della natura*, t. I, pág. 212), como anticipación de Vico.

[57] "Extra se habet omnia": cfr. *De antiquissima Italorum sapientia*, lib. I, cap. 1, 2, en ed. Gentile y Nicolini *(La orazioni inaugurali, il De Italorum sapientia e le polemiche*, Bari, Laterza, 1914), pág. 135.

[58] En el lugar citado: "Cum homo, naturam rerum vestigabundus. tandem animadverteret se eam nullo assequi pacto, etc.".

to de lo hecho por nosotros, cuyas razones poseemos y ponemos en acción: lo cual, según la primera *Oración inaugural*, acontece en la creación de las artes, según el *De antiquissima* en la de las matemáticas y según la *Ciencia nueva* en la del mundo civil de las naciones, es decir, de la cultura y la historia.

Sin embargo, en su valoración negativa de la física, aun cuando sea sometida a la matemática, Vico tenía razón contra Descartes, pero no contra Galileo. No recogía Vico la sugestión de la idea de Ficino, de que el hombre podría de cierta manera hacer los cielos si encontrara la materia y los instrumentos necesarios. En parte la había recogido Leonardo, al afirmar que se debe asociar la matemática, que demuestra la razón de las cosas, con la experiencia que da la realización de las mismas, y al aplicar esta exigencia a la pintura y creación artística. La fantasía del artista, para Leonardo, debe ser una *fantasía exacta*, debe fundarse en las razones de las cosas naturales, descubrir y mostrar las leyes inmanentes en la naturaleza, y así crear una segunda naturaleza; en ésto (dice el *Tratado de la pintura*) "el carácter divino que tiene la ciencia del pintor se transforma en una semejanza de mente divina, pues pasa a la generación de diversas esencias, de animales, plantas, frutos, países, campiñas, ruinas de montañas, lagos pavorosos, etcétera."[59]

Sin duda en Leonardo se trata solamente de reproducciones por imágenes, no de la producción real y efectiva de cosas o fenómenos. Para esta producción, decía Ficino, se precisaría encontrar la materia y los instrumentos; y he aquí el problema de Galileo y la gran idea inspiradora de su método experimental. Que no significa, como en Bacon, una recolección y registro de observaciones y experiencias, las cuales, por numerosas que sean, quedan siempre (dice Galileo) como cero frente al número infinito de los casos posibles,[60] sino un proceso en el

---

[59] *Trattato della pittura*, fol. 68. Cfr. E. Cassirer, *Individuo e cosmo nella filosofia del rinascimento* (trad. italiana), Firenze, 1935, págs. 241 y sigs.; E. Garin, *La filosofía*, II, págs. 98 y sig. Véase también el ensayo anterior sobre Leonardo.

[60] *Dialogo sopra i due massimi sistemi*, en *Opere*, VII, págs. 126 y sig.

cual la inducción, tratando de descubrir por vía analítica las *razones* o causas de un fenómeno, da solamente una hipótesis, que es el modelo teórico para la creación del modelo práctico o técnico (el instrumento, que Galileo llama "artificio" o "máquina") que debe realizar la producción efectiva del fenómeno mismo.[61]

Esta realización emplea por vía sintética las *razones* o causas descubiertas analíticamente por la inducción y puestas en nuestras manos por la máquina o instrumento; y por lo tanto es un proceso deductivo de producción como el realizado por la naturaleza, que va de las razones al efecto. Es un proceso efectuado por nosotros, que nos confiere, por lo tanto, un conocimiento científico de la necesidad del fenómeno, es decir, el conocimiento verdadero que corresponde a la condición exigida más tarde por Vico.[62]

Kant vio claramente este carácter propio del experimento de Galileo y de sus continuadores cuando escribió, en el prefacio de la segunda edición de su *Crítica de la razón pura:* "Ellos entendieron que la razón ve únicamente lo que produce ella misma según sus propios planes; y que debe... obligar a la naturaleza a contestar sus preguntas... pues de otra manera nuestras observaciones no llegarían a una ley necesaria, que la razón busca y necesita... De tal manera la física pudo... colocarse en el camino seguro de una ciencia, después de haber sido desde tantos siglos nada más que un mero ir a tientas".[63]

Pero como el secreto de tan inmenso progreso estaba en la invención del modelo práctico (instrumento o máquina), el método galileano ha valorizado de manera antes insospechada el papel de los instrumentos de experimentación en la física, y ha dado un impulso formidable al cultivo de la técnica como medio de producción de los fenómenos, y por lo tanto del progreso de la ciencia. Toda la física moderna es deudora de sus in-

---

[61] Cfr. A. Pastore, *Il problema della causalità*, Torino, 1921, t. I, cap. VII (*Galileo*), págs. 119 y sigs. y especialmente 129 y sigs.
[62] Cfr. los ensayos antecedentes sobre Leonardo y Galileo; y Pastore, obra citada.
[63] Cfr. *Crítica de la razón pura*, prefacio a la II edición.

mensos adelantos al método galileano, que le ha señalado el camino fecundo de los descubrimientos científicos. Pero ese método era, como hemos visto, una consecuencia de la orientación espiritual del Renacimiento italiano, que por esta vía aparece acreedor del mayor reconocimiento de parte de la ciencia no menos que de la filosofía moderna.

Y después de estas comprobaciones ya no necesitamos detenernos en la exposición de las deudas particulares que Descartes y Hobbes, Spinoza y Leibniz, etc., tienen con los renacentistas por las sugestiones recibidas de aquéllos en la construcción de sus sistemas.

Basta con recordar rápidamente que Campanella se anticipa a Descartes en el *cogito ergo sum*,[64] Bruno en la idea de la extensión como atributo diferencial de la materia,[65] Galileo en la distinción de las cualidades primarias y secundarias[66] (aceptada también por Locke), que fundamenta en Descartes la concepción mecánica del mundo.

Por otro lado, Bruno precede a Spinoza en la concepción de la sustancia causa universal, unidad de pasividad (materia) y actividad (forma), que es la naturaleza idéntica con Dios. Lo anticipa en la conciliación de libertad y necesidad; y (con León hebreo) en la afirmación del amor intelectual de Dios.[67] Presenta antes de Leibniz una monadología en la que cada mónada es espejo del universo y tiene alma y vida, y nunca ce-

---

[64] Cfr. L. Blanchet, *Les antécédents historiques du "je pense, donc se suis"*, París, 1920 (cap. sobre Campanella). Cfr. también el ensayo antecedente sobre Campanella.

[65] Cfr. *De la causa* en *Dialoghi Metafisici*, ed. Gentile, págs. 227 y siguientes.

[66] Cfr. *Il Saggiatore*, en *Opere*, tomo VI, págs. 347 y sigs. *Il Saggiatore* apareció en el año 1623; de las obras de Descartes el *Discours de la Méthode* apareció en 1637, las *Meditationes de prima philosophia* (escritas en 1629) en 1641, y los *Principia Philosophiae* en 1644.

[67] Ver por lo referente a Bruno el ensayo segundo de este libro, y por lo que toca a León hebreo, E. Solmi, *B. Spinoza e Leone ebreo*, Modena, 1903; G. Gentile, *Leone ebreo e Spinoza* (en *Studi sul rinascimento*, Firenze, 1923). Ver también los estudios de Couchoud (*B. de Spinoza*, París, 1902); Delbos (*Le Spinozisme*), Dilthey (*L'analisi dell'uomo*, etc.), Cassirer (*Das Erkenntnis-Problem*, Berlín, 1922), discutidos por L. Dujovne, *Spinoza*, t. II, cap. VII (*Spinoza y el renacimiento*.)

sa en su trasformación y difiere de todas las demás, siendo las diferencias y oposiciones condición de armonía y perfección universal.[68]

Análogas sugestiones recogía Leibniz de Campanella para el optimismo de su armonía preestablecida, para la ley de analogía y la idea de la variedad infinita de las cosas, para la atribución de sensibilidad y apetición a todos los seres, y para la religión natural,[69] que ya Herbert of Cherbury había sacado del mismo Campanella.

Y si agregamos todavía los antecedentes que la monadología de Leibniz tenía en Ficino[70] y León hebreo,[71] y su paz filosófica en Pico y Campanella,[72] y además las sugestiones ofrecidas por Machiavelli a las teorías políticas de Bacon y Hobbes, etcétera, debemos concluir que el influjo renacentista penetra en todos los grandes sistemas del primer siglo de la filosofía moderna.

Y por lo tanto está también en las raíces de todo el desarrollo ulterior del pensamiento filosófico, de manera que tampoco podríamos entender históricamente la formación de

---

[68] Véase en mis *Ensayos críticos sobre filósofos alemanes* el estudio sobre *Leibniz en la historia de la filosofía*, págs. 26 y siguientes.

[69] Sobre estos influjos de Campanella ver mi ensayo citado, *Leibniz en la historia de la filosofía*, págs. 17 y sigs.

[70] Cfr. *Theologia platonica*, XV, 13, donde Ficino explica la individualización de las almas de la manera siguiente: "Podemos gozar de la mente divina bajo varias ideas, investigarla por medio de varias huellas, progresar por varios caminos hacia este fin. Por cierto la bondad infinita quiso comunicarse a sí misma a los ojos no solamente corpóreos sino también espirituales de maneras infinitas (para así decirlo) y mostrar las innumerables caras de sí misma a casi innumerables ojos". "Leibniz, pues", comenta justamente E. Garin, *La filosofía*, I, pág. 318.

[71] En sus *Dialoghi di amore* (ed. Caramella, Bari, Laterza, pág. 67), León hebreo atribuye a todas las cosas, aun insensibles, conocimiento y apetición, distinguiendo tres grados de conocimiento y apetición: natural, sensitivo y voluntario.

[72] Sobre la "pax philosophica", cuya realización Pico consideraba como una especie de misión religiosa para lograr la fraternización de toda la humanidad, véase el cap. 2º de la parte II del libro de E. Garin, *Giovanni Pico della Mirandola*, Firenze, 1937. En Campanella la idea de la religión natural, en la que se anticipa a Herbert of Cherbury y a Leibniz, inspira toda su constante aspiración misionera y su anhelo hacia un "regnum Dei universale, comprendens omnia regna", que realizara un retorno a la unidad humana de la edad de oro. Ver el cap. sobre "la política y la utopía de Campanella" del ensayo de la parte I del libro presente.

nuestro espíritu contemporáneo sin conocer el aporte renacentista. No podríamos entender, en efecto, esa situación de "centro de una nueva concepción de la vida" (para usar una expresión de Gentile),[73] que llega a tener el hombre en la filosofía moderna: a partir del *cogito ergo sum*, convertido por Descartes en punto de partida y fundamento de toda verdad y certeza cognoscitiva, para llegar, a través de todas las investigaciones progresivas acerca del conocimiento humano, al criticismo kantiano y los posteriores desarrollos idealistas, que intentan la reducción de toda la realidad al yo y al espíritu absoluto. Ni podríamos entender el desenvolvimiento progresivo de la idea del conocer como hacer; ni el principio de lo verdadero que se convierte con lo hecho, mediante el cual Vico renueva y aclara una exigencia renacentista. Ni podríamos, entre tantos otros aspectos y elementos característicos del espíritu moderno, entender en la plenitud de sus motivos y de su valer, el desarrollo del historicismo, y esa honda exigencia de actividad e independencia espiritual que anima a todo el pensamiento moderno, empujándolo sin cesar a superar las posiciones ya alcanzadas, a pesar de buscar y encontrar en las mismas el punto de apoyo para todo nuevo esfuerzo.

En la conciencia moderna tiene un eco poderoso la admonestación del Renacimiento, que el progreso se detiene o retrocede cuando los hombres no recogen la herencia de sus predecesores para mantenerla viviente y activa mediante conquistas siempre nuevas, vale decir cuando, de acuerdo con la expresión de *La cena de las cenizas* de G. Bruno, "no viven los años ajenos, o, lo que es lo peor, viven muertos en sus años propios".

---

[73] *Il concetto dell'uomo nel rinascimento*, pág. 136.

III
La idea del progreso humano en Giordano Bruno

La idea del progreso humano, que tiene sus antecedentes y sus primeras manifestaciones en el pensamiento antiguo,[1] se ha afirmado como solución histórica del conflicto entre antigüedad y modernidad –o sea entre el principio de autoridad y el de libertad– en la época del Renacimiento. Su más acabada expresión se encuentra en Giordano Bruno, el cual al afirmar la doble relación de dependencia y de antítesis que liga lo moderno a lo antiguo en el desarrollo histórico, supo dar a esta idea un vigor nuevo que le dio gran repercusión entre los filósofos y hombres de ciencia de su época, logrando su desarrollo ulterior en los siglos siguientes. Su visión del progreso se caracteriza por su carácter concreto y por su realismo histórico, que la hace superior a muchas concepciones posteriores en las cuales la idea del progreso ha asumido un carácter mítico de destino infalible de la humanidad, conforme a la convicción de una intrínseca racionalidad de la historia. En su diálogo *La cena de las cenizas,* Giordano Bruno, al recordar la serie de los astrónomos que "sucesivamente, a través de los tiempos, han ido arrojando cada uno un poco más de luz, y nos han dado principios suficientes por los cuales nos vemos conducidos a una madurez de juicio que no hubiera podido alcanzarse sino después de muchas y no ociosas

---

[1] Sobre las teorías del progreso en la antigüedad –cuya existencia se desconoce y niega aún por historiadores autorizados– he dictado muchos años atrás un curso en la Universidad de Bolonia y he sintetizado el resultado de mis investigaciones en la parte IV de mi libro: *La comprensión del sujeto humano en la cultura antigua,* ed. Imán, 1954.

épocas",[2] desarrolla la demostración del principio de que la conquista de la más alta capacidad intelectual requiere una larga y laboriosa serie de generaciones y de siglos.

A la afirmación tradicionalista de Prudencio: "no quiero apartarme de la opinión de los antiguos, porque el sabio dice: en la antigüedad está la sabiduría", responde Teófilo, representante de las reivindicaciones progresistas de la nueva época: "Sí, pero hay que añadir: en los muchos años está la prudencia. Si entendieras bien lo que dices, verías que de tu principio se deduce lo contrario de lo que crees. Es decir, que nosotros somos más viejos y tenemos más antigua edad que nuestros predecesores. El juicio de Eudoxio, que vivió después de la renaciente astronomía (si acaso la astronomía renació entonces) no ha podido ser tan maduro como el de Calipo, que vivió treinta años después de la muerte de Alejandro Magno, y el cual, al ir sumando años tras años, pudo ir agregando observaciones a las observaciones. Por la misma razón Hiparco tenía que saber más que Calipo, porque vio los cambios hechos hasta 196 años después de la muerte de Alejandro. Menelao, geómetra romano, que vio la diferencia de movimiento 462 años después de la muerte de Alejandro, hay razones para que entendiera más que Hiparco. Más aún debía ver Mahomet Aracense 1.202 años después de esa muerte. Y aun más ha visto Copérnico, casi en nuestros días, a 1.849 años de la misma muerte. Pero si algunos que han venido después no han sido más penetrantes que aquellos que les precedieron, y si la multitud de los que viven en nuestro tiempo no tiene por ello más inteligencia, ello se debe a que no vivieron los años de los pasados, o, lo que es peor, vivieron muertos en los años propios".[3]

En este esbozo de una teoría del progreso humano hay que destacar varios puntos:

Primero: hay una afirmación del progreso, pero ello no implica ningún concepto mítico de una racionalidad intrínseca a la historia o de una finalidad trascendente a los hombres.

---

[2] *Cfr. Dialoghi metafisici*, ed. Gentile (Bari, Laterza), pág. 18.
[3] Edición citada, págs. 28 y sigs.

Consiste, en cambio, en la consideración de tres puntos: a) la existencia de dificultades que superan la capacidad de una persona o de una generación aislada o inicial; b) las condiciones que sólo hacen posible el progreso gradual hacia la solución de las dificultades (es decir, la acumulación de resultados parciales sucesivos que logra constituir una suma siempre mayor de resultados y posibilidades); e) la realización del hecho de que las conquistas de las generaciones precedentes se convierten precisamente en posibilidades y medios de nuevas conquistas para las generaciones sucesivas, es decir, que el punto de llegada de las primeras se convierte en punto de partida para las segundas.

Segundo: afirma el progreso como un hecho real en la historia, pero no constante e indefectible. Ninguna fatalidad lo predispone y ninguna lo prohíbe o impide. Su presencia o su ausencia son igualmente posibles, y el cumplimiento de una o de otra eventualidad depende de que las épocas sucesivas sean laboriosas o bien ociosas, es decir, depende del grado de vitalidad fecunda que desarrollen los hombres que constituyen cada época. O bien estos hombres *viven* vitalmente los años de las generaciones pasadas, asimilándose las conquistas vivas de aquéllas y desarrollando ellas también la misma energía viva que las ha determinado y que recibe constantemente de ellas nuevo sustento e impulso para conquistas ulteriores, o bien pasan *muertos* los años propios y los de los demás, inertes e incapaces de revivir y continuar el movimiento y el sendero de las generaciones precedentes. ¿A qué se debe que ocurra una u otra eventualidad? ¿A un destino prefijado? ¿A un plan racional de la Providencia? ¿Al azar? ¿A la sagacidad o a la locura de la historia? Giordano Bruno, como veremos en seguida, no recurre a ninguna de estas explicaciones, sino que indica, de manera realista, causas concretas, humanas e históricas.

Tercero: el progreso de que nos habla Giordano Bruno no es aproximación a una meta preconcebida, sino sobre todo un alejamiento del estado de la vida animal, que se efectúa en virtud del desarrollo extensivo e intensivo de la cultura y el incremento de la capacidad humana y de los medios que esta capacidad conquista y pone en funcionamiento. Se encuentra ya en él esbozada la reciprocidad de acción entre productos y capacidad productora que más tarde Spinoza pondría enteramente en claro al mostrar cómo la capacidad inicial, a través de la producción de un resultado inicial, se fortalece y aumenta en extensión y en intensidad porque el producto se vuelve instrumento y arma de una capacidad más vasta y alta, y por lo tanto de una producción ulterior más amplia y eficaz: así, continuamente, el aumento de los resultados se convierte en incremento de las fuerzas, y este incremento a su vez en aumento de los resultados sucesivos, en un proceso dialéctico que dos siglos después Marx llamará "reversión de la *praxis*".

Parece, pues, evidente que en el progreso, que es incremento, no se puede, andar buscando cambios cualitativos absolutos o creación de novedades absolutas y sin precedentes. Es novedad y creación el mismo crecimiento cuantitativo, tanto más cuanto que no significa sólo aumento de extensión, sino también intensificación de fuerzas activas.

Hay en el progreso la acumulación de resultados, de observaciones, de conocimientos; pero los resultados se vuelven después medios, las observaciones se traducen en datos para nuevos descubrimientos, los conocimientos vienen a constituir riqueza capitalizada dispuesta para nuevas adquisiciones, de tal modo que hay un crecimiento de la capacidad y de la habilidad, una maduración del juicio y de la previsión, un desarrollo de la prudencia y de la inteligencia humanas.

A través y dentro de la misma variación cuantitativa vienen a cumplirse así también las variaciones cualitativas. Y por eso Bruno, en su *Spaccio della bestia trionfante*, explica la capacidad de progreso del hombre precisamente como la potencia de crear realidades nuevas y distintas de las ya existentes, potencia semejante a la capacidad creadora de Dios. "Los dioses habían dado al hombre el intelecto y las manos, y lo habían hecho a semejanza de ellos, concediéndole una facultad superior a la de los demás animales, no sólo para poder obrar según la naturaleza y el uso común, sino más allá y fuera de las leyes de la naturaleza, a fin de que formando o pudiendo formar con su ingenio otras naturalezas, otros cursos, otros órdenes, con esa libertad sin la cual no existiría la semejanza con la divinidad, viniese a convertirse en dios de la tierra".[4]

Pero las cosas nuevas que el hombre es capaz de crear, sea cualitativa o cuantitativamente, no se producen sin que se ponga en juego su actividad intelectual y práctica. Esa potencia creadora que acerca al hombre a los dioses –agrega Giordano Bruno– "cuando permanece en el ocio se transforma en algo frustrado y vano, tan inútil como el ojo que no ve o la mano que no toma".

Pero. ¿qué es lo que suscita y mueve la laboriosidad y el ingenio humano? Bruno responde: la necesidad. La actividad intelectual está indisolublemente unida a la material; y como ésta recibe su estímulo de la necesidad, el hombre se ve empujado continuamente por la misma necesidad de la existencia al desarrollo progresivo de la propia industria y de su potencia mental creadora.

"Y por eso –dice– ha determinado la Providencia que esté ocupado en la acción por las manos y en la contemplación por el intelecto, de manera que no contemple sin acción ni obre sin contemplación. Así, pues, en la edad de oro los hombres, por su ocio, no eran más virtuosos que actualmente los animales, y quizás eran más tontos que muchos de éstos. Pero habiendo nacido entre ellos las dificultades o renacido las necesidades, por emulación de actos divinos y por la adaptación de impulsos espirituales, se ha aguzado el ingenio, se han inventado las industrias, se han descubierto las artes, y de día en día, por medio de la indigencia, de las profundidades del intelecto humano surgen nuevas y maravillosas invenciones. Por eso, alejándose más y más del ser bestial por sus ocupaciones solícitas y urgentes, más se aproximan al ser divino".[5]

Por este surgimiento de necesidades y por el continuo e inagotable brotar de necesidades nuevas a causa de la misma satisfacción de las precedentes, el progreso humano parecería constituir una ley sin excepciones ni desviaciones. Y entonces,

---

[4] Cfr. *Dialoghi morali*, ed. Gentile (Bari, Laterza), pág. 143.
[5] Edición citada, págs. 143 y sigs.

¿cómo se explica el hecho, reconocido explícitamente por Giordano Bruno, de que por un lado hay hombres y edades que viven y progresan y por otro hombres y edades muertas, que no sólo no hacen adquisiciones nuevas, sino que pierden aún las ya hechas, y que significan peor que una tregua, un retroceso?

Giordano Bruno no se propuso clara y explícitamente este problema, pero ofrece, sin embargo, algunos elementos para la solución. Cuando en su *Spaccio della bestia trionfante* introduce la Fatiga, que se incita a sí misma a una laboriosidad más viva ("¡lejos de mí toda pereza, toda ociosidad, toda negligencia, toda vil holgazanería, toda indolencia!"), le hace dirigir una serie de invocaciones a las fuerzas auxiliares: "Tú, Industria mía, pon ante los ojos la consideración de tu provecho y de tu fin. Tú, Esperanza, ¿qué haces que no me espoloneas, que no me incitas? ¡Arriba! ¡Haz que yo espere éxito halagüeño de las cosas difíciles! Sagacidad, haz que yo no me retire de las cosas inciertas o dudosas y no vuelva las espaldas, sino que paso a paso me aleje de ellas a salvo... Tú harás que no intente ninguna cosa sino cuando pueda hacerlo de manera adecuada. Hazme, en el obrar, más cautelosa que fuerte si no puedes hacerme igualmente cautelosa y fuerte... Tú, Paciencia, afírmame y refrename... No me harás alzar el ancla y alejar la popa de la ribera cuando puedan esperarme las turbulencias insuperables del mar tempestuoso. Y de esta manera me darás tiempo para vérmelas con el Consejo, el cual me hará mirar: 1º a mí misma; 2º la empresa que tengo que cumplir; 3º para qué fin y por qué la emprendo; 4º cuáles son las circunstancias; 5º cuándo; 6º dónde; 7º con quién".[6]

Así, pues, la laboriosidad, estimulada por la necesidad a la creación y al desarrollo progresivo de las artes e industrias, tiene un carácter *económico*, un motivo y fundamento utilitario: despierta y se excita por la previsión del "provecho" y por la fe en el "éxito halagüeño", pero se detiene cuando falta la fe en el resultado útil y se retrae en cuanto vislumbra un daño en vez de un beneficio, es decir, cuando presiente la experiencia de re-

---

[6] Edición citada, págs. 129 y sigs.

sultados contrarios a las aspiraciones y esperanzas estimuladoras de la acción.

Las reflexiones de Giordano Bruno pueden servir para explicar el fenómeno histórico de "las olas de resignación" (según la frase del gran historiador Rostovszeff), de las que ofrece un ejemplo típico el imperio romano de los siglos IV y V, bajo el feroz estatismo económico de los emperadores de aquella época: "Si un campesino –escribe Rostovszeff– lograba hacer prosperar sus tierras y acrecentarlas, sabía bien que su destino era ser promovido a *curialis*, lo cual significaba esclavitud, opresión y en último término la ruina." Por eso nadie tenía interés en aumentar los propios esfuerzos y hacerlos más fecundos y productivos, sino, por el contrario, en limitarlos y vivir al día, situación análoga a la producida en la Europa continental de nuestro tiempo por el nacionalismo totalitario, tendiente a la absorción completa del individuo y de toda su actividad y producción para hacerle servir a una finalidad de guerra permanente: la incertidumbre del mañana, la inestabilidad de la propia condición de los individuos, de las clases y de las naciones. La certidumbre de no poder confiar esperanzadamente en los resultados del propio esfuerzo, sino de verlo desviado hacia otro fin por un poder superior, habían determinado en todas partes, antes del estallido mismo de la guerra, un estado de ánimo de fatalismo inerte y pasivo, de escepticismo resignado, que repudiaba y rechazaba todo esfuerzo o iniciativa a crear algo para un *mañana* en el cual nadie podía confiar. La Europa continental, aúun antes del estallido de la guerra, se acercaba a una paralización del progreso, el cual sólo puede realizarse mediante la actividad laboriosa dirigida hacia la creación de un mañana mejor, en el cual es preciso que se pueda tener fe.

La enseñanza que se desprende de la teoría del progreso de Giordano Bruno vale, pues, tanto para el individuo, en las contingencias singulares de su vida personal, como para las colectividades humanas en el curso de su historia. En la relación entre la acción y el resultado, entre el impulso y la fe, relación variable según las condiciones a que la actividad humana tiene que enfrentarse, se encuentra la razón de las diferencias que presentan las diferentes épocas históricas en cuanto a la eficacia progresiva, estática o regresiva del estímulo de las necesidades. Hacer renacer la confianza de la humanidad será, pues, la gran tarea de la posguerra para promover en el mundo un nuevo ímpetu de progreso.

IV

El método galileano y la teoría del conocimiento

La importancia que tiene el método galileano en la historia de la ciencia ha sido y es universalmente reconocida; pero queda habitualmente en la sombra un aspecto interesante de ese método –es decir su relación intrínseca con una teoría del conocimiento–, a pesar de haberlo parcialmente intuido e indicado Kant en el prefacio a la 2ª edición de su *Crítica de la razón pura*, al proclamar como una revelación luminosa el experimento de Galileo y sus sucesores. "Ellos (escribió Kant), entendieron que *la razón ve únicamente lo que ella misma produce* según sus propios planos: y que ella, mediante los principios de sus juicios, siguiendo leyes inmutables, debe abrirse camino y *obligar* a la naturaleza a contestar sus preguntas, y no dejarse guiar por aquélla (por así decirlo) mediante sus riendas; pues de otra manera nuestras observaciones no llegarían a una ley necesaria, que la razón busca y necesita." Dos puntos tenemos que distinguir en esta declaración de Kant: 1) que la razón ve únicamente lo que produce ella misma, y 2) que esta producción debe efectuarla según sus propios planos y leyes, sobreponiéndose a la naturaleza como dueña que manda e impone su necesidad intrínseca a los fenómenos.

De estos dos puntos, como veremos, el segundo no puede considerarse coincidente en todo con el pensamiento galileano; pero particularmente interesante aparece el primero, que establece como condición imprescindible de todo conocimiento por parte de la razón la de producir ella misma lo que quiera conocer.

Es evidente la coincidencia de este principio con el de la gnoseología de Vico: "verum ipsum factum", lo que uno conoce de verdad es únicamente lo que uno mismo hace; principio que Vico, sin embargo, usa en las oraciones inaugurales para limitar el conocimiento verdadero del hombre a sus creaciones en las artes, y en el *De antiquissima* a las matemáticas, extendiéndolo luego en la *Ciencia nueva* a la creación del "mundo civil de las naciones" que tiene su desarrollo en la historia, pero excluyendo siempre para el hombre la posibilidad de un conocimiento verdadero de la naturaleza, reservado a Dios que la crea.

Ahora Kant encuentra en las raíces del método galileano el principio según el cual la razón ve o conoce solamente lo que ella misma produce; lo cual significa que el experimento galileano fundamenta la ciencia física sobre la teoría del conocimiento que Vico usa luego para negar la posibilidad de la misma. Galileo por lo tanto no solamente se adelantaría a Vico en la exigencia gnoseológica del hacer para conocer de verdad, sino que por medio de la misma crearía la ciencia que luego Vico (contra Descartes) niega al hombre.

Este aspecto de la comparación entre Galileo y Vico merece por cierto una indagación atenta.

Comparaciones entre la teoría del conocimiento de Galileo y la de Vico se han efectuado ya por historiadores de la filosofía. En el libro *Il pensiero moderno* del prof. Sciacca, se comparan precisamente algunas páginas de uno y otro autor para demostrar una correspondencia perfecta entre sus pensamientos acerca de los límites y el valor del conocimiento humano. Sciacca cita las páginas del *Dialogo sopra i due massimi sistemi del mondo* de Galileo, donde Sagredo y Salviati, discutiendo con Simplicio, establecen en qué límites y en qué forma puede el pensamiento humano lograr el conocimiento de la verdad. Dice Sagredo hablando de la limitación de la mente humana: "Osadía extrema me ha parecido siempre la de aquellos que quieren hacer de la capacidad humana la medida de lo que pueda y sepa efectuar la naturaleza, mientras, en cambio, no hay ningún efecto en la naturaleza, por mínimo que sea, cuyo conocimiento íntegro puedan alcanzar tampoco las inteligencias más especulativas... La sabiduría humana es nada en comparación con la omnipotencia divina... Solamente en la naturaleza se conoce una infinita sabiduría, de manera que puede concluirse que el saber divino es infinitas veces infinito".

Sin embargo, Salviati muestra que el conocimiento humano, aún cerrado en los límites de una infinita pequeñez, puede, dentro de estos límites, alcanzar un valer que corresponde al del conocimiento divino. "El entender (explica), puede considerarse de dos maneras, vale decir, *intensive* o bien *extensive*. *Extensive*, es decir en lo referente a la multitud de los inteligibles que son infinitos, el entender humano es como nada aún cuando entendiera mil proposiciones, pues mil respecto a la infinitud es como cero; pero considerando el entender *intensive*, en cuanto que comprende intensivamente, es decir perfectamente alguna proposición, afirmo que el intelecto humano entiende algunas tan perfectamente y tiene de las mismas certeza tan absoluta como la que tiene la propia naturaleza; y tales son las ciencias matemáticas puras, vale decir la geometría y la aritmética, de las que el intelecto divino sabe por cierto infinitas proposiciones más, pues las sabe todas, pero de aquellas pocas entendidas por el intelecto humano creo que el conocimiento iguale al divino en la certeza objetiva, pues llega a comprender su necesidad, sobre la cual no me parece pueda haber seguridad mayor."

Solamente, agrega Salviati, hay una diferencia en el procedimiento por el cual el hombre y Dios llegan a tener sus conocimientos: "la manera por la cual conoce Dios es en sumo grado más excelente que la nuestra, la cual procede por discursos y pasando de una a otra conclusión, mientras que la de Él es de simple intuición". Lo esencial en esta gnoseología galileana puede reducirse a tres puntos fundamentales: 1) inferioridad del conocimiento humano, limitado, con respecto al divino, infinito; 2) imposibilidad para el hombre de un conocimiento íntegro de la naturaleza; 3) posibilidad para él de igualar el conocimiento divino en las proposiciones matemáticas, donde alcanza la certeza de su necesidad. En estos puntos Sciaeca encuentra una correspondencia perfecta entre el pensamiento de Galileo y el expresado por Vico en pasajes del *De antiquissima Italorum sapientia*, del *De nostri temporis studiorum ratione* y de las

Risposte al Giornale de'letterati, pero no encuentra en Galileo ninguna alusión explícita al criterio en el que Vico fundamenta la diferencia entre el conocimiento humano y el divino: "verum ipsum factum".

En Vico este principio es el punto de partida y la base de toda su teoría del conocimiento.

Dice el *De antiquissima:* "Verdadero es eso mismo que uno hace; y por eso en Dios está la verdad primera, porque Dios es el primer Factor" (cap. I). El hacer, pues, implica la posesión de todos los elementos de la factura, que por lo tanto se conoce plenamente en su composición: "saber es componer los elementos de las cosas; y por eso lo propio de la mente humana es sólo la reflexión, y de la divina es la inteligencia; pues Dios ve todos los elementos de las cosas, tanto los exteriores como los interiores, porque los contiene y dispone; en cambio la mente humana, siendo limitada y estando fuera de todas las otras cosas que no son ella misma, va a recoger solamente las partes extremas de las cosas, nunca las recoge todas, de manera que puede reflexionar sobre ellas, pero no entenderlas... Para explicarlo con un parangón, lo verdadero en Dios es una imagen sólida de las cosas, en el hombre un dibujo o imagen superficial como la pintura; y como lo verdadero en Dios es que Dios en el acto de conocer dispone y genera, así lo verdadero en el hombre será que el hombre en el acto de saber, compone igualmente y hace; y así la ciencia es el conocimiento de la manera en que se hace la cosa, por el cual la mente al conocer esa manera, en cuanto que compone los elementos, hace la cosa; pero Dios la hace sólida porque comprende todas las cosas, el hombre la hace superficial porque comprende sólo la exterioridad". (páginas 131 y sigs., ed. Gentile-Nicolini).

La declaración de Galileo, de la imposibilidad para la inteligencia humana de llegar al conocimiento completo de cualquier efecto natural, resulta de esta manera en Vico fundamentada en la incapacidad del hombre para producirlo, por no tener en sí mismo la totalidad de los elementos necesarios. Sólo cuando el hombre puede componer y hacer, sabe, o sea alcanza lo verdadero; pero en esta situación el hombre se encuentra únicamente al crear las matemáticas como producción pura de su mente.

Así lo explica Vico en sus *Respuestas* al periódico de los literatos: "La ciencia es tener conocimiento de las causas (y por lo tanto el criterio de tener ciencia de una cosa es el efectuarla), y demostrar por medio de la causa es efectuar; y esto es verdadero en absoluto, pues se convierte con lo hecho, y el conocimiento es la misma cosa que la operación. Este criterio para mí tiene su seguridad de la ciencia de Dios, que es fuente y regla de toda verdad; y me da la certeza de que ciencias humanas son únicamente las matemáticas..., porque en las matemáticas conozco lo verdadero con hacerlo: en la física y las demás, las cosas andan de otra manera" (pág. 258, ed. Gentile-Nicolini).

Es evidente que con esto las matemáticas se presentan como pura creación de la mente humana, así como lo había explicado el *De antiquissima,* considerando las formas matemáticas fundamentales como abstracciones o ficciones intelectuales, sin correspondencia en la realidad objetiva y concreta. "El hombre al querer investigar la naturaleza, dándose cuenta de no poder alcanzarla de ningún modo, por no tener en su interior los elementos de los cuales están compuestas las cosas,... convierte en usos útiles este defecto de su mente, y por medio de la llamada abstracción se crea dos cosas: el punto que puede designarse, y la unidad que puede multiplicarse. Pero son dos ficciones, pues el punto, si lo designas, no es punto; y el uno, si lo multiplicas, ya no es uno. Además se arrogó el derecho de proceder de éstos al infinito, de modo que pudiese llevar líneas a lo ilimitado y multiplicar al uno por un sinnúmero. Y de esta manera se creó una especie de mundo de formas y números que contuvieran dentro de ellos al universo; y produciendo, cortando o componiendo líneas, sumando, sustrayendo o computando números, efectúa operaciones infinitas, pues dentro de sí conoce infinitas verdades... Y a semejanza de Dios, casi crea las cosas, punto, línea, superficie, como de la nada, sin sacarlas de ninguna existencia sustancial (pág. 135 ed. cit.).

Sin embargo, en tal situación, no pueden esas abstracciones puras tener aplicación legítima y eficiente en la investigación de la realidad natural, a la cual pueden únicamente ofrecer un modelo metódico, pero no un verdadero apoyo de pruebas demostrativas. Así decía el *De nostri temporis*: "por lo cual esas cosas de la física que por la fuerza del método geométrico quieren presentarse como verdaderas, no son sino verosímiles, y reciben de la geometría el método, no la demostración: las cosas geométricas las demostramos porque las hacemos; si pudiéramos demostrar las físicas, las haríamos."

Pero, según Vico, las físicas no podemos ni demostrarlas ni mucho menos hacerlas; y en cambio el método experimental de Galileo quiere lograr la demostración causal y la producción del fenómeno conjuntamente. En este aspecto la relación recíproca de los dos filósofos aparece contraria a la reconocida por Sciacca: la coincidencia perfecta se convierte en oposición terminante; y eso justamente cuando Galileo introduce en la física la exigencia de la cual Kant le hace mérito como de una "revolución feliz", es decir, la exigencia de producir los fenómenos para demostrarlos y conocerlos de verdad.

Por cierto Galileo que veía en el conocimiento matemático la posibilidad para el hombre de igualar mediante la comprensión de la necesidad, la certeza y perfección del conocimiento divino, tenía también por este lado una posición muy distinta a la adoptada luego por Vico en su anticartesianismo. Para Galileo la matemática está muy lejos de ser esa pura ficción o abstracción vacía sin correspondencia en la realidad objetiva que es para Vico, puesto que, según su declaración, en caracteres matemáticos está escrito el libro de la naturaleza. "Por ser escrito (dice en una carta) en caracteres diferentes a los de nuestro alfabeto, no puede ser leído por todos; y son los caracteres de semejante libro triángulos, cuadrados, círculos, esferas, conos, pirámides y otras figuras matemáticas, aptísimas para tal lectura" (carta 4106 en Opere, ed. Nac. t. XVIII).

La mente humana, por lo tanto, lee en la naturaleza los caracteres impresos en la misma por la mente divina creadora; no se trata para ella ni de crear ficciones, como afirma Vico, ni de imponer a la naturaleza las leyes propias, como dice Kant en su interpretación de Galileo. De acuerdo con Galileo, la razón humana logra en el conocimiento matemático la parte que puede alcanzar de coincidencia con la omnisciente inteligencia divina creadora de la naturaleza y sus leyes. Galileo mantiene la posición de Leonardo, quien había afirmado que "la naturaleza está obligada por la razón de su ley que vive en ella de manera infusa" y que por eso los investigadores de los hechos naturales no pueden contentarse con la experiencia, sino que deben "demostrar mediante la razón por qué semejante experiencia está necesitada para obrar de tal manera". Por tanto, según Leonardo, "ninguna investigación puede llamarse ciencia verdadera si no pasa por las demostraciones matemáticas." (Cfr. el ensayo antecedente sobre Leonardo).

Pero la demostración matemática y la investigación de las *razones* de los fenómenos naturales no tenían para Leonardo un carácter puramente contemplativo. Leonardo era artista y pensaba en la creación que la fantasía del artista debe realizar; a esta creación, pues, aplicaba la exigencia de la verdad. La fantasía del artista tiene que ser una fantasía *exacta*, fundamentada en las razones y leyes inmanentes de la naturaleza; así puede crear como una segunda naturaleza. "El carácter divino que tiene la ciencia del pintor (dice Leonardo en su *Tratado de la pintura*, fol. 68), se transforma en una semejanza de mente divina, pues pasa libremente a la generación de diversas esencias de varios animales, plantas, frutos, países, campiñas, ruinas de montañas, lagos pavorosos y espantosos, etcétera."

Esta creación artística difiere, sin embargo, de la natural por ser su creación de imágenes y no de realidades; "cosa superficial" que "no tiene cuerpo", dice Leonardo; "superficial" y no "sólida", dirá luego Vico. Ahora bien, la ciencia física con Galileo quiere ser conocimiento "sólido" de fenómenos reales, y por eso se le plantea el problema que Kant expresa con decir que Galileo entendió que la razón ve únicamente lo que ella misma produce. Lo que Kant no decía ni sabía, era que el problema se había planteado ya antes de Galileo, con Ficino y Cardano.

Hay que poner de relieve que en Ficino el problema de la vinculación entre el conocer y el hacer, se divide en una serie de problemas distintos, referentes al arte, a la matemática y a la física, en cuyo planteamiento Ficino se adelanta a Leonardo como a Cardano, a Galileo como a Vico. La afirmación de Leonardo de que el arte del hombre debe fundamentarse en las razones y leyes de la naturaleza al producir sus obras, se encuentra anticipada por Ficino en el sentido de proclamarla, no solamente como exigencia, sino como hecho real que le permite encontrar en el uso de las razones, realizado por el arte humana, la prueba más evidente de la existencia de esas razones en la naturaleza. "El arte humana (dice Ficino en su *Theologia platonica*, IV, 1), no es nada más que una imitación de la naturaleza, y esta arte construye sus obras mediante ciertas razones de las obras; igualmente hace la propia naturaleza, y con arte tanto más vivaz y sabia en cuanto que las hace con más eficacia y mayor belleza. Y si tiene razones vivientes el arte que no hace obras vivientes ni introduce en las mismas las formas principales e íntegras, ¡cuánto más hay que creer que esas razones vivientes estén inherentes en la naturaleza que produce las formas principales e íntegras!"

Sin embargo el paralelo implica al mismo tiempo una diferencia esencial, que es la explicada más tarde por Vico, al decir que la mente humana, quedando fuera de las otras cosas, puede producir solamente una imagen exterior y superficial de las mismas, y no sólida e interior como las producidas por la creación divina. Era la idea ya expresada por Galileo en el lugar citado del *Dialogo dei due massimi sistemi*, al poner de relieve la diferencia entre la producción de una estatua, aun cuando efectuada por Michelangelo, y la formación de un hombre viviente, y hasta de un vilísimo gusano, hecha por la naturaleza. Pero Ficino aun en este punto los había precedido a ambos, escribiendo a continuación del lugar citado: "¿Qué es, pues, el arte humana? Cierta naturaleza que trata la materia desde fuera. ¿Qué es la naturaleza? Un arte que modela la materia desde su interior, como si en la madera estuviere un artífice de la misma madera.

"Pues si el arte humana, a pesar de estar fuera de la materia, se armoniza sin embargo y se acerca a la obra que debe cumplir, hasta el punto de acabar obras certeras mediante ideas certeras, ¡cuánto más lo cumplirá el arte natural, que no toca de este modo la superficie de la materia mediante las manos u otros instrumentos exteriores –tal como el alma del geómetra toca el polvo, cuando describe figuras en la tierra– sino como la mente geométrica fabrica interiormente la materia de la imaginación!"

Así Ficino se encuentra llevado a la consideración de lo que la mente humana puede crear de verdad; lo cual es para él, como luego para Cardario y Galileo y más tarde para Vico, la matemática, considerada por Ficino como creación puramente intelectual, pero capaz de igualar en su existencia mental lo que representa en el orden real de la naturaleza la creación de los seres efectuada por Dios. "Como pues (sigue diciendo) la mente del geómetra, mientras medita consigo misma las razones de las figuras, forma mediante las imágenes de las figuras interiormente su imaginación, y mediante ésta también su espíritu imaginativo sin ninguna labor o deliberación, así en el arte natural divina cierta sabiduría por medio de las razones intelectuales empapa de semillas naturales la misma fuerza vivificadora y motora unida con ella misma, y mediante esta materia las forma también afuera con suma facilidad."

Las creaciones comparadas aquí entre ellas son las creaciones vivientes, que la mente humana puede producir sólo en su interioridad espiritual generando la matemática, y la mente divina produce también en la exterioridad natural creando los seres de la naturaleza. Al obrar sobre la materia, en efecto, la mente humana queda afuera, en la superficie, mientras la divina o natural es interior a la materia misma; y por eso, a pesar de obrar ambas mediante razones certeras, la una produce sólo formas contingentes o artificios, la otra esenciales y perpetuas. Así lo declara Ficino en las líneas siguientes: "¿Qué es el artificio?, la mente del artífice en la materia separada. ¿Qué es la obra de la naturaleza?, la mente de la naturaleza en la materia conjunta. Por consiguiente, la semejanza que tiene el orden de esta obra con el orden que está en el arte natural, es tanto mayor que la que tiene el orden del artificio con el arte del hombre, de cuánto la materia es más cercana a la naturaleza que al hombre, y la naturaleza señorea la materia más que el hombre. ¿Dudarás, pues, en colocar razones certeras de obras certeras en la naturaleza? Más bien, como el arte humana, porque toca la superficie de la materia y fabrica mediante razones contingentes, hace de manera semejante sólo formas contingentes, así el arte natural, que engendra formas sustanciales o las extrae del fondo de la materia, se comprueba que opera mediante razones esenciales y perpetuas".

No necesitamos por cierto insistir en poner de relieve en este pasaje la anticipación de ideas de Vico, que también Galileo adelanta en su parangón entre la producción artificial de una estatua y la natural de un hombre e incluso de un gusano viviente.

Pero la anticipación más interesante de Vico, contenida en este lugar de Ficino, se refiere al principio fundamental de la gnoseología viquiana: "verum ipsum factum"; declarado de manera más explícita por el mismo Ficino en un lugar de su *Comentario al Parménides* de Platón, donde dice lo siguiente: "Como nosotros no somos autores de las cosas mediante nuestro conocimiento, acaso no hay ninguna razón por la cual las percibamos, si no en cierta proporción; en cambio, como la ciencia divina es causa primera de las cosas, Dios no las conocerá por el hecho de ponerse acorde con la naturaleza de las cosas, sino que las conoce en tanto que es él mismo causa de las cosas. Al conocerse pues a sí mismo, como principio de todas las cosas, de inmediato las conoce y las hace todas" (cap. 32, en *Opera*, Basilea, 1561; II, 1149).

El conocer por lo tanto se identifica para Ficino con el hacer; lo cual en Dios se refiere a la creación de la naturaleza total y de cada uno de los seres naturales; en el hombre, en cambio (de acuerdo con las declaraciones de Ficino), únicamente a la creación de la matemática. Ficino afirma así para el conocimiento humano la misma diferencia entre matemática y física que luego Vico sintetiza con las palabras ya recordadas: "en las matemáticas conozco lo verdadero al hacerlo; en la física las cosas andan de otra manera".

Pero en idéntica posición se coloca, entre Ficino y Vico, Girolamo Cardano en el cap. IV de su *Tractatus de arcanis aeternitatis*: "El alma humana, colocada en el cuerpo, no puede alcanzar las sustancias de las cosas, sino que anda vagando en la superficie de aquéllas con la ayuda de los sentidos, escrutando medidas, acciones, semejanzas y doctrinas. En cambio la ciencia de la mente que hace las cosas es casi la cosa misma, así como en las cosas humanas la ciencia del triángulo, es decir, que tenga tres ángulos iguales a dos rectos, es casi idéntica a la misma verdad: por lo cual es evidente que la ciencia natural en nosotros es de otra especie que la ciencia verdadera". Sin embargo Ficino había dado un paso más, planteando más claramente el problema de las condiciones necesarias a fin de que la física pudiera convertirse en verdadera ciencia; que es precisamente el problema del cual Galileo encuentra la solución en la creación de su método experimental.

Ficino, como hemos visto en el lugar citado del *Comentario al Parménides*, ponía de relieve el hecho de que nuestro conocimiento de las cosas naturales está supeditado a "cierta proporción" que nuestra mente logra con respecto a las mismas. Lo cual quiere decir (como está explicado más claramente en un pasaje de la *Theologia platonica*: I. XIII, cap. 3) que la mente humana entiende las cosas en la medida en que puede lograr una proporción o semejanza con la mente creadora, vale decir, llega a comprender el orden y las razones generadoras de las cosas, tal como logra entender las obras del arte, sólo alcanzando una proporción o semejanza con la mente del artífice que las ha producido. "Hay que poner de relieve (escribía) esa cosa sola, que no puede uno cualquiera discernir por cuál razón o de cuál manera está construida una obra formada por el artificio de un artífice industrioso, sino solamente quien tiene el poder de la misma inteligencia del arte. Nadie, pues, podría discernir por qué vía Arquímedes dispuso sus esferas de bronce y les imprimió movimientos semejantes a los movimientos celestes, si no estuviese dotado de un ingenio parecido al de aquél. Y quien por la semejanza del ingenio lo discierne, éste por cierto podría disponer las mismas esferas, después de haberlas reconocido, con tal que no le faltara la materia. Por lo tanto, cuando el hombre haya visto el orden de los cielos, de dónde son movidos, hacia dónde progresan y según cuáles medidas y qué efectos producen, ¿quién negará que él tiene una inteligencia, para decirlo así, casi la misma que la de aquel autor de los cielos? ¿Y que podría de alguna manera hacer los cielos, si hubiese encontrado los instrumentos y la materia celeste, puesto que los hace ahora, no obstante la diferencia de materia, sin embargo muy semejantes en su orden?"

Aquí el problema del conocimiento verdadero de las cosas implica dos momentos o condiciones: 1) semejanza intelectual con el artífice (humano o divino) de las cosas, la cual semejanza otorga la capacidad de comprender el orden y las razones de las cosas; 2) conversión de esa potencia en acto mediante la producción real de las cosas, que, sin embargo, depende de la posibilidad de encontrar la materia y los instrumentos. Esta producción agrega una exigencia ulterior a las dos que expresa Leonardo. Dice Leonardo que la "verdadera regla" de la investigación científica de la naturaleza consiste en "empezar por la experiencia y luego demostrar mediante la razón" (*Ms. E.*, 55 r.), pero en otro lugar parece reducir las dos exigencias a la segunda, escribiendo: "Ningún efecto existe en la naturaleza sin razón. Entiende la razón y no te hará falta la experiencia" (*Cod. Atlant.* 147 v.). En Ficino, en cambio, el descubrimiento de la razón de las cosas observadas era el punto de partida para la tercera operación, esto es la producción real de las cosas, que convierte en casi identidad la semejanza de la inteligencia humana con la divina.

Con esta capacidad de producción de las cosas atribuida al hombre, Ficino puede evitar la conclusión de Vico, quien dirá que los conocimientos de la física no son verdaderos como quiere aparentarlos el método geométrico, sino solamente verosímiles por falta de demostración. Ficino encontraba esta demostración en la producción real, que otorga la plenitud del conocimiento verdadero; pero el problema que se le planteaba era el siguiente: ¿cómo encontrar la materia y los instrumentos para semejante producción?

A esta pregunta Galileo contesta con su método experimental, cuyo secreto esencial está en la invención del instrumento físico apto para producir el fenómeno, poniendo en acción las razones o causas del mismo, descubiertas teóricamente por la inteligencia. El instrumento o máquina da al hombre, que parecía condenado a quedarse, como el escultor, en la superficie de la materia, la posibilidad de actuar en la interioridad de la misma; y al producir el fenómeno por medio de las razones necesarias que operan en la naturaleza, le otorga esa comprensión de la necesidad, "sobre la cual (dice Galileo) no parece pueda haber seguridad mayor".

En esta exigencia de producción real para lograr el conocimiento verdadero, el método experimental de Galileo se diferencia tanto de la inducción baconiana que es pura colección y registro de experiencias, como de la deducción cartesiana que es puro proceso lógico o teórico; y muestra su superioridad fecunda sobre ambas. Galileo, como lo ha evidenciado magistralmente Pastore (*Il problema della causalità*, t. I, cap. VII), en primer lugar pasa de los hechos empíricos a la idea de su conexión; vale decir descubre por vía analítica o resolutiva las razones de los fenómenos; y luego de la idea vuelve a los hechos (por vía sintética o compositiva), pero no contentándose con una explicación teórica, que no pasaría de ser una hipótesis abstracta, sino exigiendo su realización concreta, que se logra deductivamente por medio de un artificio natural apto.

Precede así la ideación de la hipótesis física o modelo teórico, llamado por Galileo "hipótesis, suposición, doctrina, teoría, conjetura", etc.; sigue la realización de un modelo práctico o técnico (llamado por él "experiencia, materia, artificio, instrumento natural, máquina", etc.), que, al poner en acción las razones del fenómeno, lo produce con la misma necesidad que la naturaleza, y así nos da el conocimiento de la necesidad, que es el único verdadero. Como dice Galileo en su *Dialogo dei massimi sistemi* (ed. naz. pág. 455): "aun cuando pueda parecer a muchos imposible experimentar en máquinas y vasos artificiales los efectos de semejantes fenómenos, sin embargo no es totalmente imposible, y yo tengo (agrega) la construcción de una máquina en la cual particularmente puede verse el efecto de estas maravillosas combinaciones de movimiento".

La máquina o modelo técnico pues (observa Pastore), como materialización física de la hipótesis lógica, es realización de la idea; pero actúa de acuerdo con la necesidad natural de los mismos hechos, es decir, *rebus ipsis dictantibus*; de modo que representa al mismo tiempo una causación natural y la conformidad con un pensamiento lógico, y así incluye en su unidad la forma activa y deductiva del ser y del conocer conjuntamente. La conclusión que se deduce de su operación es que en el orden físico rige una necesidad lógica.

Justamente, Pastore destaca que, a pesar de haberse creado desde la antigüedad máquinas e instrumentos, ninguno antes de Galileo había mostrado entender la virtud deductiva de las máquinas aplicadas a la determinación de las leyes de la naturaleza. Por cierto debe recordarse, tal como la hemos recordado, la sugestión de Ficino ya orientada en esta dirección; pero este antecedente no quita nada de su validez a la conclusión de Pastore, es decir que el haber descubierto un nuevo valor deductivo experimental de las máquinas es el principal título de gloria de Galileo con respecto a la lógica.

Sin embargo, tenemos que agregar algo más. Por un lado, la valoración galileana de los instrumentos de experimentación física, dando un impulso antes insospechado a la técnica como medio del progreso de la ciencia, ha señalado el comienzo de una época nueva y abierto a la física moderna el camino de todos sus asombrosos descubrimientos y adelantos, que la física anterior no podía alcanzar, precisamente por no haber entendido la importancia cognoscitiva de la técnica instrumental y no haber introducido la preocupación de la misma en el propio organismo de la investigación científica. Y por otro lado hay que poner de relieve que el mencionado descubrimiento de Galileo incluía en sí mismo una teoría del conocimiento por el hecho de no considerar como conocimiento verdadero de los fenómenos sino aquel que se logra por vía de su producción.

Conocemos de verdad lo que hacemos. Galileo, aun sin expresar de manera explícita este lema gnoseológico, lo ha implicado en su método experimental. Pero en esto no solamente se ha adelantado con su ejemplo a la teoría del conocimiento de Vico, sino que ha superado la dificultad opuesta por Vico a la física, de no poder nunca pasar del conocimiento verosímil al verdadero, por la incapacidad humana de producir los fenómenos naturales. Galileo, mostrando el camino por el cual el hombre puede producirlos y lograr así la comprensión efectiva de su necesidad, ha otorgado la plena universalidad al principio gnoseológico que Vico luego creyó deber limitar a la esfera de las ficciones artísticas y matemáticas y de la creación humana de la historia.

Esta contribución al desarrollo de la teoría del conocimiento debe considerarse como uno de los méritos mayores de Galileo en el terreno de la filosofía.

Nota

Antecedentes antiguos: semejanzas y diferencias con respecto a Galileo

He recordado la justa observación de Pastore referente a la diferencia que debe reconocerse entre Galileo y los científicos antecedentes creadores de máquinas e instrumentos, quienes desde la Antigüedad en adelante no habían mostrado entender la virtud deductiva de esas máquinas en su aplicación a la determinación de las leyes naturales. Sin embargo, un encaminamiento, aun lejano, hacia esa comprensión, puede verse en la tendencia que se manifiesta muy temprano en la filosofía y la ciencia antiguas, a buscar en la técnica de su tiempo sugestiones para la interpretación de la naturaleza.

Esta tendencia he puesto de relieve en otra oportunidad en los naturalistas presocráticos *(Sugestiones de la técnica en las concepciones de los naturalistas presocráticos* en la revista "Archeion", 1941, y en mi libro *En los orígenes de la filosofía de la cultura,* ed. Imán, Buenos Aires, 1942); y Benjamín Farrington ha confirmado válidamente mis observaciones en sus obras: *La ciencia griega de Tales a Aristóteles* y *El cerebro y la mano en la antigua ciencia griega* (capítulo sobre El *carácter de la primitiva ciencia griega.* Véase la traducción castellana de ambos libros en las ediciones Lautaro, Buenos Aires), agregando otros datos y reflexiones muy importantes.

Por cierto hay que destacar las diversidades de condiciones, intenciones y consecuencias que diferencian la actitud de los antiguos con respecto a la de Galileo. Las técnicas que utilizaban para sus teorías los antiguos filósofos, desde los presocráticos hasta Lucrecio, habían sido creadas por fines prácticos de utilidad o deleite, sin pensar de ninguna manera en problemas teóricos, como, por citar ejemplos, las técnicas de la navegación, del encendimiento del fuego, de la rueda y la honda, de la criba, de la batanería, de la fermentación, de la numeración, de la pintura, de la música, etc. Sólo excepcionalmente, como por ejemplo en el caso de la técnica del monocordo, que sugiere a Pitágoras la idea de la esencia matemática de los sonidos musicales y, por extensión, de todas las realidades, estas técnicas eran un invento de quien sacaba de la consideración de ellas una interpretación de fenómenos y procesos naturales; generalmente eran artes y procesos tradicionales, productos anónimos colectivos de la actividad de las generaciones, que gradual y progresivamente los habían llevado a su forma actual por el aguijón de la necesidad y el estímulo de la experiencia, con finalidades de exclusiva utilidad práctica, sin ninguna preocupación intelectual. En este carácter exclusivo influía por cierto el divorcio entre las actividades intelectuales (contemplativas) y las manuales (prácticas), que por motivos sociales va acentuándose entre los griegos en la época de Platón y Aristóteles. (Ver los libros citados de Farrington y los primeros capítulos de P. M. Schuhl, *Machinisme et philosophie*, 2º ed., París, 1947, y mis estudios ya citados: *Trabajo manual y trabajo intelectual desde la antigüedad hasta el renacimiento* y mi libro *La comprensión del sujeto humano en la cultura antigua.*)

Pero las técnicas eran productos y formas de la actividad humana, conocidas justamente por los hombres por ser realizados y siempre realizables por ellos. Y como tales, precisamente, les ofrecían un medio conocido para tratar de comprender e interpretar cosas desconocidas como las de la naturaleza; lo cual el escritor del tratado hipocrático *Acerca del régimen*, oportunamente citado por Farrington, expresa con decir que "los hombres no comprenden cómo puede observarse lo oculto mediante lo manifiesto". Lo oculto es lo que los hombres no pueden hacer, vale decir, los procesos de la naturaleza; lo manifiesto es lo que los hombres mismos hacen, vale decir, las técnicas, visibles y manifiestas para ellos precisamente en cuanto que las hacen "conociendo lo que *hacen* y no conociendo lo que imitan", agrega el mismo autor.

Donde hay potencial y germinalmente una lejana intuición, o como un presentimiento del principio gnoseológico expresado modernamente por Vico, y que anteriormente inspira el método experimental de Galileo: *Verum, ipsum factum.*

'Sin embargo al considerar, como dice Farrington, que "los procesos fiscalizados por los hombres en la tierra eran la clave de toda actividad del universo" (*El cerebro y la mano*, pág. 18), los naturalistas antiguos llegaban, por cierto, a atribuir a las técnicas "tanto valor práctico como epistemológico", pero podían agregar el segundo valor al primero solamente fundándose en una hipótesis o supuesto indemostrado e indemonstrable, que era la aseverada identidad o analogía de los procesos del arte humano con los de la naturaleza.

El escritor hipocrático lo declara expresamente escribiendo, a propósito de los procesos naturales que se realizan en el organismo de los hombres, que "las técnicas que usan los hombres se parecen a los procesos fisiológicos humanos, pero los hombres no lo saben. El hecho es que la inspiración de los dioses les enseñó a imitar las funciones de sus organismos, pero conociendo lo que hacen y sin conocer lo que imitan". Y por esto las técnicas humanas (del forjador, del batanero, del remendón, del carpintero, del constructor, del músico, del curtidor, del cestero, del refinador de oro, del escultor, del alfarero, del escriba), que son lo *visible,* pueden servir para entender lo *invisible,* que son los procesos de la naturaleza, sustraídos a, la acción e intervención del hombre.

De manera que lo *visible,* producido por el hombre, constituye aquí una esfera distinta y separada de lo *invisible,* cerrado a la acción del hombre y dominado por las fuerzas de la naturaleza. La relación entre las dos esferas de realidad puede establecerse únicamente por medio del supuesto de una analogía, sugerido, probablemente, de acuerdo con la hipótesis de Farrington, por el hecho de ser las técnicas humanas *productivas* de resultados al igual que la naturaleza.

Muy diferente la relación entre técnica experimental y naturaleza que se establece en el método galileano. Aquí la técnica, la máquina, el instrumento, son creados cada vez directa y expresamente en relación con el proceso natural que se quiere conocer y a fin de conocerlo en su generación como efecto necesario de causas necesarias; la creación del instrumento y la técnica de su empleo obedecen a una hipótesis lógica referente a las razones o causas del proceso que se trata de producir, y están dirigidas precisa y únicamente a la producción del mismo. No se trata de dos esferas diferentes relacionadas sólo por una analogía supuesta; sino de una única y misma esfera, en la cual el hombre se introduce con su acción para producir el propio fenómeno en cuestión.

No es lo *visible* que por analogía sirve para entender lo *invisible*, sino el mismo *invisible* que se transforma en visible al ser producido por el hombre. "*Verum, et factum convertuntur inter se*"; se logra un conocimiento verdadero del fenómeno natural, en cuanto que se lo produce mediante la misma acción del propio hombre.

La diferencia entre la posición del método galileano de experimentación y el método antiguo de interpretación analógica de los fenómenos naturales mediante la técnica, es por lo tanto muy honda y sustancial; pero no nos impide reconocer en la idea de que la *invisible* realidad independiente del hombre pueda conocerse mediante la *visible* producida por el mismo ("conociendo lo que hacen", según la frase hipocrática), un presentimiento implícito o germinal del principio de que el hombre ve o conoce *solamente lo que hace* y en cuanto que lo hace. Para llegar a una aplicación consabida de este principio y luego a su clara formulación expresa, deberán pasar veinte siglos más, desde los presocráticos e hipocráticos hasta Galileo y Vico; pero el germen antiguo, innegablemente real, nos muestra que el camino que debía llevar a ese desarrollo moderno era tendencialmente connatural y abierto al pensamiento griego, como en general a toda reflexión filosófica humana sobre este problema gnoseológico.

Índice

Prólogo 7

PRIMERA PARTE: Cuatro pensadores renacentistas: Leonardo, Bruno, Galileo y Campanella

    I   *Leonardo, teórico del arte y de la ciencia* 11
   II *Giordano Bruno* 41
        I   La vida y las obras 41
       II La libertad filosófica y la relación entre
           religión y filosofía 66
      III Teoría del conocimiento 76
      IV Dios y el Universo: infinitud y animación
           de la naturaleza 84
       V El monismo bruniano: lo uno y lo múltiple,
           y la coincidencia de los contrarios 88
      VI La ética y el progreso de la humanidad 107
           Bibliografía 114
  III. *El pensamiento de Galileo y sus relaciones con la
       Antigüedad y el Renacimiento* 119
           Bibliografía 156
  IV. *Tomás Campanella y su pensamiento* 159
        I   La fortuna histórica de Campanella 159
       II La vida y las obras 163
      III Las doctrinas y su importancia histórica 176
           a) La libertad de la ciencia y su acuerdo
               con la religión 179

b) La teoría del conocimiento:
   Campanella y Descartes 179
c) La metafísica y la religión natural.
   Su relación con las religiones positivas .. 184
d) La política y la utopía de Campanella:
   La Ciudad del Sol 195
   Bibliografía 207

SEGUNDA PARTE: Orientaciones del pensamiento renacentista

I *La idea de cultura en el Renacimiento italiano* 213
II *El Renacimiento italiano y la filosofía moderna* 233
III *La idea del progreso humano en Giordano Bruno* 259
IV *El método galileano y la teoría del conocimiento* 267
NOTA: Antecedentes antiguos: semejanzas y diferencias
   con respecto a Galileo 281

Impreso en el mes de septiembre de 2004 en
Indugraf S. A. - www.indugraf.com.ar